Katja Müller / Susanne Ohly

Lebendig verbrannt vor den Toren der Stadt

Herausgegeben von der
Geschichtswerkstatt Dortmund

TAPIR Verlag

1. Auflage

Umschlaggestaltung und Zeichnungen: Isabelle Wenge
Layout: Evelyn Da Costa
Satz und Druck: Montania GmbH Dortmund
ISBN: 3-923223-12-9

Für Kathrin und Barbara

Inhalt

Lebendig verbrannt vor den Toren der Stadt: Der Leidensweg von Tribbel Enne

Am Abend des 14. Juli war der Stadtfron gekommen und hatte sie abgeholt – gerade als sie im Kreise ihrer Familie das Nachtmahl zu sich nahm. Eine Stunde später saß Tribbel Enne aus der Potgasse, eingesperrt wegen Verdachts der Hexerei, bleich vor Wut und Angst in einem engen Verlies des Katharinenturms. Nicht, daß sie sich fürchtete: Henrich Tribbelmanns Weib, obwohl aus einfachen Verhältnissen stammend, besaß einen starken Willen und ging so schnell einem Streit nicht aus dem Weg. An Hexen und Zauberer glaubte sie schon gar nicht. Ihre Richter, der "wohlachtbare Dortmunder Rat", reiche und zum Teil studierte Herren, waren da allerdings, wie sich noch herausstellen wird, ganz anderer Meinung. Und diese Herren waren es gewöhnt, ihren Standpunkt mit brutaler Gewalt durchzusetzen. Eine Frau, die als Hexe in Dortmund vor Gericht stand, hatte kaum eine Chance, mit dem Leben davonzukommen. Tribbel Enne ist weder die erste noch die letzte Frau, die von den Ratsherren umgebracht wurde. Ihre Geschichte soll hier nur stellvertretend für die unsagbaren Leiden von über 30 Frauen und 2 Männern stehen, die im Zuge der Hexenverfolgung in Dortmund verurteilt wurden. Wir schreiben das Jahr 1593. Ein Samstag. Am Vormittag dieses verhängnisvollen Tages ist der Dortmunder Bürger Wessel Kipp, der der Zauberei bezichtigt worden war, an der Richtstätte vor dem Westentore im Beisein zahlreicher Zuschauer enthauptet worden. Auch Tribbel Enne steht unter den Schaulustigen. Danach geht sie zum Markt, um ihre am vorherigen Tag gesammelten Kräuter feilzubieten. Denn mittwochs und samstags darf jeder seine Waren verkaufen – nicht nur Gildenangehörige und Handelsleute. Doch heute ist die Markt-Atmosphäre anders als sonst. Überall stehen Leute herum und tuscheln. Gerüchte machen die Runde, daß Wessel Kipp unter der Folter kurz vor seinem Tod Namen genannt habe von Personen, die bei seinen nächtlichen Ausfahrten mit dem Teufel dabeigewesen sein sollen, Namen von Dortmunder Frauen. Tribbel Enne hält von solchen Gerüchten nicht viel. Sicher, sie hat den Kipp gekannt; viele haben ihn gekannt. Doch daß er zaubern konnte, daran glaubt sie nicht. Trotzdem weiß sie, daß sie sich in acht nehmen muß. "Jede kann es treffen. In anderen Städten werden die Frauen in Scharen als Hexen verbrannt", hat erst kürzlich ein weitgereister Handelsmann auf dem Markt erzählt. Dies alles geht ihr jetzt durch den Kopf, während sie sich auf dem kargen Strohlager in dem Verlies des Katharinenturms schlaflos hin- und herwälzt.

Am nächsten Morgen kommen die Wachen und führen sie ins Rathaus. Die hohen Herren warten schon. Der Jurist und Ratsherr Caspar Nyess verliest die Anklage. Eine Molkentowersche soll sie sein. Sie habe Kühe verhext, Wetter gemacht und den Leuten Krankheiten angezaubert. Gemeinsam mit ihrem Buhlen Wessel Kipp habe sie sich dem Teufel verschworen. Gleichzeitig erfährt Tribbel Enne, daß mit ihr noch weitere Frauen verhaftet wurden. Sie ist empört. Streitet alles ab. Leute, die zaubern können, gibt es für sie nicht. Danach wird sie wieder in ihr Gefängnis zurückgebracht. Sie solle sich die Anklage bei Wasser und Brot noch einmal durch den Kopf gehen lassen, meint der Jurist.

Nach 11 Tagen kommt des Morgens um 4 Uhr Scharfrichter Herman und bringt sie zusammen mit zwei weiteren Frauen zur Wasserprobe zum Kuckelkemühlenteich. Tribbel Enne kennt diese Frauen. Es sind Drude Krumme, das Weib des Tagelöhners Johan, und Enne Kurlemans, eine Marktfrau. Nacheinander werden die Frauen vom Scharfrichter kreuzweise an Daumen und Zehen gefesselt und dreimal auf das Wasser geworfen. Herman hat ihnen ein langes Seil um den Bauch gebunden und zieht sie von einem Bötchen aus im Zickzack über den Teich. Alle drei schreien vor Angst, schwimmen aber oben.

Am nächsten Tag steht Tribbel Enne wieder vor ihren Richtern. Es sei jetzt bewiesen, daß sie eine Hexe sei. Die Wasserprobe am Kuckelkemühlenteich habe es an den Tag gebracht. Wenn sie nun immer noch ihre Schandtaten leugnen wolle, gebe es auch noch andere Mittel, sie zum Reden zu bringen. Die Stadt verfüge über einen gut eingerichteten Folterkeller, warnt Ratsherr Nyess.

Tribbel Enne schweigt. Daraufhin wird sie von den Folterknechten in den Diebskeller gebracht. Beim Anblick der Instrumente wird sie blaß. Ein Gehilfe holt in Anwesenheit einiger Ratsherren die Daumenschrauben hervor und zeigt sie ihr. Sie schweigt noch immer. Schreit erst, als das Folterinstrument ihr die Finger zerquetscht; schreit immer noch, während die Knechte ihr die Kleider vom Leib reißen und die Spanischen Stiefel um ihre Waden legen. Als Tribbel Enne danach mit auf dem Rücken gebundenen Händen an die Dekke gezogen wird, ist sie ohne Bewußtsein. "Bringt sie wieder ins Gefängnis zurück, für heute hat es keinen Zweck mehr", sagen die Ratsherren. Noch fast drei Monate wird Tribbel Enne in regelmäßigen Abständen in den Folterkeller des Rathauses gebracht. Ihr Körper ist kaum noch als solcher zu erkennen; unter der unsagbaren Folter hat er sich in ein von Schmerzen gepeinigtes Etwas verwandelt. Doch die Frau, inzwischen mehr Tier als Mensch, bleibt standhaft. Nur manchmal hält sie die Schmerzen nicht mehr aus, ruft nach den Ratsherren, um zu bekennen. Wenn sie dann vor ihren Richtern steht, leugnet sie wieder oder schüttelt nur stumm den Kopf. Nein – sie ist keine Zauberin.

Dann, es ist mittlerweile Anfang Oktober, haben die monatelangen Folterungen sie auch seelisch zerbrochen. Tribbel Enne gesteht jetzt alles, was ihre Peiniger von ihr wissen wollen. Ja, sie sei eine Hexe, habe Kühe verzaubert und es mit dem Teufel getrieben. Mit ihrer zerquetschten Hand setzt sie drei Kreuze unter die Anklage. Den Tag darauf wird sie vom Diebskeller zum Richthaus gebracht. Dort wartet schon der wohlachtbare Rat und Jurist Caspar Nyess, verkündet das Urteil. Die Richtglocke in der St.-Marien-Kirche läutet laut und anklagend, als Tribbel Enne, mittlerweile ohne klaren Verstand, erfährt, wie sie vom Leben zum Tode befördert werden soll – lebendig verbrannt vor den Toren der Stadt.

Noch eine weitere Frau wird in diesen Tagen zum Tode – durch das Schwert – verurteilt. Es ist Catharina Spickers, verhaftet aufgrund von Bezichtigung wegen Zauberei am 28. August desselben Jahres, ebenso gefoltert und daran zerbrochen.
Wir schreiben den 6. Oktober 1593. Wieder ein Samstag. Tribbel Enne und Catharina Spickers sitzen auf einem Holzkarren und werden vom Richthaus zur Richtstätte am Westentor gebracht.

An diesem Samstag scheint die Sonne, und über den Westenhellweg eilen Menschen mit Kiepen auf dem Rücken, kleine Handwägelchen hinter sich herziehend, zum Marktplatz. Einige bleiben stehen und starren die zwei armseligen Gestalten in dem hölzernen Fahrzeug, das sich rumpelnd den Weg durch die Händler bahnt, mit offenem Mund an. Kinder zeigen mit dem Finger auf Tribbel Enne und laufen johlend hinter den Henkersknechten her.

Am Westentor stehen schon viele Schaulustige. Der Wagen hält. Ein Raunen geht durch die Menge, als Tribbel Enne mühsam und auf allen Vieren den Karren verläßt. Mitleidige Blicke streifen die verkrüppelte kleine Gestalt. Auch ihr Mann ist in der Menge, aber er weicht den Blicken seiner Frau aus, tut so, als ob er sie nicht mehr kenne.

Die Enthauptung ihrer Leidensgenossin nimmt Tribbel Enne kaum noch wahr. Fast gleichgültig sieht sie zu, wie Catharina Spickers von Scharfrichter Herman zum Richtblock geführt wird. "Wenn doch schon alles vorbei wäre", denkt sie verzweifelt, und ihre Blicke schweifen zu dem dicken Pfahl in der Mitte des Platzes. Große, mit Pech durchtränkte Holzberge sind sorgfältig um ihn herum gestapelt worden. "Da wirst Du gleich brennen, Du vermaledeite Teufelshure", höhnen die Henkersknechte. Mit roher Gewalt packen sie die Unglückliche, schleppen sie bis zur Holzleiter, treiben sie hinauf. Der Scharfrichter bindet sie am Pfahl fest.

Hoch in den Lüften hängt sie. "Wenn ich doch nur ein Vogel wäre, dann flöge ich jetzt in die Wolken hinein", denkt Tribbel Enne voll Sehnsucht. In diesem Moment hört sie das Prasseln des Feuers. Noch einmal keimt Widerstand in ihr auf. "Nein!" schreit sie in die namenlosen Gesichter der unter dem Holzstoß stehenden Schaulustigen hinein und zerrt an ihren Fesseln. "Nein, ich bin keine Hexe. Laßt mich doch leben, laßt mich!" Dann raubt ihr der beizende Qualm den Atem.

Lange stehen die Menschen vor dem brennenden Scheiterhaufen und sehen zu, wie der Holzstoß lodert, zum Schluß ein letztesmal hell aufflammt und dann langsam verglüht. Tribbel Enne ist zu Pulver verbrannt.

Diese Geschichte ist keine Erfindung, sie beruht auf der Schilderung der Ereignisse, wie sie uns ein Zeitzeuge – der Chronist Detmar Mulher – überliefert hat.

Wie konnte so etwas Unglaubliches passieren? Um hierauf eine Antwort geben zu können, ist es wichtig, die sozialen, religiösen und politischen Verhältnisse in Dortmund zu jener Zeit etwas genauer zu schildern.

Deshalb berichten wir zunächst davon, wie es damals in Dortmund ausgesehen hat. So kann sich der Leser ein Bild davon machen, in welcher Umgebung die Frauen und ihre Verfolger gelebt haben.

Danach erzählen wir vom Leben der Frauen und Männer im 15. und zu Beginn des 16. Jahrhunderts.

Ein wichtiger Einschnitt ist die Reformation und der damit verbundene Wandel. Diese "Wende" hat unserer Meinung nach erheblich zur Hexenverfolgung beigetragen.

Deshalb muß im letzten Teil dieses ersten Abschnitts von den Veränderungen und der Bedeutung für das Leben der Frauen und Männer berichtet werden.

Lust und Lebensfreude – Arbeit und Herrschaft

VOR DER REFORMATION

DORTMUND ZU BEGINN UNSERER BÜRGERLICHEN GESELLSCHAFT

Die Zeit der Entbehrungen war für die Dortmunder zur Mitte des 16. Jahrhunderts vorbei. Die Stadt hatte zwar lange die Nachwirkungen der Großen Fehde, die im Jahre 1389 zu Ende gegangen war, zu spüren bekommen, aber nun blühte der Handel wieder auf. Hunger brauchten die Städter nicht zu leiden, dafür sorgte schon das fruchtbare Ackerland rings um Dortmund. Bis zu 7000 Einwohner lebten im 15. Jahrhundert in der Hansestadt. Es gab die Öster-, Borg- und Westerbauernschaft. Auf der letzteren durften alle Bürger der Stadt ihr Vieh weiden lassen. Bauerschaftshirten trieben in aller Herrgottsfrühe die Tiere über den Hellweg auf den Stadtanger. Im Osten und Süden bzw. im Westen fanden sich vorwiegend Korn-, Futterrüben- und Flachsfelder, und unweit der mächtigen Wallmauern lagen größere Gartenstücke. Gärten gab es auch innerhalb der Stadt. Diese gehörten meistens den Patriziern[1]. Im Süden Dortmunds lag der Wohnflächenanteil bei 60 Prozent. Insgesamt besaßen die Patrizier- und die Honoratiorenfamilien im ausgehenden 16. Jahrhundert an die 53 Wohnhöfe in der Hansestadt. Im nordwestlichen Teil dominierten die Kleinbürgerhäuser. Neben 160 dieser Gebäude sind auch noch zehn Scheunen genannt. Die kleinen Beginenhäuser standen zwischen Ostenhellweg und Brückstraße.

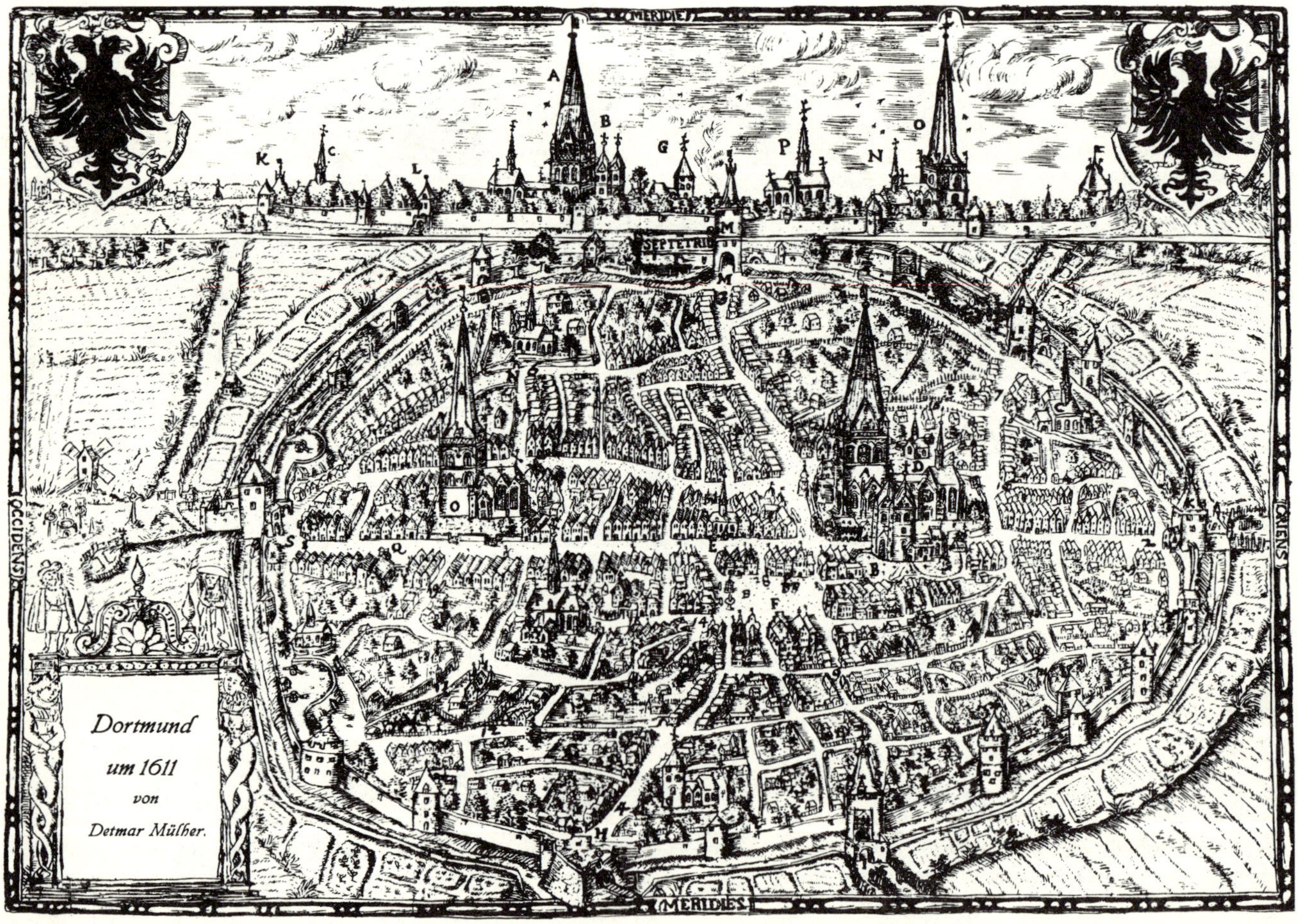

Dortmund um 1611 von Detmar Mulher

Es ist anzunehmen, daß die meisten großen Strassen und auch mehrere Gassen gepflastert waren. 1465 hatte der Rat nämlich die *Schurer Kule* (Schürener Steinbruch) gekauft. Die erste Straße, die mit den Steinen aus diesem Reservoir ausgelegt wurde, war im Mai die *Helwegstrate van der Westerpoerten an bis an die Oestpoerte*[2]. Im Jahre 1501 *wort ouch die Gruetstrate ader Balkenstrate gemaket bis an den Schuttenhof, ouch die strate van der Nijenpoerten bis an dat markt*[3]. Ein Jahr später bekam *dat kleine strateken van der Wistrate* (Wißstraße) *na dem Gruethues* einen Steinbelag. Außerdem gab es im 16. Jahrhundert auch schon eine Straße mit unterirdischer Kanalisation, die Balkenstraße. Der Chronist Dietrich Westhoff notiert dazu unter dem 29. August 1545:

Mit dem anvang des monats septembris umb sanct Joannis Baptisten enthovinge ist vurijrst dis jaers die grote putte up dem markt bij dem kaek begunt to varen, und die naber umher, der ungeveerlich 12 ader 13, hatten mit willen des eerbaren raets an sich genommen, denselvigen putte uet der erden varen to laten up ir kosten. Dartogegen wolde die stat ine vort reide stellen boven der erden mit der kronen, und wie hie ouch volgens wolgemaket ist. Und plag uf dusser stat des puttes und darumbher ein umbgemuert dijk ader drenke to sein, und neven der int oesten over dem watervlot ein kump, darin ein post mit pipen gemakt, daruet dat water in den kump gesprungen, und dat sprink was geletten van der hern stallinge under der Balkenstraten hein, wie ouch darvan hijrvur meldung geschehen. Disse beiden, dijk und kump ader sprink, sin alle verwoestet, derhalven ouch die burger angehalden darselvest in statt des dikes einen putten mit 6 emern to macken. Hijrmit voert togevaren und in dem volgenden 47 jaer so ver bracht, cronament vrijdaegs den 29 julii daruf gesat, und der meister, so das gemacket, sein name was Rotger Wiskotte, und hatte to hulf meister Johan Backelman, sei nen broder, ein steinmetzer ader muermeister, diewelche ouch Johannes Schulten vornsten gevel tegen den Weinhaus im 46 nachvolgende jaer gemakt. Und als nu in dissem sommer alle putte droge, ist disse mit overvlot des waters beladen gewesen.[4]

Zu Beginn des Monats September um den Tag St. Johannes der Täufer ist erstmals in diesem Jahr der große "Pütt" (Ziehbrunnen) auf dem Markt beim Pranger in Betrieb genommen worden, und die Nachbarn umher, deren es ungefähr 12 oder 13 gab, hatten es mit Zustimmung des Ehrbaren Rates übernommen, denselben Pütt aus der Erde (Wasser) ziehen zu lassen, auf ihre Kosten. Dagegen wollte die Stadt eine Furt (Laufrinne) über der Erde bis zur Krone bereitstellen, was hier auch in der Folge durchgeführt wurde. Und unmittelbar an dieser Stelle des Pütts und rundherum sollte ein mit einer Mauer umgebener Teich oder Tränke sein, und neben dieser nach Osten zu über dem Wasserlauf ein "Kump" (Becken eines Springbrunnens), in den ein Fundament mit Rohren eingebaut wurde, aus dem das Wasser in den Kump schoß, und der Springquell wurde von den Stallungen der Herren unter der Balkenstraße her geleitet, wie auch hiervor schon berichtet wurde. Beides, Teich und Kump bzw. Springquell, war völlig verwüstet (vermutlich im Sinne von "verdreckt" zu verstehen), deshalb wurden auch die Bürger angehalten, anstatt des Teiches einen Pütt mit 6 Eimern zu bauen. Und damit wurde fortgefahren und das im folgenden Jahr 1547 so weit gebracht, daß am Freitag, den 29. Juli, das "Kronament" (die Aufbauten) darauf gesetzt werden konnte, und der Meister, der das gemacht hat, hieß Rotger Wiskotte, und es halfen ihm dabei Meister Johan Backelman, sein Bruder, ein Steinmetz oder Maurermeister, welcher auch Johan Schultens vordersten Giebel gegenüber dem Weinhaus im auf 1546 folgenden Jahr gebaut hat. Und als nun in diesem Jahr alle Ziehbrunnen trocken waren, war dieser mit Wasser übervoll gewesen.

Durch Dortmund verliefen zwei große Handelsstraßen: der Hellweg von Bochum nach Unna und die Brüggestraße sowie die Wißstraße von Lünen nach Hagen. Die Handwerker, von denen es in Dortmund eine große Anzahl gab, wohnten mit ihren Zunftangehörigen meistens in einer Straße.

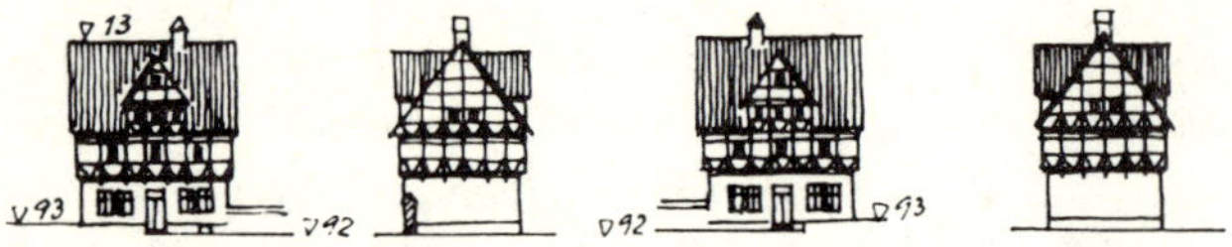

"Die Elende" – um 1610 – Armenhaus

Strohgedeckte deutsche Bauernhäuser des 16. Jahrhunderts

Mittelalterliche Küche

So waren die Töpfer in der "Helle" zu Hause[5], in der Fulengasse (später Vaerststraße) wohnten die Seiler, die als Reep- oder Reiffschläger bezeichnet wurden[6], und in der Stubengasse scheint es noch im 16. Jahrhundert Badestuben gegeben zu haben, in denen die Bürger badeten und sich auch mit "leichten Mädchen" amüsierten. Denn: "Die öffentlichen Badestuben waren in weitem Umfange Anstalten zur Unterhaltung und zum Vergnügen. ... Sie standen vielfach in üblem Ruf, weil sie nicht nur zur Verschwendung und zum Mutwillen verführten, sondern auch nicht selten Schlupfwinkel der Unzucht waren."[7]

Die Kühestraße ist auch heute noch eine Parallelstraße zum Westenhellweg. Ihren Namen erhielt sie, weil Mitglieder der Westerbauernschaft durch Befestigungsarbeiten, Torbogen und Ummauerungen seitens der Stadt gezwungen waren, ihr Vieh durch diese und die Westerviehgasse (heute Schützenstraße) auf die Gemeindewiese treiben zu lassen. Am Ausgang der Kühestraße lag die "Elende". Das kleine Fachwerkhaus mit niedrigen Kammern beherbergte arme Jungfrauen und Witwen mit Kindern.

Eng aneinandergedrückt, standen in allen Straßen neben den Prachtbauten der Reichen kleine Gademe: hutzelige, einstöckige Häuschen, zum Teil aus Holz und Lehm gebaut. Zum Ausgang des 14. Jahrhunderts gab es 137 solcher Katen in Dortmund. Zur Zeit der Hexenverfolgung werden es schon weitaus mehr gewesen sein, denn später gab es laut Prümer allein in der Stovengasse 30 solcher Häuser[8].

Die Steinhäuser gehörten den Patriziern und Angehörigen der Gilden. Meist zwei- bis dreistökkig gebaut, hielten sie so manchem Brand, der die Stadt oft heimsuchte, stand. Die Küche befand sich im Parterre. Im ersten Stock hatten sich die reichen Familien meist ein verschließbares Guckloch in den Fußboden einbauen lassen. Durch dieses konnte die Hausfrau das Treiben der Mägde in der Küche ungestört von Zeit zu Zeit beobachten. Über Platzmangel brauchten sich die Bewohner dieser Häuser jedenfalls nicht zu beklagen.

Anders erging es den Menschen, die in den Gademen hausen mußten. Meistens gehörten ihnen diese armseligen Katen noch nicht einmal. Sie zahlten hierfür eine Jahrespacht an den Besitzer.

Blick in die untere Brückstr. nach Norden um 1610

Eigentümer waren die Stadt, die Kirchen, ein Kloster oder ein begüterter Bürger. Mensch und Vieh hausten unter einem Dach. Mehr als einen, manchmal auch zwei Räume, die so niedrig waren, daß man sich den Kopf stieß, gab es nicht. Die Gademe wurden bei den vielen Bränden jedesmal vernichtet. Deren Bewohner hatten dann manchmal für lange Zeit kein Dach über dem Kopf.

Rings um die Hansestadt erhoben sich auf den Schutzwällen mächtige Türme und Wälle. 14 solcher Bauwerke, von denen einige auch als Gefängnisse dienten, gab es: den Höllenturm, den Schwanenturm, den Schlangenturm, den Eulenflucht-Turm, den Judenturm, den Pulverturm, den Palenturm, den Adlerturm, den Reifschlägerturm, den Stiepel- oder Silberturm, den Roten Turm an der Hövelpforte, den Kaiserturm in der Nähe des Westentores, den Pockenturm und den Katharinenturm. Weiterhin gehörte zum Festungssystem "die Landwehr, ein Wassergraben mit Gestrüpp, der sich im großen Bogen um die Stadt zog, und zwei Wachttürme, der Fredenturm ... und der Steinerne Turm"[9].

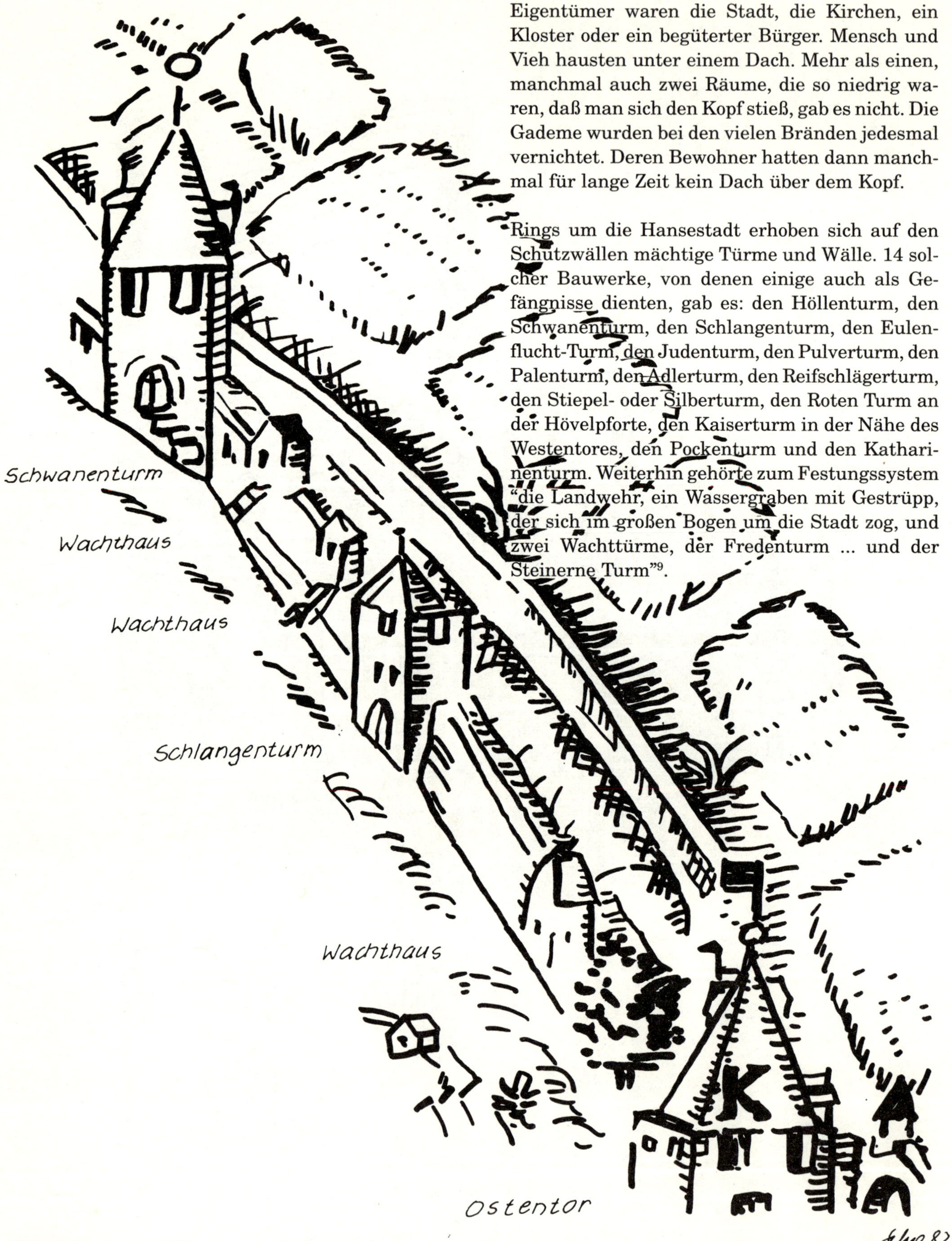

Wachthäuser und Türme von Süden 1610

DER DORTMUNDER MARKT

Der Markt in Dortmund ist fast so alt, wie die Stadt selbst. Bereits im 10. Jahrhundert muß die Hansestadt schon einen solchen besessen haben, denn 990 erhielten die Einwohner von Gandersheim ein "Dortmunder Marktrecht" vom Kaiser, und 10 Jahre später wurde der Dortmunder Markt sogar mit den Märkten von Mainz und Köln auf gleiche Stufe gestellt. Drei verschiedene Märkte setzten sich in der Hansestadt durch.

DER JAHRMARKT

Schon im 10. Jahrhundert gab ein Jahrmarkt den Dortmunder Bürgern an 16 Tagen im Jahr, nämlich zwischen Himmelfahrt und Pfingsten, die Gelegenheit, ihre schwindenden Winter-Vorräte aufzufüllen. Ab 1232 gewährte Heinrich VII. der Reichsstadt einen zweiten, zweiwöchigen Jahrmarkt, der Ende September beginnen sollte und natürlich zum Hamsterkauf für die kalte Jahreszeit höchst willkommen war. Gehandelt wurde auch mit Waren, die von außerhalb oder gar von weither kamen.

Gegenstände des Dortmunder Transithandels waren: Getreide, trockene Fische, Heringe, Wein, Südfrüchte, Vieh, Pferde und Metalle. Lange Zeit begann der Jahrmarkt immer an einem Sonn- oder Festtag. Erst im Jahre 1544 beschloß der Rat, den Jahrmarkt an einem Wochentag einzuläuten, und stieß dabei auf erbitterten Widerstand der Einwohner, die sich in ihrer religiösen Tradition gestört fühlten. Im 17. Jahrhundert gelang es den Ratsherren erst durch massive Drohungen, den Jahrmarkt nach ihrem Gutdünken festzulegen.

DIE "KERMISSE"

Zu einem sehr beliebten Markt entwickelten sich die Kirchweihfeste. Westhoff berichtet über Kirchweihfeste in den Jahren 1434, 1445 und 1456, zu

Der Alte Markt um 1610

Die Fischwag
allerley Fischwerck

denen sich sehr viel Volk eingefunden habe, "dwile dann vrij kermisse is". Die Freiheit dieser Kirmesse bestand bis ins 15. Jahrhundert hinein darin, daß ein jeder, Bürger oder Gast, kaufen und verkaufen durfte, was er wollte, ausgenommen fertige Schuhe und geschlachtetes Fleisch. Die Kirmesse waren zuerst ein fester Bestandteil von Kirchfesten. Später jedoch bestimmte der Rat diese Tage. Eine zeitliche Konzentration gab es nicht. Nur während der Messe durfte nicht verkauft werden.

DER WOCHENMARKT

Ein buntes Treiben und Handeln wurde mit der Entstehung des Wochenmarktes auf dem großen Platz zwischen Reinoldikirche und Rathaus eingeläutet. Jede(r) konnte verkaufen, was er/sie wollte und soviel er/sie wollte. Doch das änderte sich, als die Gilden immer mächtiger wurden. Sie besaßen bereits im 15. Jahrhundert eine unumschränkte Monopolstellung bei der Anfertigung und beim Verkauf von Waren und bestimmten, wer ihrem Verband beitreten durfte. Der freie Markt wurde auf ihr Betreiben hin sogar ganz abgeschafft, und erst 1450 setzten die Patrizier im Rat nach Unruhen in der Bevölkerung wieder einen freien Markttag durch, der bei den Gilden großen Unwillen hervorrief, da hier unter anderem die Bäcker angewiesen wurden, das Brot nach Gewicht und nicht mehr nach Gutdünken zu backen: *De becker wolden nicht backen op dat gewichte, de schoemeker wolden behalden eer vellekopen allene und ledder to verkopen und schoe und trippen und seggeden, men solde enne nemen.* ("trippen" waren holzschuhartige Damenschuhe mit Lederriemen). Nur die Fleischhauer, die Krämer und die Butterleute fügten sich.

Im 16. Jahrhundert wurde dann ein weiterer Markttag für alle verkaufswilligen Bürger eingerichtet: Zum freien Mittwoch kam der freie Samstag hinzu.

An allen Tagen sorgte ein vom Rat der Stadt eingesetzter Marktherr für Ruhe und Ordnung. Die Marktzeiten waren festgelegt und wurden mit einer Glocke eingeläutet. Es ärgerte den Rat auch, daß die Händler von außerhalb schon vor Marktbeginn ihre Waren zu Billigpreisen auf den Zufahrtstraßen feilboten. Denn die Preise auf dem Markt waren nach Gewicht festgelegt und wurden an städtischen Waagen streng kontrolliert. Das versuchten pfiffige Bürger auf diese Art zu umgehen. Daher untersagten die Stadtväter 1467 diesen Verkauf:

Ouk sall niemandt kopen binnen unsem gerichte und herlicheit (Gerichtsbezirk und Hoheitsgebiet) *enigh guidt wedder to verkopen, dat up dem wege is, heruert op dat marckt tho kommen op die gewontliche marckt dage*, heißt es in den Dortmunder Statuten.

Von existenzieller Wichtigkeit waren die zwei grossen Handelsstraßen (der Hellweg und die Straße nach Münster und Köln) für die Dortmunder. Kastelle, Burgen und Wegemeister sollten die Kaufleute vor Wegelagerern schützen und ihnen in Kriegszeiten einen Unterschlupf gewähren. Ständig im Clinch lagen die Stadtväter im 16. Jahrhundert mit den umliegenden Grafschaften.

Ein Fall erregte besonderes Aufsehen: Der Herzog von Cleve (Nachfolger des Grafen von der Mark) behinderte die Warenzufuhr zum Wochenmarkt erheblich, weil die Stadt sich weigerte, eine "Türkensteuer" (zum angeblichen Schutz der Christenheit vor dem Osmanischen Reich) an ihn zu zahlen.

Erst der Kaiser machte den ständigen Querelen auf Bitten der Stadt 1544 ein Ende, indem er drohte, *alle Fürsten, besonders die in Dortmund wohnenden bei einer Strafe von 40 Mark lötigen Goldes und des Reiches Ungnade* zu bestrafen, die die Handelsstraßen sperren ließen.

Fremde Kaufleute wurden von den Stadtvätern mit ganzer oder eingeschränkter Zollfreiheit auf den Markt gelockt. Aber nicht jeder konnte auf dem Dortmunder Markt so einfach einkaufen. Gerade die Grafen von der Mark, die ja ständig Streit mit Dortmund hatten, sahen es nicht gern, wenn ihre Untertanen sich ihren täglichen Bedarf auf fremden Märkten holten. *Den 21. Octobris (1606) haben die Markeseschen ihren Leuten und Undersassen das Ihre, so sie binnen der Stadt Dortmundt auf dem Jahrmarkte gekauft hatten, durch ihre Soldaten mit Gewaldt abnemen lassen*, berichtet Detmar Mulher.

Da im Laufe der Jahrzehnte immer mehr Waren auf dem Markt angeboten wurden, herrschte auf dem großen Platz vor dem Rathaus ein gewaltiges Gedränge. Schon im 13. Jahrhundert wurden die Waren deshalb an speziellen Bänken auch außerhalb des Marktplatzes angeboten. Die Fisch-, Salz- und Fleisch- und Apfelbänke standen wahrscheinlich an anderen Stellen. Auf dem Markt selbst gab es Flachs- und Kornbänke. Das Brot bekam wegen seiner schnellen Verderblichkeit ein festes Haus, das Fleisch im 14. Jahrhundert aus dem gleichen Grunde. Jeder Händler, der Waren über 50 Pfund feilzubieten hatte, mußte diese erst wiegen lassen. Die Kornwaage stand zum Beispiel auf dem Mönchenwordt und wurde 1541 *ufgerichtet* und 1542 erneuert[10]. Eine städtische Waage stand zudem am Rathaus.

Auch städtische Buden, die an Händler verpachtet wurden, hatten ihren festen Platz. Zudem achtete der Marktherr darauf, daß gleiche Waren an gleichen Stellen verkauft wurden.

Der Marktplatz war Mittelpunkt des öffentlichen Lebens. Nicht nur die Händler und Käufer waren hier ständige Gäste, auch Hausierer und Gaukler bevölkerten diesen Ort. So berichtet der Chronist Detmar Mulher von einem Seiltänzer, der am 18. Juli 1589 *ein Seil vom Rathause her bis in das oberste Fenster des Hauses des Ratsherren Bockholt gespannt, auf dem er dreimal auf und abging und Possen trieb. Das vierte Mal stürzte er sich herunter auf ein unten liegendes Bett.*

Zudem stand auch der Pranger (Trissel) auf dem Marktplatz. In diesen runden, vergitterten Drehkasten wurden z.B. Bürger gesetzt, die während der Messe Branntwein gesoffen hatten, Butterfrauen, die die Butter zu teuer verkauften, oder Leute, die bei den Stadtvätern durch ihr auffälliges Verhalten in Ungnade gefallen waren.

Der Wochenmarkt findet bis heute in Dortmund statt. Seitdem das neue Rathaus gebaut wird, sogar wieder an historischer Stelle und an den früheren freien Markttagen, nämlich mittwochs und samstags.

Wer mehr über den Dortmunder Markt wissen will, kann in den Beiträgen zur Geschichte Dortmunds und der Grafschaft Mark noch Genaueres erfahren[11]. Die Angaben zu diesem Kapitel wurden zum Teil aus diesem Beitrag entnommen.

Kauffrau in ihrer Schreibkammer

FRAUEN IN DORTMUND

Die Blütezeit des Handwerks und des Handels in den Städten begann im 11. Jahrhundert. Im 13. und 14. Jahrhundert strömten auch Frauen in die Zünfte. Gerade die Städte erwiesen sich als fruchtbarer Nährboden für die unterschiedlichsten Berufe. Männermangel, bedingt durch Kreuzzüge und lange Handelsreisen, gab den Frauen weitere Möglichkeiten, sich im Beruf selbständig zu machen. Frauen sind hier in den verschiedensten Zünften organisiert: in der Brauerei, der Bäckerei, der Fleischerei, im Garnziehergewerbe und bei den Leinwebern. Sie handelten mit Obst, Butter, Hühnern, Fisch, Milch, Salz und Hafer. Auch am Fernhandel, besonders bei Textilien, Wolle, Seide, Metallwaren und Gewürzen, hatten die Frauen einen Anteil. Als Postmeisterinnen, Zöllnerinnen und Geldwechslerinnen standen sie in städtischen Diensten. Zudem waren die Gebiete der Heilkunde und Geburtshilfe bis zum 16. Jahrhundert eine reine Frauendomäne.

In Dortmund gibt es nur wenige Unterlagen über die Tätigkeiten von Frauen. Doch schon im Jahre 1298 praktizierte hier eine Aderlasserin, an die eine "Bude" verpachtet wurde[12]. Auch eine Töpferin und eine Salzhändlerin, die städtische Buden gepachtet hatten, sind in diesem Jahr in der Steuerrolle aufgeführt. Aber es muß noch einige andere Frauen gegeben haben, die ein eigenes Gewerbe führten, denn schon 1316 sind es 12 Frauen von 80 eingetragenen Neu-Bürgern, die Steuern zahlen mußten. Leider fehlen hier die Berufsangaben. 1499 ist den Steuerlisten zu entnehmen, daß von 331 Bürgern der Borgbauerschaft auch 50 Frauen den "Königsschoß", eine Steuer, die an den König gezahlt wurde, der "gemeine Pfennig"[13], zahlen mußten. In der Ostbauerschaft lag der Frauenanteil für diese Abgaben sogar bei 20,3 Prozent (von 335 zahlenden Bürgern waren 68 Frauen). Frauen spielten also auch in Dortmund keine unbedeutende Rolle, sie verfügten über Kapital und Besitztümer; sonst wären sie nicht zum "Königsschoß" herangezogen worden. Zum Teil führten Witwen und Töchter der Bürger auch deren Gewerbe weiter, und bei einigen Frauen ausserhalb der Hansestadt hatte der Rat sogar Schulden.

Zudem waren die Dortmunder Frauen in der Braukunst bewandert. "Schon im 13. Jahrhundert war es möglich, Bier auf Vorrat zu brauen und auf dem Markt zu verkaufen. Dieser Beruf scheint vielfach von Frauen ausgeübt zu sein, da in den ältesten Statuten (ca. 1250) nur von Frauen die Rede ist, die Bier herstellen."[14] Auch das Buttermachen war eine weibliche Tätigkeit. Butterfrauen verkauften ihr Produkt, für das sich besonders im Mai viele Abnehmer fanden (Maibutter), regelmäßig auf dem Markt[15]. Die Zunft selbst befand sich fest in der Hand von Männern, die streng über ihre Rechte wachten und in ihre Gilde Neulinge erst gar nicht aufnahmen. Frauen fanden sich auch in der Mehrzahl unter den "Hockenden", die keinen eigenen Stand besaßen und ihre Ware auf dem Boden sitzend an den Markttagen feilboten. Zu ihrer Kundschaft zählten die ärmeren Leute: Menschen, die nicht auf Vorrat auf den Wochenmärkten kaufen konnten, da sie dafür kein Geld hatten.

Bierverkäuferin

DIE BRAUT, DIE TRUG EIN GRÜNES KLEID
Hochzeitsbräuche, Gaukler und Liebschaften

Nicht nur im Berufsleben errangen sich die Frauen im 16. Jahrhundert eine gewisse Selbständigkeit, auch in Liebesdingen kannten sie weniger Hemmungen als heute. Uneheliche Kinder waren selbst bei Nonnen keine Seltenheit. So wird die Nonne Margaretha Schwartze[16] wegen Schwangerschaft am 17. August 1608 aus dem Catharinenkloster gejagt, und am 11. Juni 1594 gebar eine weitere Nonne zu St. Catharina eine Tochter[17]. Und Detmar Mulher berichtet am 3.2.1610 von einem *im eußerlichen Schein sehr ernst und für eine reine, zuchtige, keusche Junckfraw* gehaltenen Mädchen aus besserer Familie, das plötzlich ein *jungs Tochterlein zur Weldt gebracht, welchs den 10. huius (desselben Monats) getauft und Gertrud genennet, aber denselben Abend gestorben* ist.

Tanz nach Flöte und Trommel
(Holzschnitt 1493)

Darüber hinaus kleideten sich betuchte Damen, wie sie wollten: bunt und herausfordernd. Westhoff beklagt sich über die neue Hochzeitsmode:

Umb disse jaern 1512, 1513 ader 14 quamen die gevoderden bunten manteln af, darinne die burgerschen wie itzunt in den velen gemeinlich gengen tor bruetlocht, to gaste und to kerken, uf grote vestdage, disser gestalt, dat einer genant Herman Huek, ein sinnenrijche und dapper man, burger binnen Dortmunde, sein dochter an einen genant Reinolt Holtwickeden bestade, also dat sie (wiewol des avendes in einer manteln gehovet wie noch in bruech) des morgens mit einer swarten velen to kerken bracht wort.
Und na dem heben ander drefliche lude und rijche burger in ihrer kinder bestadunge gevolget und in bruek komen, wie itz vorhanden mit den hoven up den bruetloften.
Plechten ouch grote jungfern spille to hebn des saterstages avent vur dem bruetdage also, dat in der bruet hues knechte und megede und sunst ander guder vrommer burger kinder tosamen gebeden bij einander quamen, sprungen und dansten, daer dan groet untucht begangen, und sunst die eine van dem andern betruwet wort, daer ouch volgens nicht geringe herzleit uet erwassen, des untellich meer, dat et ouch dale und neder gelacht.

Um diese Jahre 1512, 1513 oder 1514 herum kamen die gefütterten bunten Mäntel auf, darinnen die Bürgerinnen wie heutzutage in den Schleiern gemeinlich zu den *Brautlachten* (Hochzeiten), zu Gast und zur Kirche, auf große Festlichkeiten gingen, dergestalt, daß einer namens Herman Huek, ein einfallsreicher und tapferer Mann, Bürger in Dortmund, seine Tochter an einen namens Reinolt Holtwickeden (zur Hochzeit) so ausstattete, daß sie (wiewohl sie des Abends in einem Mantel ihm angetraut, wie es noch Brauch war) des Morgens mit einem schwarzen Schleier zur Kirche gebracht wurde.
Und dem sind andere treffliche Leute und reiche Bürger bei der Ausstattung ihrer Kinder nachgefolgt, und es ist in Brauch gekommen, wie jetzt vorhanden mit den "Hochzeitstänzerinnen" bei den Brautläufen (Hochzeitstänze, bei denen der Bräutigam auf die Braut zutanzt; mit den *hoven* gemeint sein dürften hier *hovemegede*, Mädchen, die zu solchen Anlässen bedienten und tanzten, eine Art Brautjungern).
Sie pflegten auch große Jungfernspiele zu haben des Samstags abends vor dem Brauttage, und zwar so, daß im Hause der Braut Knechte und

Und als man it also gehalden, heft die bruet des saterdages uf dem jungfernspil mit gronen kleden, des sundaegs roet, des maendaegs bruen und allet van dem besten wande und lachen uetgestrechen und bekledet moten sein to manniger burger groten verderf.[18]

Mägde und sonst anderer guter frommer (d.h. ehrbarer) Bürger Kinder zusammen (zum Fest) gebeten waren und zueinander kamen, sprangen und tanzten, wo dann viel Unzucht begangen wurde, und sonst (d.h. außer der Reihe bzw. der vorgeschriebenen Ordnung) die eine von dem andern "betraut" wurde (d.h. die Treue bzw. Trauung versprochen bekam), woraus auch in der Folge viel Herzeleid erwachsen ist, davon noch unsäglich mehr, daß es (das Mädchen) auch *dale* (hinfällig werden oder gar sterben mochte) und zu Grab gelegt werden (mochte).

Und als man es also (mit dem Brauch) gehalten hat, hat die Braut des Samstags auf dem Jungfernspiel mit grünem Kleid, des Sonntags in rot, des Montags in braun und alles von bestem Gewand und bestem Laken herausgeputzt und bekleidet sein müssen, zu manchen Bürgers grossem Verderb.

Einzug von Schauspielern in eine Stadt

Die Tänzer

Gefeiert wurde in der Hansestadt im 16. Jahrhundert ausgiebig und gern. Gaukler und Künstler gehörten sogar im Rathaus zu gern gesehenen Gästen. Am 12. Dezember 1546 kamen solche *kunsteners, nemlich 5 junge geselkens, damit 2 junge mettelin uf dem Raethues*. Zunächst sprang der Meister auf einem kleinen Pferdchen durch einen Reifen, es fiel dann hin, als sei es gestorben. Doch als man es rief, stand es sehr hastig und eilends auf. Danach tanzten drei Gesellen mit drei Stöcken, jeder zweieinhalb Ellen lang. Anschließend haben sie noch einen Tanz mit einem Stock gemacht. Dabei drehten sie sich so schnell, daß man ihnen mit den Augen kaum folgen konnte. Eines der beiden Mädchen sprang besonders schnell. Sie sprang mit dem Busen *over 3 scharpe messe* (über 3 scharfe Messer). Die Artisten gingen auf Händen, und zwei nahmen sich und warfen sich (wohl kopfüber) um und kamen wieder auf die Füße zu stehen. Die Jüngste ging auf den Händen, hatte den Kopf auf dem Pferderücken – *dat it wunder over wunder was*, schreibt der Chronist begeistert. Das haben sich der Bürgermeister und der Dortmunder Rat und über tausend Menschen angesehen. Jeder gab zwei Pfennige[19].

Im 17. Jahrhundert erfahren wir zwar auch noch ab und an von derlei Späßen, aber nicht mehr so ausführlich und vor allem seltener. Mehrtägige Hochzeitsfeiern, Gaukler, bunte Kleider und heimliche Liebschaften lassen sich zwar nicht ganz abschaffen, werden aber durch die rigide Gesetzgebung der bürgerlichen Gesellschaft immer mehr aus dem Leben der Menschen verdrängt.

DIE BEGINEN

Zu Beginn des 12. Jahrhunderts breiteten sich zuerst in Flandern und Holland, später auch in Deutschland lawinenartig selbständig arbeitende Frauenwohngemeinschaften aus. Der englische Chronist Matthäus von Paris schreibt 1241:

Die Anzahl gewisser Frauen, die das Volk Beginen nennt, mehrt sich, vor allem in Deutschland, bis zu Tausenden und Abertausenden in unglaublicher Weise, sie geloben und beobachten die Keuschheit und fristen von ihrer Hände Arbeit ein Leben der Zurückgezogenheit.[20] Für Köln und Umgebung weiß er allein von über 2000 solcher Beginen zu berichten.
Aus anderen Dokumenten ist ersichtlich, daß diese Frauen bis zu sechs Prozent der erwachsenen Stadtbevölkerung ausgemacht haben.

Die Beginen betrachteten sich als eine Art Reformbewegung, die Werte wie Bescheidenheit, Solidarität, religiöse Ernsthaftigkeit und christliche Urgemeinschaft in Erinnerung rufen sollte. *Eine jede möge sich durch ihrer eigenen Hände Arbeit ernähren können*, war ihr Leitspruch. Deshalb verfügten die Beginen auch über eigene Mühlen, Back- und Brauhäuser sowie Webspinnereien. Gerade im Anfertigen von Stoffen, Wappen und Kirchengewändern erwiesen sich diese Frauen als wahre Meisterinnen und entwickelten sich zu einer gefährlichen Konkurrenz für die übrigen Handwerker. Zudem waren sie beim Volk sehr beliebt, da sie in ihren Hospitälern überwiegend einfache Leute behandelten. In den Wohngemeinschaften lebten neben adeligen Frauen auch viele Beginen, die aus ärmlichen Verhältnissen kamen. Eine Begine konnte jederzeit den Orden wieder verlassen, wenn sie z.B. heiraten wollte. Statuten über Aufnahmebedingungen und das Leben in den Wohngemeinschaften wurden von den Frauen selbst geschrieben. So heißt es in den Statuten des Beginenkonvents "Auf dem Sande" in Wesel um 1309:

1. Es sollen nur brave und ehrsame Personen mit Genehmigung ihrer Eltern aufgenommen werden, keine natürlichen Schwestern außer zweien, keine persönlich Unfreie.

...

3. Entsteht Zwistigkeit unter Schwestern des Hauses, so muß diese vor Schlafengehen von der Vorsteherin in Friede und Liebe beigelegt werden.

...

Begine und alter Mann

6. Alle Schwestern sollen ein gemeinsames Schlafzimmer und ein gemeinsames Wohnzimmer haben, ausgenommen Kranke und die alten Glatzköpfe.

...

9. Geld und Gut, das der Gesamtheit gehört, soll nicht unter die einzelnen verteilt werden, sondern dem gemeinsamen Nutzen des Hauses verbleiben.[21]

In Dortmund wird ein Beginenhaus, das Haus der Wiltrud, erstmals im Jahre 1298 urkundlich erwähnt. Aber schon 1280 werden Beginen im Stadtrecht genannt. Dort heißt es in § 120:
Wenn eine Begine freiwillig aus dem Konvent ausscheidet, soll sie die Hälfte der Habe, die sie eingebracht hat, wieder erhalten. Erklärt der Konvent auf eidliche Versicherung zweier Vorsteher hin, daß die Mittel zur Auszahlung nicht ausreichen, so muß die ausscheidende Jungfrau damit zufrieden sein. Jungfrauen, die wegen eines offenkundigen Exzesses ausgeschieden sind, erhalten von dem

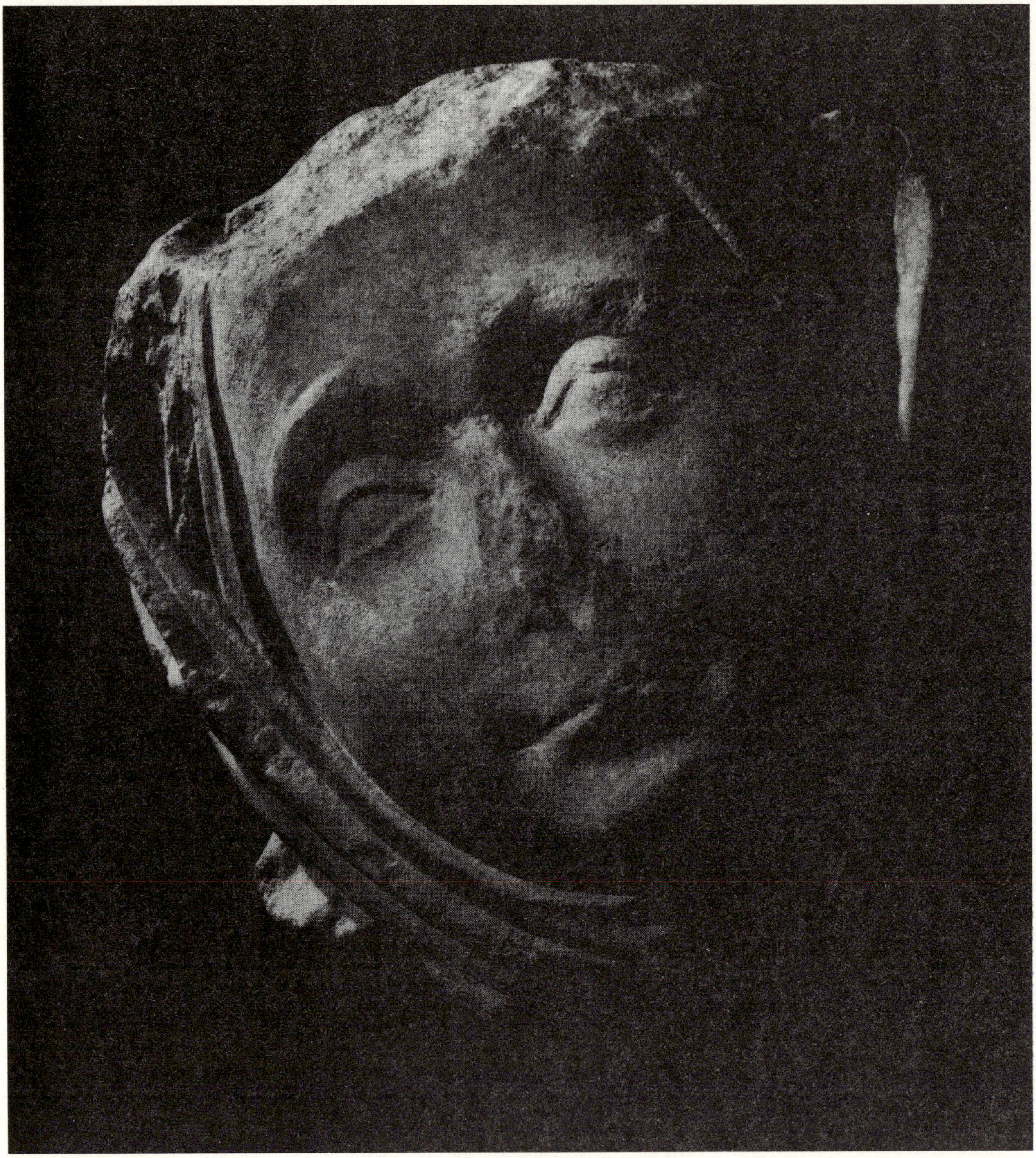

VERONIKA, Fragment einer Sandsteinfigur aus der ehemaligen Heilig-Geist-Kapelle in Dortmund, Ende 15. Jahrhundert

Gelde, das ihre Freunde beim Eintritt bezahlt haben, überhaupt nichts wieder.[22]

Im Jahre 1315 gibt es drei weitere nebeneinanderstehende Häuser: *das Haus der Jungfrowen vom Gronenhove, der Jungfrowen vom Kohlgarten und diesen gegenüber das Haus der Plenterschen.*

Wir wissen dies aufgrund eines Rechtsstreits zwischen den Schwestern, der im Dortmunder Urkundenbuch festgehalten wurde:
Der streit zwischen den jungfrauen vom Gronenhofe und Kohlgarten einer- und den jungfrauen vom hause Plenterschen andererseits wegen einer kloake und eines wasserabflusses wird von dem Dortmunder richter und schiedsleuten dahin geschlichtet, daß die jungfrauen vom Kohlgarten fortan kein wasser noch schmutzwasser mehr dort fließen lassen.[23]

Weiter werden genannt das *Haus zum Wingarden*, das *Blaue Hilwigehus* und das *Haus Grote Wyngarden*.

Alle diese Häuser lagen vermutlich in der Nähe des Franziskanerklosters am Schwanenwall. Das Beginenstift *Zum Braken* war am Rosental zu finden, und ein letztes, namentlich unbekanntes, zwischen Helle und Burgtor.

“Die Dortmunder Tracht der Beginen war eine Himmelblaue, dabei trugen sie auf dem Kopf einen weißen Schleier”, beschreibt Karl Prümer die Kleidung der Schwestern[24].

Ihren Lebensunterhalt bestritten einige Frauen aus Leibrenten und aus Haus- und Grundbesitz. Dazu ist im städtischen Urkundenbuch unter 1298 vermerkt:

Der gograf Dietrich und die ratsherren in Unna bekunden, daß Johannes gen. von Uelzen vor ihnen mit zustimmung genannter erben für 5 Dortmunder mark den schwestern Wildrud und Gertrud, beguinen in Dortmund, eine rente von einer halben mark aus ihrem hofe in Uelzen verkauft haben, die nach dem tode der verkäuferinnen an die Minoriten in Dortmund fallen soll.
Einkünfte in Höhe von 30 Schillingen jährlich aus den Fisch- und Salzbänken sowie der städtischen Waage verkaufte der Rat im Jahre 1316 der *beguine Hebele*[25].

Andere Schwestern gingen einem Handwerk nach. Außerdem unterstützten wohlhabende Beginen ihre ärmeren Ordensschwestern aus den übrigen Häusern.

Auch in Dortmund ist es ganz normal, wenn eine Begine das Stift wieder verläßt. So berichtet der Chronist Westhoff 1522 von einer *Jungfer Catharina Loers* aus dem Kohlgartenstift, die sich mit einem gewissen Johann von Düsseldorf verheiratete[26].

Obwohl keine weiteren Einzelheiten über die Beginen in der Hansestadt überliefert sind, ist anzunehmen, daß das Leben dieser Frauen hier nicht anders verlief als in den übrigen Städten.

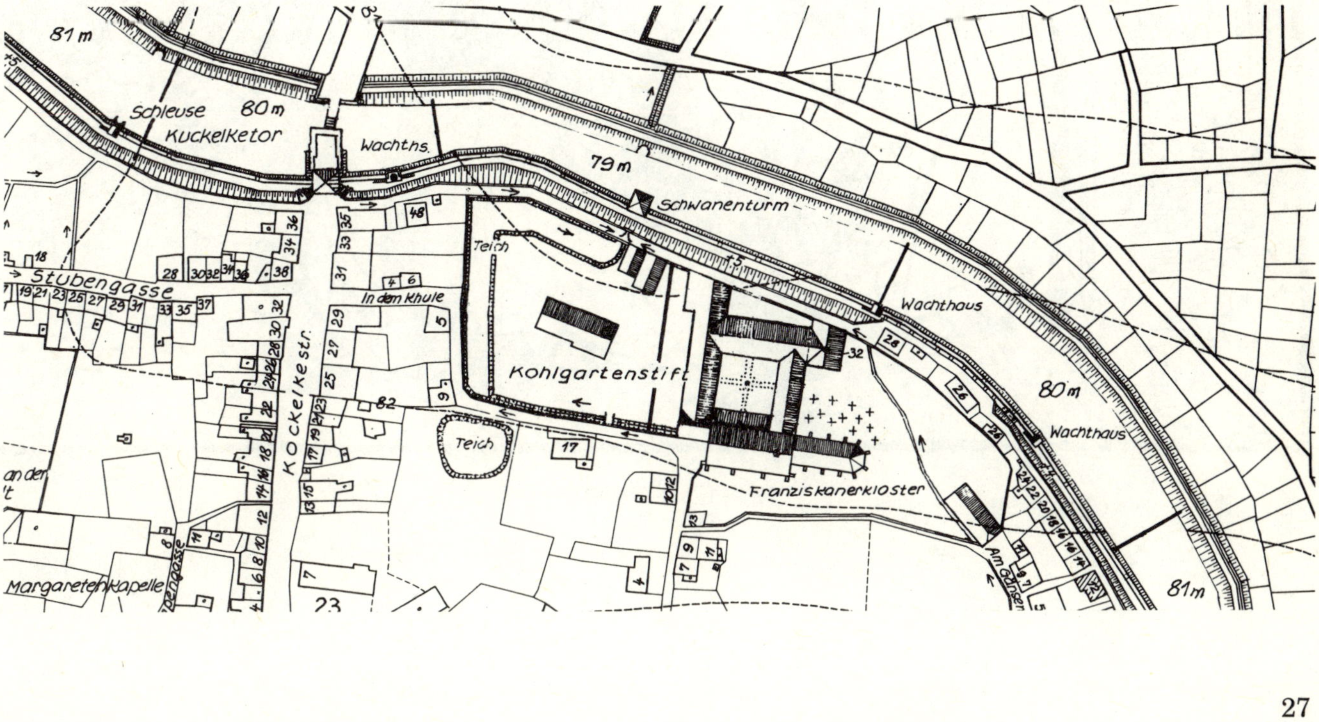

HEILKUNDIGE FRAUEN

Um diese Zeit war die Heilkunde überwiegend in den Händen der Frauen.

"Tausend Jahre hindurch war die Hexe der einzige Arzt des Volkes. Die Kaiser, Könige und Päpste, die reichen Barone hatten eigene Doktoren aus Salerno, Mauren und Juden, aber die Masse jeden Standes, ja man könnte sagen in der Welt, fragte nur die saga oder kluge Frau um Rat. Wenn sie nicht heilte, beschimpfte man sie und nannte sie Hexe. Aber gewöhnlich belegte man sie aus einem mit Furcht gemischten Respekt mit dem Namen *gute Frau* oder *schöne Frau* (bella donna), derselbe Name, den man den Feen gab."[27]

Das kam nicht von ungefähr. Denn die Frau "beobachtete genauer als die Männer; sie kannte den menschlichen Körper, da sie ihn kleidete, ernährte und seine vitalen Funktionen zwangsläufig bei ihren Kindern verfolgte. Sie verwandelte Rohes in Gekochtes, das heißt Natur in Kultur; sie pflegte, gebar und nährte mit ihrer Milch. Kurz, sie war das Bindeglied zwischen der Welt und dem menschlichen Körper. Ihr Dasein am Schnittpunkt des Lebens und damit des Todes verlieh ihr die Fähigkeit, die Zeichen des Körpers und der Natur zu lesen."[28]

Frauen im Kräutergarten

KRÄUTERFRAUEN UND HEBAMMEN

Die Weisen Frauen kannten viele Heilkräuter gegen alle möglichen Krankheiten.

LÖWENZAHN:

Wie ein ungebärdiges und übermütiges Kind im Haushalt das Unterste zuoberst kehrt und gräßliche Unordnung allenthalben anrichtet – so benehmen sich Wurzeln und Blätter im Leibinnern des Menschen, nur daß die Unordnung, die sie anrichten, nicht gräßlich, sondern heilsam ist. Die Pflanze wurde im Mittelalter eine gebenedeite Arznei genannt und verwendet gegen Störungen der Galle und Leber, der Nieren und Harngefäße. Mit gewaltigem Zahn, dem Zahne des Löwen, rückt sie einem Dutzend Krankheiten zu Leibe.[35]

Löwenzahn

BEIFUSS (Sonnenwendgürtel, Männerkrieg, Weiberkraut, Weißer Bock):

Der Beifuß wurde im Mittelalter als Heilpflanze benutzt, ebenso in der Antike. Besonders sollte er die Menstruation fördern und die Geburt erleichtern. Das Mittel wirkt krampflösend und zugleich gefäßverengend, d.h. es entspannt und stillt zugleich Blutungen. Die Kombination der Wirkungen macht Beifuß als Volksheilmittel besonders wertvoll. Die entspannende Wirkung wird besonders deutlich durch den Volksglauben bezeugt, daß ein Wanderer nie müde wird, wenn er sich Beifuß an die Füße gebunden hat (daher wohl der Name).[36]

Beifuß

GUNDERMANN (Donnerrebe, Totenkraut, Kiek dür'n Tun):

Wie viele andere Volksheilmittel beeinflußt Gundermann die Muskelspannung und wird deshalb bei Asthma, Verdauungsstörungen und zum Harntreiben verwendet. Es gibt aber auch zahlreiche Berichte über eine bewußtseinserweiternde Wirkung des Krautes. ...[37]

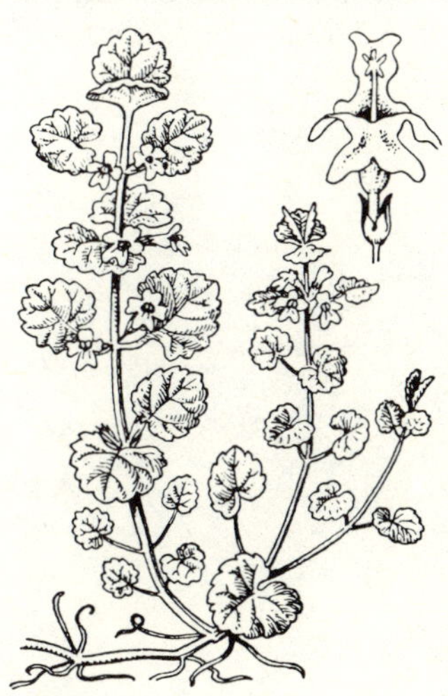

Gundermann

Die Weisen Frauen kannten Möglichkeiten, sich in Rauschzustände mit Hilfe von *Hexensalben* zu versetzen. Ein dazu wichtiger Wirkstoff konnte aus der Wurzel der A l r a u n e gewonnen werden. Sie ruft *Halluzinationen, Verwirrtheitszustände und Dämmerschlaf mit erotischen Phantasien hervor. Wenn im Altertum und im Mittelalter die Alraunewurzel das berühmteste Zaubermittel über-*

Das Kästchen mit der Alraune

haupt war, so sind ihre Wirkungen mehr der ihr innewohnenden Zauberkraft als ihren Inhaltsstoffen zuzuschreiben.[38]

Auch in Dortmund wurde eine *Alraune* gefunden. Beim Abbruch eines alten Patrizierhauses *im Rosenthal*.

Im dortigen ehemaligen Siegenbogeschen Hause[39] "stieß man, wohlvermauert zwischen dicken Steinblöcken, auf ein seltsames Kästchen. Es sah aus wie ein kleiner Sarg, dessen Wände dunkelrot bemalt waren und der außerdem noch figürliche Malereien und Inschriften trug. Auf dem Deckel war die Figur eines am Galgen Erhängten in schauerlicher Naturtreue gemalt. Die umlaufende Inschrift enthielt die Angaben über den Inhalt des geheimnisvollen Kästchens. Freilich mußte man sich erst durch die wunderlich krausen Buchstaben hindurchfinden. Die Inschrift war aber weder arabisch noch hebräisch, wie die kuriosen Schriftzeichen gern vortäuschen möchten, sondern sie ergeben einen Spruch in ehrlichem Plattdeutsch: *Dit is enn Alroe(neken) van (m) Dif*, das heißt, dies ist ein Alräunchen von einem Dieb. Wenn wir heute den kleinen Kasten öffnen, so sehen wir auf der Innenseite des Deckels aufgemalt ein langes Kreuz, in der Tiefe des Särgleins aber liegt in feine seidene Tücher gepackt ein Etwas, das aussieht wie eine winzige menschliche Gestalt. Wir wickeln es vorsichtig aus seinen Hüllen und haben nun die Alraune in der Hand. Es ist eine braune, trockene Wurzel von 27 cm Länge. Sie hat deutlich menschenähnliche Gestalt mit großen Augen, eine Art Turban auf dem Kopf und einen langen Bart. Auf dem Rücken erscheinen die gefesselten Hände des Gehängten."[40]

Die Alraune "verhilft zu Reichtum, Ansehen und Glück; sie bringt den Bargeldbestand immer wieder auf den ursprünglichen Betrag zurück (daher der Name Heckemännchen); sie befreit von allen Leiden und hält Krankheiten fern; sie hilft, die Liebe des/der Angebeteten zu erringen; sie bringt den Frauen Fruchtbarkeit; sie macht seinen Besitzer im Kampfe unverwundbar ..."[41]

Auf diese Wunderkraft hofften sicher die Dortmunder Patrizier, die die Alraune bei sich eingemauert hatten.

Vielleicht haben auch Dortmunder "Hexen" Alraunen benutzt, dann aber bestimmt, um zu "fliegen". Gibt es doch hier einige Orte, die als "Hexentanzplätze" bezeichnet werden, z.B. die Gegend am Semerteich.

Die Weisen Frauen, die Heilkundigen, Hebammen und Kräuterfrauen, kannten Mittel zur Empfängnisverhütung sowie zur Abtreibung.

PETERSILIE

Rosmarin und Thymian
wächst in unserem Garten.
Jungfer Ännchen ist die Braut
kann nicht länger warten.
Roter Wein und weißer Wein
morgen soll die Hochzeit sein.

Petersilie Suppenkraut
wächst in unserm Garten
Mutter gibt mir einen Mann
ich kann nicht länger warten.

Dazu schreibt Anke Wolf-Graaf:

"Hinter diesem Kinderlied ...., das vor allem von kleinen Kindern als Ringelreihen getanzt wird oder wurde, verbirgt sich eine wichtige Information: Rosmarin, Thymian, Petersilie und Suppenkraut gelten als alte Verhütungsmittel. Sie werden von den Hebammen an die Frauen weitergegeben oder von diesen in eigenen Gärten angepflanzt. ... Ebenso erfahren wir aus dem Kinderreim, daß sehr wohl auch junge, unverheiratete Mädchen Verhütung praktizieren, um ihre Sexualität mit Männern zu leben."[42]

Bei diesen und anderen Mitteln kam es auf die Dosierung an. Hierüber hatten die Hebammen besondere Kenntnisse.

Zu ihren "Kundinnen" zählten sicher auch die Frauen in den Freudenhäusern. Denn im Mittelalter wurden Straßen, in denen es Freudenhäuser gab, *Petersiliengassen* genannt.

Damals waren bei den Entbindungen neben der Hebamme auch Nachbarinnen zugegen. "Die Geburten selbst sind zu dieser Zeit allein dadurch erleichtert, daß immer noch im Hocken oder Sitzen geboren wird ... und nicht – wie später – im Liegen.

Die Dortmunder Alraune

Das geheimnisvolle Kästchen, in dem sich die Dortmunder Alraune befand

Petersilie

Wochenstube (Holzschnitt 1513)

Heute weiß frau/man, daß dies die weniger schmerzvollen und weniger anstrengenden Gebärpositionen sind."[43]

"Und nun die junge Mutter ihrer schweren Bürde glücklich entledigt ist und ermattet in den Kissen ruht, konzentriert das Kindlein die Aufmerksamkeit der Frauen auf sich. Es läßt sich ruhig – sehr häufig wohl aber auch laut seine Stimme erhebend – die verschiedenen Prozeduren gefallen, die nun mit ihm vorgenommen werden. Vor allem wurde sein Geschlecht festgestellt. Nun wurde es gebadet, gewaschen und gesäubert. Zum ersten Bade wurde Wasser mit Milch oder auch mit Pfirsichblütsaft oder Holdermuß oder einer Abkochung von der grünen Rinde des Weidenbusches genommen. Es wurde auch die erste Milch der Wöchnerin oder ein frisches Ei, das Symbol der Fruchtbarkeit, ins erste Bad gegeben. Manchen Orts legte der beglückte Vater seinem "Ehezweiglein" eine grössere Silbermünze ins erste Bad, damit es dem Kinde später nicht "am Notwendigsten" fehle und die Hebamme eine kleine Entschädigung für ihren Beistand bei der Geburt hatte. Darnach sollte man das Kind einwickeln und es, ehe es etwas zu sich genommen, "zu der Mutter legen in ihr Bett, zu ihrer linken Seiten, gegen dem Herz seiner Mutter: denn, als etliche meinen, sie alle Krankheiten von dem Kinde natürlich an sich nimmt und zieht, das denn ohne Schaden durch den Fluß aus ihr getrieben und wiederum ausgeführet und gereinigt wird. Welches dem Kind zu großem und gutem Nutzen dienen mag, denn es das Kind sein Lebtag verwahret und behütet für den Kinderwehen, der fallenden Sucht und dem Aussatz. Und so das Kind ein Stund oder mehr bei der Mutter gelegen ist, mag man es wohl von ihr widerum nehmen an des Kinds Bett und gewohnte Statt liegen." ..."[44]

VOLKSMEDIZIN

Neben den Heilkräutern kannten diese Frauen auch Möglichkeiten zur Heilung von Krankheiten, die die Mediziner eher als unwirksam abgetan hätten; zu Unrecht, wie wir heute wissen. Diese Rezepte haben sich z.T. bis heute über die Jahrhunderte hinweg gehalten.

Hier einige Beispiele aus dem Dortmunder Raum:

Ein gestohlenes Stück Speck, damit die Warzen gerieben, dreimal, allemal an einem Freitag, ist Probat.[29]

Häle, häle, Gausebleot,
Streyke up diän kranken Feot,
Häle, häle, Gausedreck,
Muargen freo ist alles weck.

Die Leute versprachen sich von diesem Spruch besondere Zauberkraft; den Vers "wandte man nicht nur symbolisch an, sondern man "brauchte" in der Tat den Dreck von Tieren, hier von der Gans."[30]

Folgende Mittel wurden gegen Rheumatismus empfohlen:

1. Nachdem gebacken worden ist, kriecht der Rheumatische in einen frisch entleerten Mehlsack und dann rückwärts in den noch heißen Backofen, wo er solange verbleibt, als er es aushalten kann. Die Wärme bringt den Schweiß zum Ausbruch. Das noch in dem Sack enthaltene Mehl soll "gut" gegen das Leiden sein; wahrscheinlich hängt diese Anwendung mit der Ansicht über die besondere Heilwirkung von Korn, Brot und Mehl zusammen, die man diesen "Gottesgaben" zuschreibt.
2. Das frische Brot (die Brotlaibe) wie es aus dem Backofen kommt, wird dem Rheumatismuskranken, der sich dabei ins Bett legt, so heiß an den bloßen Körper gelegt, als er es nur vertragen kann; dann wird er warm zugedeckt. Auch hier schreibt man weniger der erzeugten Wärme als der Einwirkung des Brotes eine etwa erzielte Wirkung zu; auch hier tritt also eine Zauberwirkung des Brotes in Erscheinung.[31]

Regelmäßig am ersten Pfingsttag gingen eine Menge Menschen zum Brunnenkamp in Hörde. Sein Wasser sollte allerlei Krankheiten vorbeugen oder auch heilen[32].

Ein Mittel gegen A u g e n l e i d e n. Man nimmt frisch gefallenen Märzenschnee. Das Wasser desselben setzt man mit Nelkenpfeffer (Nägelchen) an. Dabei ist wichtig, daß die Nägelchen in u n g e r a d e r Zahl (etwa 15 oder 25, je nach der Menge des Schneewassers) hinzugegeben werden. Nach einigen Tagen färbt sich das Wasser gelblich bis braun und ergibt, so sagt der Märker, ein vorzügliches Mittel gegen Augenleiden. Früher war dieses Augenwasser (das wohl nur bei Bindehautkatarrhen von einiger Wirkung sein kann!) im Landkreise Dortmund in jedem Hause zu finden.
Ein Mittel gegen das W e c h s e l f i e b e r. Das Wechselfieber kam früher sehr häufig vor. Die Anzeichen der Krankheit waren denen der heute bekannten Influenza sehr ähnlich. Die Märker wandten gegen dieselbe folgendes einfache Mittel an: Fast in jeder Hecke wuchs eine Pflanze (deren Namen ich leider nicht feststellen konnte!), die nur zur Bekämpfung des Wechselfiebers diente. Man nahm Blätter dieser Pflanze, legte sie in U n p a a r z a h l auf ein Butterbrot und aß Brot und Blätter. Darauf legte man sich zu Bett und hielt sich warm.
Nach zwei oder drei Tagen wirkte das Mittel, und die Krankheit war verschwunden.

Zwei Frauen am Krankenbett eines Mannes
(Holzschnitt 1501)

Besonders auffällig ist hier die Unpaarzahl, von der die Wirkung des Mittels abhängig gemacht wird. Sollte hier eine ältere Vorstellung folgenden Inhalts zugrunde liegen? Durch die ganze Natur geht, soweit sie in geordnetem, gesundem Zustand beobachtet wird, die Paarzahl. Die böse Krankheit sucht in dem Menschen, den sie befällt, die andere Hälfte. Gibt man ihr nun statt dieses Opfers eine Genossin aus dem Pflanzenreiche, so ist sie auch damit zufrieden. Die Zweizahl ist hergestellt, auf den Besitz des Menschen kann die Krankheit somit verzichten.[33]

Ein Mittel, das heute noch manchmal angewendet wird:

Von Heiserkeit und Halsschmerzen wird man befreit, wenn man abends einen Strumpf um den Hals bindet. Am besten ist der Strumpf von einer Mannsperson (umgedreht und links oder rechts wird nicht beachtet). Auch füllt man den Strumpf mit Pellkartoffeln.[34]

Diese Beispiele wurden zwar erst im 19. Jahrhundert aufgeschrieben, stammen aber sicherlich aus weit zurückliegenden Zeiten.

O MANN, O MANN, VOR DIR HAB ICH GAR KEINEN GRAUS

Im 14. und 15. Jahrhundert ist das Selbstbewußtsein der Frauen stärker geworden. Viele Frauen haben sich nichts gefallen lassen und sich den Männern gegenüber energisch zur Wehr gesetzt. Aus Dortmund gibt es dazu zwar keine Belege, aber hier dürfte es nicht viel anders gewesen sein als in anderen Städten.

Das folgende Lied aus dem 16. Jahrhundert spricht für sich:

O Weib, o Weib, das Gott seis geklagt,
Wie sehr bin ich von dir geplagt,
Vor dir hab ich noch spat und fruh
Kein Rast noch Ruh,
Elend bring ich mein Leben zu.

O Mann, o Mann, du gottloser Mann,
So fängst du stets mit mir an,
Du keifst und beißt auf mich all Stund'
Gleich wie ein Hund,
Ich leid es nimmer, sag ich kurz rund.

O Weib, o Weib, du böse Haut,
Dir gleich so bitter wächst kein Kraut,
Das mir kränket das Herze mein,
Bei Bier und Wein
Speist du mir ins Angesicht hinein.

O Mann, o Mann, du böser Hahn,
Du tust mich übel krähen an.
Wenn du heimkommst voll wie ein Schwein,
so muß ich sein
Stets die alte Hure dein.

O Weib, o Weib, du böse Katz,
ich hab vor dir kein sichern Platz.
Du hast mir mein ganz Angesicht
Übel zugericht,
Das kann ich dir ja schenken nicht.

O Mann, o Mann, du arger Schalk,
Du machst mich gar zum Mardelbalg.
Hast mir verkauft mein beste Kuh,
Das Kalb dazu
Und mir nicht geben ein Paar Schuh.

O Weib, o Weib, du wilder Luchs,
Bist listiger als ein Fuchs.
Mein Geld vor dir nicht sicher ist
Zu jeder Frist,
In meinem Beutel und in der Kist.

O Mann, o Mann, du grober Hacht,
Hast du doch nichts zu mir gebracht.
Drum laß mich unverachtet auch,
Du fauler Schlauch,
Viel Leiden ist nicht mein Gebrauch.

O Weib, o Weib, du unnütze Gosch,
Fauler Schlappsack und Lausepusch,
Was soll ich noch mit dir fangen an,
Ich armer Mann
Das letzte Wort muß ich dir lahn.

O Mann, o Mann, ich sag dir eben,
Wenn ich werde noch ein zeitlang leben,
Wollen wir einander noch manchmal uns
Tapfer jagen ums Haus,
Vor dir hab ich gar keinen Graus.

Das böse Weib

O Weib, o Weib, ich sag fürwahr,
Ich will dich nehmen bei dem Haar
Und mit dir sauber kehren aus,
Die Stuben und auch das Haus
Und dir wohl machen einen Garaus.

O Mann, o Mann, glaub mir ohn Scherz,
Ich habe auch ein frisches Herz,
Ich hätt jetzt gleich ein Lüstelein
Obgleich ich bin klein,
Will ich doch schlagen mit Fäusten drein.[45]

In zahlreichen Bildern dieser Zeit zeigt sich die Durchsetzungskraft der Frauen.

Das Verhältnis der Frauen zu ihrer Körperlichkeit und Sexualität war anders als heute.

Das unbekümmerte Baden von Frauen und Männern in den Badestuben zeigt uns, daß damals die Menschen ein ziemlich freizügiges Verhältnis zu ihrem Körper hatten. Beim Baden wurde musiziert, gegessen und getrunken.

Mann und Frau in einer Badewanne.
Aus einem deutschen Kalender, Augsburg 1480

Das heimliche Haus

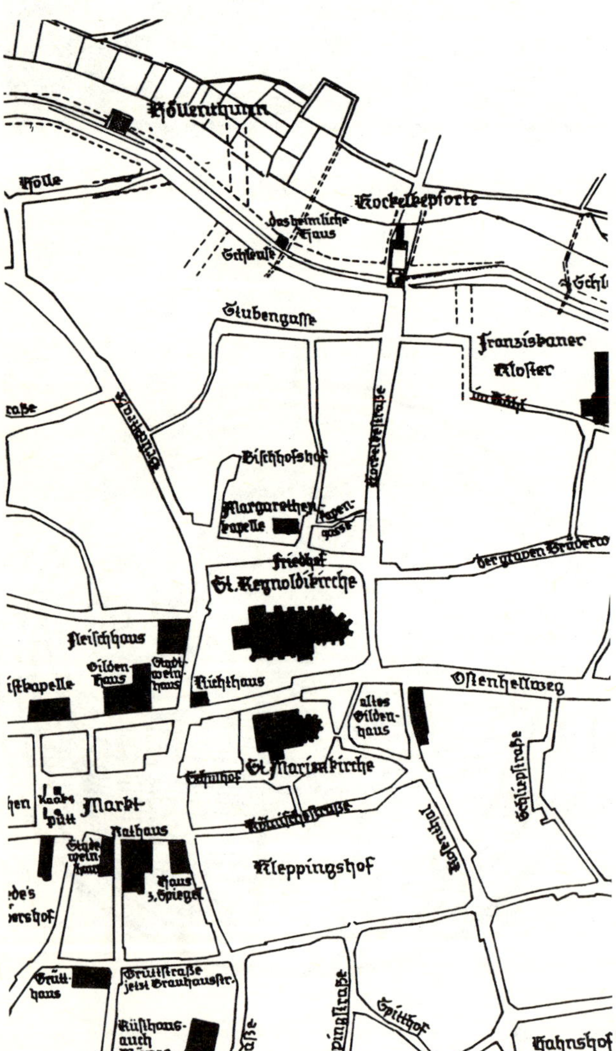

"Ebenso naturgemäß ergab sich aus der Situation heraus, daß der gegenseitige Verkehr der beiden Geschlechter immer und hauptsächlich galanter Natur war. Galanterien, an eine mitbadende Frau verschwendet, boten den natürlichen Anknüpfungspunkt für jedes Gespräch, und ebenso die ständige Grundlage für die Fortsetzung."[46]

Deshalb kamen die Badestuben – zu Recht oder zu Unrecht – in den Ruf, so etwas wie Bordelle zu sein.

Auch in Dortmund hat es eine Gasse gegeben, in der *Badestoven* (Badestuben) waren. Darum wurde sie *Stovengasse* (Stubengasse) genannt. In der Gasse wohnten Frauen, von denen man(n) nicht immer wußte, was sie machten. So wird in einer Steuerliste eine "arme Person" oder nur "eine Person" oder die *Palhovedesche, Bele Dryngenberg* oder gar *Bele concubina moncken* (Beischläferin der Mönche) aufgeführt[47].

Wir gehen davon aus, daß auch in Dortmund "nicht mehr das Baden als Gesundheitsmittel der Hauptgrund zum Baden war, sondern die unvergleichlichen Möglichkeiten, die das Badeleben dem Flirt in seinen kühnsten Formen bot"[48]. Ob es hier Prostitution gegeben hat, bezweifeln wir. Hierfür, denken wir, hat es das *Heimliche Haus* gegeben.

In zahlreichen Versen, Liedern und Scherzgedichten kommt die sexuelle Freiheit der Frauen derbe zum Ausdruck:

Hungert die Dirn ob ihren Knieen,
So soll man nicht lange verziehen
Und ihr geben einen jungen Gesellen,
Der da hat einen guten Schnabel
Zwei Handbreit unter seinem Nabel.[49]

Noch deutlicher ist folgender Spruch:

Zweimal ist der Herren Weise,
dreimal ist des Edelmanns Pflicht,
viermal heißt der Frauen Recht.[50]

Wie ein Mann sein soll, beschreibt Klara Hätzlerin im 15. Jahrhundert:

No: Du sollst sein
Ob dem Tisch ein Adler,
Auf dem Feld ein Bär,
Auf der Gassen ein Pfau
In der Kirchen ein Lamm,
In dem Bett ein Aff![51]

Nach einem Merkspruch des 16. Jahrhunderts soll ein Mann in der Liebe *des Hengstes Kraft und des Sperlings Emsigkeit* haben[51].

In einem Fastnachtsspiel klagt eine Frau:

Herr der Official, hört mich auch!
Mein Mann ist ein törichter Gauch,
Der sagt des Tags viel von Sachen,
Wie er des Nachts oft auf woll machen.
Wenn wir dann zusammen kommen ins Bett,
So denk ich dran, was er hat geredt,
So liegt er still und ist versiegen,
So wär mir lieber, er hätt' geschwiegen
Und gehieß mir eins und geb'mir drei;
Das wär eine rechte Mannstreu.[52]

Kirchliche Skulptur des 16. Jahrhunderts

Eduard Fuchs stellt fest:
"Gewiß gibt es auch zahlreiche dokumentarisch feststellbare Fälle, in denen sich Frauen über die allzugroßen Ansprüche ihrer Männer beschwerten, aber hundertmal so viel Fälle gibt es, in denen sich die Männer über den unstillbaren Appetit ihrer Frauen beschweren, und deshalb gibt es auch ebensoviel Klagen von seiten der Frauen darüber, daß sie jeden Tag *hungrig vom Tisch der Liebe aufstehen müßten. ...*" [53]

MÄNNER IN DORTMUND

HANDWERKER

Was waren das nun für M ä n n e r , die um diese Zeit in Dortmund lebten? Von den meisten wissen wir so gut wie nichts. Das waren nämlich Tagelöhner, Gesellen, Knechte, Lehrlinge, Bettler.

Von den Handwerkern erfahren wir etwas mehr.

Im 14. Jahrhundert waren in Dortmund die Schmiede und Metallarbeiter sehr stark vertreten. Viele waren einfache Schmiede. Aber es gab auch Pflug-, Huf-, Nagel-, Nadel-, Messer-, Kessel-, Sporen-, Rüstungs-, Ring- und Helmschmiede. Außerdem lebten in Dortmund Schlosser, Harnisch-, Armbrust- und Kettenmacher, Zinn-, Kannen- und Büchsengießer. Besonders die Dortmunder Glockengießer waren weit berühmt.

Über 30 Goldschmiede arbeiteten in der Stadt.

Eisenschmiede mit Schwanzhammer, 1492

Auch für die Bekleidung wurde gesorgt. Allein im 14. Jahrhundert wanderten 89 Schneider, 68 Schuster und 50 Kürschner ein und machten hier ihre Werkstätten auf.

Das Baugewerbe blühte in dieser Zeit auf. 31 Steinmetzen und Baumeister zogen in die Stadt[54].

In dieser Zeit übten auch eine Anzahl Stadtpfeifer ihren Beruf aus. Gleichgekleidet gingen sie durch die Straßen und zu den Festen, mit Flöten, Posaunen und Bratschen[55].

Drey Pfeiffer.

FASTNACHTSSPIELE

Besonderes Aufsehen erregten ihre Fastnachtsspiele. Dreimal berichtet der Chronist Westhoff davon:

Wort ouch im Vastavent dis jaers (5. Februar 1497 sanct Jurgens spil seer herlich binnen Dortmunde gespilt von dreplichen burgern.

Aus dem Jahr 1506 berichtet Westhoff:

Ein herlich vastavents spil, genant der Kalkoven, wort dis jaers durch drepliche burger und junge gesellen to Dortmunde uf dem markede gespilt.

Ausführlich schildert Westhoff das *Antichristspiel* vom 3. Februar 1513:

Dis jaers in dem Vastavent wort binnen Dortmunde van dreflichen und eerlichen personen der burger Antichristi spil am dage Dorotheae, was der sundag to Vastavent, uf dem markt gespillet; daer waren 6 burgen to bereit, der was der ijrste gelacht vur Herman Kremers hues an dem vrigen stolle neegst der kronen, daruf sich enthelden got, Maria, Johannes Baptista, sanct Peter und Paul sampt den engeln seer kostlich uet gebutzet (herausgeputzt) *und verzeirt mit kleinodien. Die ander burg was tegen Arnolts hues tom Busche an den vlesbenken, daruf heft sich der pawest mit seinen cardinalen und bischopen enthalden. Die derde burg was vur Johannes tom Busche gelegen an der westside des Raethues und was des keisers burg mit seinen konigen, vursten und hern.*
Die veerde burg lag tegen (gegen) *Tonis Roterdes hues tegen dem Raethues over in norden, darselvest verhelt sich Entchrist mit seiner geselschaft. Die vijfte was darbij, und was der juden burg mit irem anhank; die fest* (vermutlich Druckfehler; zu erwarten wäre: sest = sechste) *was die holle mit vil gruwelichen und helschen duveln; und koste groet* (viel) *gelt und arbeit.*

Arthur Mämpel beschreibt auf der Grundlage dieses Berichtes, wie es zugegangen sein könnte:

"Am Fastabend 1513 also, welcher der Dorotheentag und ein Sonntag dazu war, hatten die Dortmunder Bürger auf ihrem Marktplatz 6 Burgen, d.h. 6 Bühnen zu einem nach der Apokalypse des Johannes verfaßten und in Süddeutschland seit

1160 nachweisbaren Antichristspiel aufgebaut, welches "treffliche und ehrliche Personen der Bürgerschaft" dort aufführen wollten. Von einem grossen festlichen Aufwand begleitet wird dieses Spiel, das zu den im Mittelalter immer aktuellen Repertoirstücken gehörte, von statten gegangen sein. Musikanten werden Posaunen, Pfeifen und Clarini geblasen, Trommeln und Pauken geschlagen und sich des Dudelsacks bedient haben. Ihnen wird in feierlichem Zuge Dortmunds hohe Bürgerschaft gefolgt sein, und wenn sie ihre Plätze eingenommen hatte, dann traten die Spieler, deren Seide glänzte, deren Kleider von Silberbelegen, Steinen, Ketten und bunten Stoffen prankten, auf ihre Bretter. Ein prachtvolles Bild ringsum!!

Auf der Ersten Burgbühne, die vor dem Hause des Hermann Kremer *an dem vrigen stolle neegst der Kronen* errichtet war, befand sich die göttliche Macht, Gott selbst, Maria, Johannes der Täufer, Sankt Peter und Paul und die Engel, die – so stellte man sich den christlichen Himmel vor – alle sehr reich ausstaffiert und mit Kleinodien geschmückt waren. Auf der Zweiten Burgbühne, die bei Arnolds vom Busche Haus *an den Fleischbänken* errichtet worden war, da spielte die kirchliche Macht, spielten der Papst und seine kirchlichen Beamten, die Kardinäle und Bischöfe. Auf der Dritten Burgbühne schließlich, die vor dem Hause des Johann zum Busche stand, also gerade an der Westseite des Rathauses, spielten der Kaiser, seine Fürsten, Könige und Herren, d.h. neben der göttlichen und der kirchlichen Macht jetzt die weltliche Macht. So hatte man die drei Bühnenburgen der guten Elemente zusammengebracht, während ihnen gegenüber im Norden, an der Nordseite des Marktes die drei Bühnen der schlechten und bösen Elemente standen.

Da war zunächst auf der Vierten Bühnenburg *tegen Tonis Roterdes hues tegen dem Raethues over in norden* der Schauplatz und Spielplan des Antichristen und seiner Gesellschaft der Ketzer, Pharisäer und Vertreter der Laster, während die in der Nähe liegende Fünfte Burgbühne – rassenpolitisch für damalige wie für alle Zeiten höchst interessant – die Judenburg mit deren Anhang der Zöllner usw. war. Ihr folgte schließlich als Sechste Burgbühne die Hölle *mit viel greulichen und höllischen Teufeln*. Sie war übel zugerichtet, abschreckend und ent-

Höllenrachen und Teufel (1539)

setzlich anzusehen mit ihren speienden Höllenrachen und häßlichen Teufelsgestalten. Antichrist, Juden und Höllenteufel standen in "würdiger" Gesellschaft nicht ohne bewußte Absicht nahe beieinander.

Alles zusammen aber hatte mit dem dekorativen Aufwand "viel Geld und Arbeit" gekostet. Wenn schon geschmackvoll so waren die Burgbühnen in ihrer Kontraststellung mit unerhörtem Phantasiereichtum, wie er einfachen Leuten nun einmal eigen ist, aufgebaut worden. Alles hatte durch Verbeugen seine Anwesenheit bekundet. Das Spiel vom Antichristen konnte beginnen.

Eingangs erschallen Bläserakkorde, Lakaien (Statisten) stellen auf den kleinen Vorbühnen (Spiel-

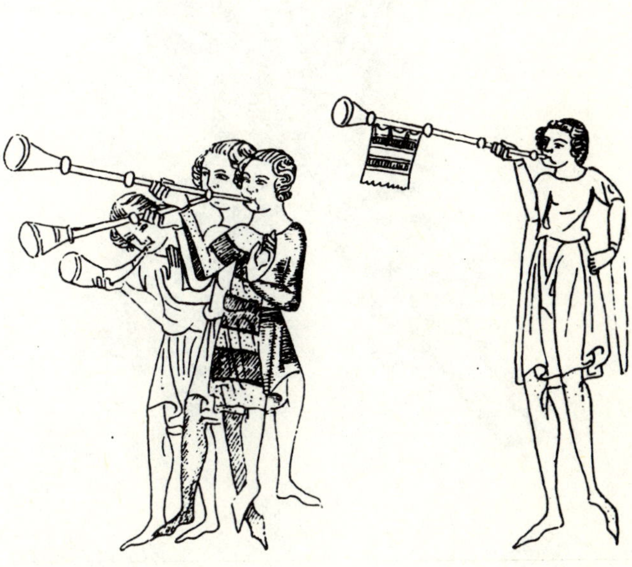

Trompeter und Hornbläser (15. Jh.) *Trompeter*

plätzen) die dürftigen Requisiten auf, wieder ein Signal, und dann tritt einer auf, spricht in Reimen die Begrüßung, übernimmt vor dem Spiel die Ansage und erklärt dabei das bevorstehende Spiel, welches nun selbst in bunter Szenenfolge, unterhaltend und dabei lehrreich-erzieherisch in der Absicht, sowohl im Nacheinander der Bühnen als auch im Zugleich, immer aber um das Kernproblem, die straffe Einhaltung des dramatischen Fadens – der Sieg des Guten über das Böse – anhebt und in bunter Reihe über die Bretter geht.

Alles wickelt sich etwa in der Weise ab, daß der oder die jeweiligen Spieler auf die Spielbühne in den Vordergrund treten und nach ihrem Auftritt wieder bis zu ihrem nächsten auf die Burgbühne zurückgehen. Viele Nebensächlichkeiten werden das eigentliche Stück ex tempore begleitet haben, Nebensächlichkeiten, die der breiten Menge der Zuschauer die Hauptsache waren. Die drastische Komik lustiger Personen, Spaßmacher, Raufbolde und Extravaganter war immer dabei. Es ist schon recht, daß hier Quacksalber und Hausierer unter marktschreierischen Auftritten ihre Wundertränke anboten, mit ihren Kollegen in Streit gerieten, Prügelszenen entfachten und sich so beim Publikum besonders beliebt machten, bis – eine heilige und große Staatsperson dazwischen trat, den Streit

Psalterionspieler *Blaterpfeifer*
Hornbläser (1466) *Cimbelspieler*

schlichtete und damit für die Zuschauer gleich weise Verhaltungsmaßregeln vortrug. Derart wechselten die unflätigsten Spässe mit frommen Liedern und Predigten der guten Hälfte dieses großen Szenariums. Durch die Kontraste kam jeder zu seiner besonderen Wirkung.

Unter rauschender Teilnahme und packender Ergriffenheit zugleich geht dieses Stück über die Bretter; die Orchester spielen, was in ihren Instrumenten steckt; die Höllenbewohner rumoren fürchterlich und schreien abscheulich erschrekkend; Trompeten erschallen vom Jüngsten Gericht, von der Burg vor dem Hause des Hermann Kremer; die Juden mauscheln und krächzen ihre Gutturale, und von der Engelsburg schallt schließlich ein gregorianischer Choral, eine lateinische Messe oder sonst ein "göttlich Lied" ... – Das ist ein Dortmunder Theaterspiel im Mittelalter auf dem Markt, das trotz der künstlerischen Naivität äußerst realistisch in der Handlung sich abwikkelte und im Szenenbild eine prunkhafte Entfaltung bot."[56]

DIE PATRIZIER

Neben den Mittellosen, den Knechten und Mägden, den Handwerkern gab es in Dortmund noch Leute, die "wirklich etwas vorstellten", die reich waren und die Geschicke der Stadt bestimmten. Das waren die Mitglieder der "ratsfähigen Familien", also jener, die allein in den Rat der Stadt gewählt werden konnten. Sie hatten sich in der "Reinoldigilde" zusammengeschlossen. Zu ihnen gehörten die Kleppings, die Lembergs, die Sudermanns, die Berswordts und andere mehr. Sie verdienten ihr Geld im Fernhandel.

Im Laufe der Zeit wurden weitere Familien immer reicher und kamen auch in die Reinoldigilde. Mitte des 14. Jahrhunderts wurde es den alten Familien aber zu bunt. Sie wollten unter sich bleiben, lösten deshalb die Reinoldigilde auf und gründeten die exklusive Junkergesellschaft.

Der Rest – die "Neureichen" – sah sich gezwungen, eine eigene Organisation zu schaffen: die Wandschneidergesellschaft. Diese handelten zwar wie die "Patrizier" mit Tuchen, aber nicht im Fernhandel. Sie "stellen also im wesentlichen den neuen Kaufmannsstand dar."[57]

Diese Schicht setzte sich aber erst nach der Reformation endgültig durch.

Bis dahin hatten in Dortmund die Patrizier, die Mitglieder der Junkergesellschaft, das Sagen.

Für diese Leute soll jetzt beispielhaft die Familie BERSWORDT etwas näher geschildert werden:

“Die Berswordts waren wie alle Patrizierfamilien der Stadt Dortmund ursprünglich ein Geschlecht von Kaufleuten.”[58] Sie erwarben ihren Reichtum als Großkaufleute unter anderem in Flandern (z.B. in Brügge) und in England (London). Ihre Ware bestand hauptsächlich aus Wolle, Tuchen, Wein und Spezereien usw. Wie reich dadurch die Familie im 16. Jahrhundert geworden war, zeigen diese Beispiele:

Ihnen gehörten in Dortmund folgende Höfe:

1) Ein Hof, vermutlich der Stammsitz, befand sich in der Westerbauernschaft, in der Nähe der Nicolaikirche. “Der Hof stieß im Westen an das Pastorat Nicolai und den Nicolaikirchhof, im Norden an die Nicolaistraße, im Süden an den Südwall und reicht im Osten bis in die Nähe des Neutors.”[59]

Wappen der Familie Berswordt

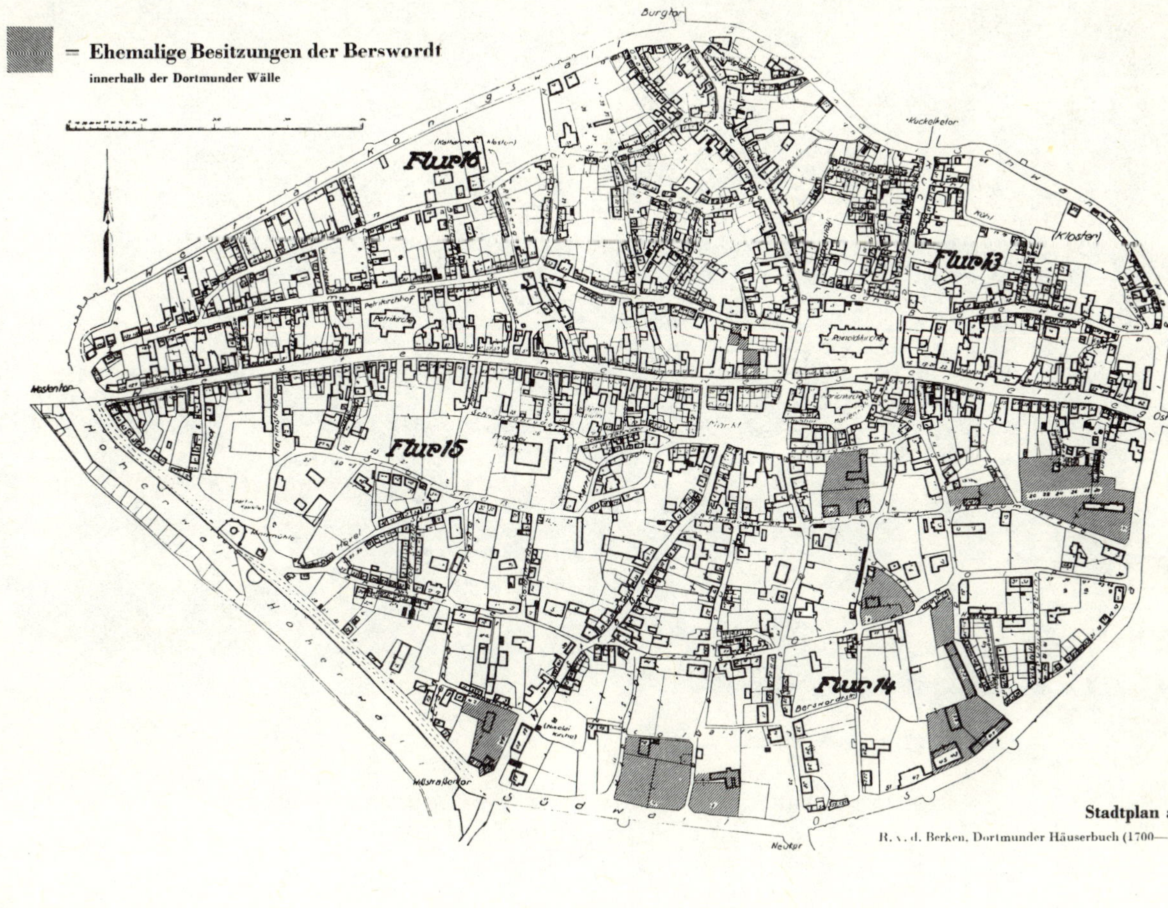

Stadtplan aus:
R. v. d. Berken, Dortmunder Häuserbuch (1700—1850)

2) Ein zweiter Hof befand sich an der Wißstraße, am äußersten Rande der Stadt.

3) In der Oesterbauernschaft lag ein dritter Berswordt-Hof. Er befand sich am Rande der Mauer am Ostwall.

4) Die Familie besaß auch einen großen Hof im Rosental. Er ging bis an den Ostwall *tuschen de Sonnenschijntorn und den Nieuwenporten*, also zwischen dem Sonnenscheinturm und dem Neutor.

5) Der Strünckehof hat zwischen Rosental und Mariengasse gelegen, nahe der Marienkirche und dem Ostenhellweg.

6) Noch ein Berswordthof lag an der Kölnischen Straße.

Der Familie gehörten zusätzlich noch eine Reihe Häuser:
- ein Steinhaus in der Wißstraße,
- auf dem Westenhellweg ein Haus.

Außerhalb Dortmunds hatte die Familie Anteil an Reichshöfen und dazu noch weitere Güter, z.B. Gut Giesenberg bei Brechten, Güter in Oespel, Wambel, Castrop, Deusen usw. Ferner hatte sie Hausbesitz in Brügge, in Hamm, in Köln und in Soest. An adligen Gütern gehörte den Berswordts das Gut Bärendorf bei Weitmar, das Lohborchgut im Vest Recklinghausen und das Gut Wybrinckhausen sowie das Gut Broickhausen im Kirchspiel (Dorfgemeinde mit Kirche) Waltrop.

Dazu besaßen sie Kohlen- und Salzbergwerke. Einen Teil dieser Reichtümer erwarben sie durch Eheverbindungen mit anderen Dortmunder Patrizierfamilien (Wistrate, Sudermann, Klepping, Wickede u.a.m.).

Ihr Ansehen war über Dortmund hinaus sehr groß. Im Jahre 1389 hatte Johann Berswordt die erste Pfarrstelle an St. Reinoldi inne. Er war dazu Rektor der Universitäten Heidelberg und Köln, Canonicus in Köln und Xanten[60].

Hochzeitstruhe aus Dortmund mit dem Wappen Berswort Hane, Svarte, Prume u.a.

Sein Neffe Segebodo wurde in St. Reinoldi sein direkter Nachfolger. Diesem folgte wiederum sein Neffe Detmar.

"Eine einmalige Leistung der Familie Berswordt dürfte es sein, daß um 1580 an der Spitze der drei größten Städte Westfalens, nämlich Dortmund, Münster und Soest, drei Berswordt ... als Bürgermeister die Geschicke dieser Städte lenkten. Auf dem Quartiertag der Hanse am 18. April 1580 in Köln, an dem diese drei Berswordt als Vertreter ihrer Städte teilnahmen, wurden also die drei führenden westfälischen Großstädte von einer einzigen Dortmunder Famlie vertreten. (Es waren Hildebrand in Dortmund, Johann in Münster und Konrad in Soest)."[61]

Frauen spielen in der Familie der Berswordt keine nennenswerte Rolle. Entweder heirateten sie standesgemäß oder sie wurden zur Versorgung ins Dortmunder Katharinenkloster gesteckt.

Natürlich hatte eine solche Familie großen Einfluß auf die Politik ihrer Stadt. Von 1500 bis 1600 besetzten die Berswordts 123 Ratsstellen. Demgegenüber hatten z.B. die Kleppings 77, die Wikkedes 83 Stellen inne. Insgesamt lag der Schwerpunkt der politischen Macht in Dortmund in den Händen weniger Familien.

Die Kleppings waren ebenso mächtig wie die Berswordts. Sie besetzten im Laufe der Jahrhunderte 124 Bürgermeisterstellen, die Berswordts 108.

So blieb es nicht:

"Der größte Teil des langsam erstarrten Patriziats, das im ersten Drittel des 16. Jahrhunderts noch erwerbstätig gewesen war, zog sich gegen 1542 endgültig aus dem kaufmännischen Erwerbsleben zurück, ging z.T. im Landadel auf und lebte ein ruhiges Rentnerleben. Bei den Berswordt ist festzustellen, daß auch sie allmählich feudalisieren. Sie beginnen im 15. Jh., sich mit adeligen Frauen zu vermählen. ... Gegen Mitte des 16. Jh. haben sich die Berswordt dann größtenteils auf ihre Besitzungen zurückgezogen."[62]

Andere, aufstrebende Dortmunder Bürger versuchten jetzt mit Erfolg, Stellen im Rat zu besetzen.

Patrizierpaar (Holzschnitt 1518)

RITTERTURNIERE

Die Vergnügungen der Patrizier waren andere als die des "gemeinen Volkes".

Nachdem sie sich immer mehr den Adel zum Vorbild genommen hatten, konnte es nicht ausbleiben, daß auch Ritterturniere in Dortmund veranstaltet wurden.

Im Jahre 1442 etwa kommt der Graf von der Mark mit seinen Freunden nach Dortmund. Es gab ein großes Fest. Dabei wurde auch ein Turnier durchgeführt. Zwei von seinen Freunden kämpften dabei gegen zwei Leute des Rates. Dies waren Vrowein Berswordt und Andreas Cleppinck[63].

1445, 1484 und 1485 haben dann weitere Turniere in Dortmund auf dem Marktplatz stattgefunden.

Wie es bei einem solchen Turnier zuging, schildert Arthur Mämpel:

"Vor Beginn des Kampfes verlas dieser Herold dann noch die allgemeinen Turniergesetze, prüfte Waffen und Rüstung, und der Turniervogt, auch Stadtmeister genannt, gab das Zeichen zum Anfang. Während die sogenannten Grieswärtel für Zucht und Ordnung sorgten, hielten die Kämpfe alle Zuschauer, besonders die Damen auf den längs des Turnierfeldes aufgebauten Tribünen in Atem. Turnierfeld war außer dem Burghof allgemein der Marktplatz einer Stadt, jedenfalls ein offener, ebener Platz, von Schranken eingezäunt, und hier gingen dann die Buhurte, wo mit den Speeren gekämpft und mit den Schilden pariert wurde, oder die Tjoste, wo man durch scharfen Anprall den Gegner aus dem Sattel zu heben versuchte, die erbitterten Zweikämpfe mit den gefährlichen Stichen vor sich."[64]

Alles in allem betrachtet, war das Leben im 15. Jahrhundert nicht leicht. Es gab große Epidemien, Mißernten und damit verbunden ungeheure Preissteigerungen mit Hunger im Gefolge. In kriegerischen Unruhen wurde oft das Land verwüstet, das Vieh weggetrieben und viele Menschen umgebracht.

Es gibt also keinen Grund, diese Zeit in freundlichen Farben zu schildern.

Andererseits wäre es aber ebenso falsch, alles nur schwarz in schwarz zu malen.

So haben sich die Frauen in diesen letzten zwei Jahrhunderten in bestimmten Grenzen Selbstbestimmung erkämpft.

Die führende Schicht, die Patrizier, war – wie man heute sagen würde – liberal. Sie haben nicht verbissen und verkrampft um jeden Pfennig "gefuchst". Sie haben auch – natürlich nicht auf Kosten ihres Lebensstandards – vermieden, den "kleinen Mann" durch unnötige Gesetze zu reglementieren.

Das Leben insgesamt war, in den oben aufgezeigten Grenzen, sinnenfroh. Die Menschen hatten ein verhältnismäßig wenig gestörtes Verhältnis zur Natur und zu ihrem Körper.

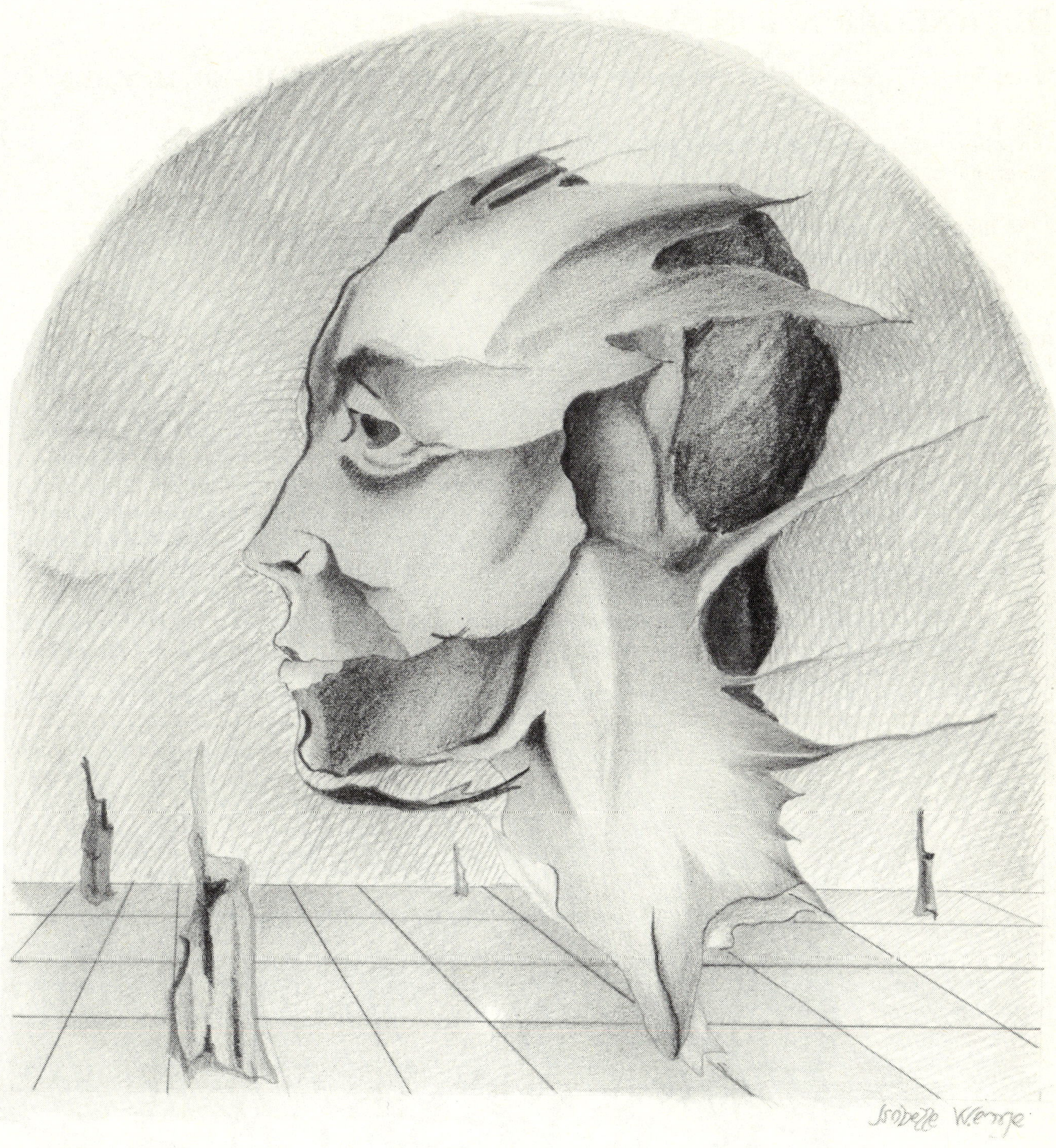

DIE REFORMATION SETZT SICH DURCH

"SIE WOLTEN ANDER UND NIGE PRAEDICANTEN (PREDIGER) HEBBEN"

Die politischen und gesellschaftlichen Verhältnisse verändern sich.

1388 hatte Dortmund einen Krieg geführt. Danach mußte der Rat, nur aus Patriziern bestehend, die Steuern erhöhen. Er hat dies vor allem auf die Handwerker abgewälzt. Im Jahre 1400 haben diese sich dergleichen nicht mehr gefallen lassen:

Daerna gingen unse borger sementlichen op das Raethues und koren enen nijen raet, und den moste de alde raet stedigen. Und die alde raet moste gaen baven op dat Raethues, und daer worden se afgenommen, und er een deel worden gesat in den kerker, een deel in toerne. Kortlicken se quemen alle up toerne, so twe tosamen und so twe tosamen, die nicht bisunder bevronden tosamen weren, und op toerne, daer se verne van wonden; und daroppe saten se lange tijt.[65]

Danach gingen unsere Bürger alle zusammen auf das Rathaus und wählten einen neuen Rat. Den mußte der alte Rat bestätigen. Und der alte Rat mußte oben in das Rathaus gehen, und da wurden sie vernommen, und ein Teil von ihnen wurde in den Kerker gesetzt, ein Teil in Türme. Kurze Zeit danach kamen sie alle in Türme, zwei hier zusammen und zwei da zusammen, die nicht besonders befreundet miteinander waren, und auf Türme, von denen sie weit weg wohnten. und darauf saßen sie lange Zeit.

Das Rathaus im Ausschnitt des Mulherschen Stadtbildes von 1610

In Dortmund hat es verhältnismäßig lange gedauert, bis sich die Reformation endgültig durchgesetzt hatte.

Im 16. Jahrhundert trat vor allem im religiösen Bereich in den Machtverhältnissen und im Alltag der Menschen ein großer Wandel ein.

Die Unzufriedenheit der Dortmunder mit den kirchlichen Zuständen nahm immer mehr zu.

Schon 1478 wurde in den Wein- und Wirtshäusern über religiöse Probleme kritisch diskutiert. Der wohlhabende Dortmunder Nikolaus Hoved z.B. war seiner Pflicht nicht nachgekommen und über zwei Jahre lang nicht zur Kommunion gegangen. Die Ohrenbeichte und die Priesterweihe waren für ihn keine Sakramente. Die Heiligenverehrung hielt er für Aberglauben. Ein anderer namens Ketteltasche glaubte nicht einmal an die Verwandlung der Hostie in den Leib Christi[66].

Zu ersten größeren Auseinandersetzungen kam es 1527. Der Dortmunder Gerichtsschreiber Dietrich Westhoff berichtet hierüber:

In dussem 27. jaer was ein twist und unwille tuschen dem eerbaren rade van Dortmunde und den burgern darselvest, und konden der sache nicht eins gewerden. Want die gemeint was tom deil geneigt to dem nijen handel, so daer im swange genk, und wolten nije predichanten hebben. Ein eerbaer raet gedachte dem to begegnen, und daet die 4 mans van den 6 gilden bij sich verboden und ine ein bevel gedaen, dat sie ein ider gilden solten verbeiden laten der andachte und meinung, wes ein ider gesinnet, gewaer to werden, entlich bescheit to given, uf sie bij dem eerbaren rade, die sich stedehen nach dem alden gehalten, verbliven wolten ader nicht. Wiewol nu die 6 gilden ein ider uf sein gewontliche statt bijeinander komen, heben sich dannoch vur ungestumicheit der gildenbroder gein entlich afscheit bij dem eerbaren rade uf dat alde to bliven erlangen konnen, sunder einkoppig geworden, sie wolten ander und nije praedicanten hebben, dan der meiste deil der veir mans van den vurß 6 gilden weren ouch dem nigen handel togedaen, uetgenomen Henrich van Ellern schomecker, Johan Werner van den smeden, Lambert van Coln van den butterluden und Herman Kremer van der kremergilde, die in dat nije handel nicht consentiren, sunder bij dem eerbaren rade uf dat alde staen bliven. Und heft disse mangel und bijkomst nicht allein to einer tijt, sunder vuer und na dikmals gewesen, aver entlich dannoch ein eerbarer raet so ernstlich mit der keiserlicher majestät mandaten angehalten, dat de gilden irs vuerhebn afstant doen moten und ouch iren alden geloven annemen und darbij bliven.[67]

In diesem Jahr 27 war ein Zwist und Unwille (Streit) zwischen dem Ehrbaren Rat von Dortmund und den Bürgern dortselbst entstanden. Und sie konnten in der Sache nicht einig werden. Denn die Gemeinde war zum Teil dem neuen "Handel" (Glauben, offenbar noch im Sinne eines Vertragshandels verstanden) zugeneigt, der damals "im Schwange" war (um sich griff). Sie wollten neue Prediger (Prädikanten wurden Geistliche genannt, deren Aufgabe im Gottesdienst darin bestand, zu predigen, während der Zelebrant die rituellen Handlungen vorzunehmen hatte) haben. Ein (zu einer Ratssitzung zusammengetretener) Ehrbarer Rat gedachte, dem zu begegnen, und ließ den 4 Leuten der 6 Gilden bei sich (in ihren Reihen, d.h. im Vierundzwanzigerstand) (das) verbieten und hat ihnen den Befehl gegeben, daß sie einer jeden der Gilden das Verbot erteilten, mit dem Augenmerk und der Betonung darauf, wie ein jeder gesinnt sei, gewahr zu werden, schließlich darüber Bescheid zu geben, ob sie bei dem Ehrbaren Rat, der sich stets nach dem alten (Glauben) gehalten hatte, bleiben wollten oder nicht. Wiewohl nun die 6 Gilden, eine jede an ihrem gewöhnlichen Ort, zusammenkamen, haben sie dennoch aus heftiger Unstimmigkeit der Gildenbrüder untereinander keinen abschließenden "Abschied" (Beschluß), bei dem Ehrbaren Rat auf dem alten zu verbleiben, erlangen können, sondern sind (nur) einstimmig geworden, daß sie andere und neue Prediger haben wollten. Denn der überwiegende Teil der "Vier Mann" der vorgenannten 6 Gilden war auch dem neuen Glauben "zugetan", ausgenommen Henrich van Ellern von den Schuhmachern, Johan Werner von den Schmieden, Lambert van Coln von den Butterleuten, Herman Kremer von der Krämergilde; diese stimmten nicht für den neuen "Handel", sondern dafür, beim Ehrbaren Rat auf dem alten stehen zu bleiben. Und dieser Mangel und diese *bijkoms*t (Zusammenkommen/Übereinkunft, hier offenbar im Sinne von Kompromißbereitschaft) waren nicht allein da vorhanden, sondern vorher und nachher oftmals noch, aber schließlich hat ein Ehrbarer Rat so nachhaltig mit dem Mandat der kaiserlichen Majestät gedroht, daß die Gilden von ihrem Vorhaben Abstand nehmen mußten und auch ihren alten Glauben annehmen und dabei bleiben (mußten).

Das sogenannte Gildenhaus
in seiner früheren Gesellschaft

St. Petrikirche
Kirche am Leichenhaus (nach Mulher um 1610)

Hieran wird bereits deutlich, wie sich in Dortmund zwei Fronten gebildet hatten: einerseits die patrizischen Ratsfamilien, andererseits die Mehrheit der Honoratioren und Handwerker. Aber der Rat hat sich diesmal noch durchgesetzt. Trotzdem brodelte es weiter.

Aus dem Jahre 1533 berichtet Westhoff:

Etliche naemhaftige wullenweiver mit der Luterij inficirt, hebben uf sanct Severins nacht sich undernomen, die kerken an dem lijchhues mit namen Wagen to stucken to lopen und die kerke geweldig to openen vuerhebbens gewest. Aver es ist in verhindert worden.
Am dage Severini ist die eerbare raet van Dortmunde to rade gangen und dem vuergenger ader capitein die stat verboden und sint ouch der stat entwichen. Aver nach verledener tijt, seint die vuergenger van den wullenwevern und andern burgern bij einem eerbaren raet gangen und die sach tom guden vuergenomen und tom besten kaert, sprechende, sie hettens in geiner boser andacht sunder uet guder botzen, dwile die Wage so lichtverdig gewest weer, gedaen. Lestlich ist es to gude gemacket und seint die uetgewechen am vrijdage Huperti dage nemlich am 3. novembris widerumb durch genaden und vuerbit der wullenwever und andern burger in Dortmund komen.[68]

Etliche bekannte Wollweber, die "von der Lutherei angesteckt" waren, haben sich in der Nacht vor St. Severin vorgenommen, gegen die Kirche am Leichenhaus mit dort befindlichen Wagen anzufahren, und es war ihr Vorhaben gewesen, die Kirche mit Gewalt zu öffnen. Aber es ist ihnen verhindert worden.
Am Severins-Tag ist der Ehrbare Rat von Dortmund zu einer Ratssitzung zusammengetreten und hat dem Anführer oder "Kapitän" (Anführer, hier offenbar im Sinne von "Rädelsführer" gemeint) die Stadt verboten. Und (sie) sind auch aus der Stadt entwichen. Aber nachdem einige Zeit vergangen war, sind die Anführer der Wollweber und anderer Bürger bei einem Ehrbaren Rat aufgetreten und haben die Sache zum Guten gewendet und zum Besten gekehrt, indem sie sagten, sie hätten es nicht in böser Absicht getan, sondern aus gutem *botzen* (Spaß), da ja die Wagen so leicht zu fahren waren. Letztendlich ist die Sache zum Guten gebracht worden und die Entwichenen sind am Freitag, dem Hubertustag, am 3. November, wieder durch Gnaden (Wohlwollen) und mit Fürbitte der Wollweber und anderer Bürger nach Dortmund gekommen.

Die Wandschneider (Gewandschneider) waren vorsichtiger als die Handwerker, deshalb haben wir über sie keine Quellen gefunden. Nach 1560 unterstützten sie die Lutherische Lehre.

J. Lambach

In der Mitte des 16. Jahrhunderts versuchten Geistliche, die dem Humanismus nahestanden, vorsichtig Reformen einzuführen.

1543 entstand das Gymnasium zu Dortmund:

Anvang der Groten Scholen zu Dortmund

In dissem vurß jaer wort ijrstlich uf Batholomei apostoli die nije grote schole anvangen binnen Dortmunde, und was rector der werdiger und hoechgeleerter her Joannes Scevastes, doctor beider rechten, ein korte persone mit einem krusen bart.[69]

In diesem vorerwähnten Jahr wurde erstmals am Tag des Apostels Bartholomäus die neue höhere Schule in Dortmund eröffnet. Rektor war der würdige und hochgelehrte Herr Joannes Scevastes (Lambach), Doktor beider Rechte, eine kleine Person mit krausem Bart.

Lambach (Scevastes) hat später (1547) geheiratet, ohne daß es zu Protesten gekommen wäre.

Lambert Berswordt war damals als Erster Bürgermeister einer der heftigsten Gegner der lutherischen Bewegung. Der Dortmunder Rat sah sich trotzdem immer mehr dazu gezwungen, den Reformern entgegenzukommen.
Im Jahre 1562 wurde den Bürgern vom Rat gestattet, im Rahmen der Messe das Abendmahl in beiderlei Gestalt einzunehmen.

Nach und nach machte der Rat unter Druck weitere Zugeständnisse:

1563 waren die meisten Pfarrer in Dortmund protestantisch.

1564 wurden deutsche Gesänge und lutherische Gesangbücher eingeführt.

1567/1568 wurde die Elevation (das Hochhalten der Hostie und des Kelches zur Anbetung) während der Messe abgeschafft.

1570 war Dortmund endgültig lutherisch geworden.

Am 26. Oktober 1604 schrieb der Bürgermeister und Rat an den Kaiser:

Zumahl dar der Anzahl derer, so catholisch sein mugen, alhie so geringhschätzigh (gering einzuschätzen), daß auch derselben unter allen unseren Angehörigen kaum sieben Familien und in selbigen, wan man schohen Elteren und Kindere, Junck und Alte zum gnawesten zehlet, kaum dreyßigh Persohenen gefunden werden.[70]

“1605 gab der Rat als Zahl der Katholiken 7 oder 8 Familien an, Kinder und Gesinde miteingerechnet 30 Köpfe.”[71]

MÄNNER BASTELN SICH EINE NEUE GESELLSCHAFT

In Dortmund lebten damals recht unterschiedliche Gesellschaftsschichten. Da waren einmal die reichen Patrizier (Junkergesellschaft) und Honoratioren.

Zur Mittelschicht gehörten die Handwerker.

Die größte Gruppe bestand aus Tagelöhnern, Mägden und Knechten, Gesellen und Lehrlingen, Hausfrauen und Witwen.

Die in den angesehensten Handwerken Tätigen, die Gerber, Schuster, Bäcker, Fleischer, Schmiede sowie Krämer und Fettkrämer hatten sich in sechs Gilden zusammengeschlossen.
Die übrigen Handwerker vereinigten sich in "Ämtern", so die Goldschmiede, die Leineweber, die Wollweber usw.

Die sechs Gilden wählten 24 Handwerker (den "Vierundzwanzigerstand" oder die "Gemeine Bürgerschaft").
Nur die ersten zwölf durften den Rat mitwählen.

Daneben gab es den "Erbsassenstand", der aus zwölf Personen bestand. Sechs wurden von der "Gemeinen Bürgerschaft" (Handwerker), die anderen sechs vom Rat (Patrizier und Honoratioren) gewählt.

Die ersten sechs der zwölf Erbsassen wählten zusammen mit den zwölf Gildenvertretern aus der "Gemeinen Bürgerschaft" den Rat.

Die drei Stände – Rat, Erbsassen und Gemeine Bürgerschaft – verfügten auch über Gesetzgebung und Verwaltung.

Die Gemeine Bürgerschaft tagte im Gildenhaus, der Erbsassenstand im Leichenhaus in der Marienkirche und der Rat natürlich im Rathaus[72]

Wer war nun wahlberechtigt? Lediglich die männlichen Angehörigen der Handwerkergilden. Das waren höchstens 7 bis 10 % der Einwohnerschaft.

Wer konnte auf die wichtigen ersten zwölf Ratsstellen gewählt werden? Nur Patrizier und Honoratioren. Ihnen waren diese Stellen vorbehalten. Wenn deren Frauen und Kinder abgezogen werden, waren es bestenfalls 3 % der Bevölkerung.

Dieses Tohuwabohu von Ämtern, Wahlen, Rechten und Vorrechten war ein typisches Produkt von patriarchalisch und hierarchisch denkenden Männern.

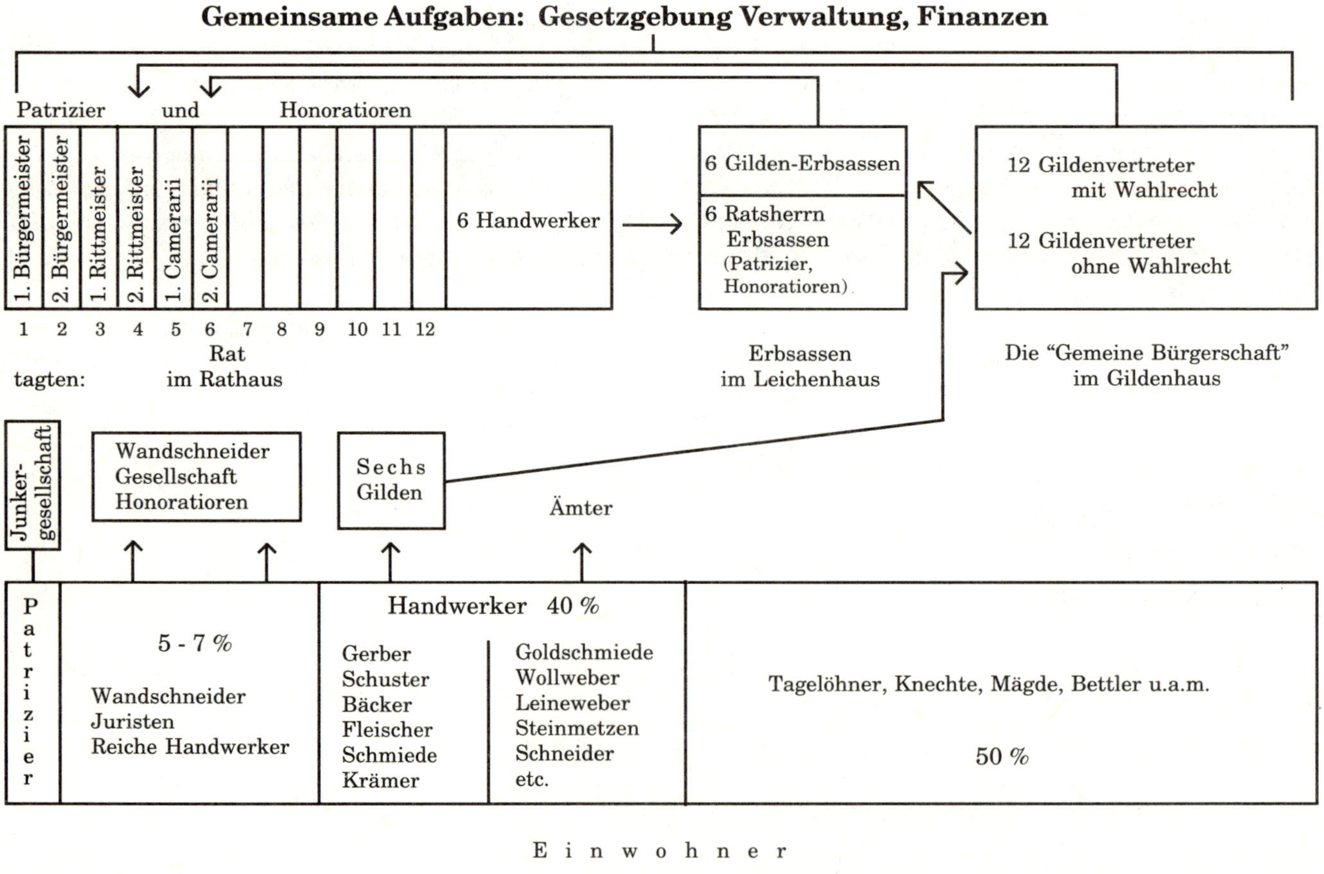

WAS WAREN DAS FÜR LEUTE, DIE WANDSCHNEIDER?

Im Laufe des 16. Jahrhunderts hatte der wirtschaftliche und politische Einfluß der Patrizier nachgelassen. Zum einen hatten sie alles erreicht, was sie erreichen konnten: Besitz, Güter, Verbindung mit dem Adel; zum andern war die wirtschaftliche Stellung der Wandschneidergesellschaft stärker geworden. Die Wandschneider ihrerseits dünkten sich jetzt wiederum besser und feiner als die Handwerker.

Im Laufe des 16. Jahrhunderts schafften sie es, mehr Ratsstellen zu besetzen. 1520 waren noch 10 Stellen von den Patriziern und nur 2 von den Honoratioren besetzt. 1570 waren nur noch 5 Patrizier im Rat, aber 7 Honoratioren. Dieses Verhältnis ändert sich in den nächsten Jahren wieder, insgesamt aber werden die Honoratioren zunehmend stärker.

Stellvertretend für die Wandschneiderfamilien in Dortmund möchten wir hier die BOCKHOLDTS vorstellen.

Lambert Bockholdt stammte aus Handwerkerkreisen und war zunächst nicht sehr reich. Es gehörten ihm einige Morgen Land und ein Haus am Mönchenwordt. Er bekam eine Jahresrente von 2 Talern. Er hatte vermutlich auch einige Barmittel geerbt und legte hiermit den Grundstein für sein Geschäft. Er erwarb in der Nähe der Krone am Markt ein großes Grundstück. Hierauf baute er ein ansehnliches Steinhaus, ein kleineres Wohnhaus und eine Scheune. Sein Sohn Anton kaufte 1587 in der Nähe ein Haus. Dieses ließ er drei Jahre später abreißen und setzte stattdessen ein neues, noch viel schöneres dahin.

Ihr Geld in weiteren Grundstücken anzulegen, war nicht ihre Sache. Sie ließen lieber das Geld für sich "arbeiten", indem sie es z.B. in Renten und Schuldbriefen investierten. Anton Bockholdt scheute nicht mal davor zurück, sich "als Pfänder für Tuchwaren ein Bett und zwei zinnerne Schüsseln" von der Frau des Heinrich Trysincks anzueignen[73]. Luise von Winterfeld spricht in diesem Zusammenhang sogar von "Wucher"[74].

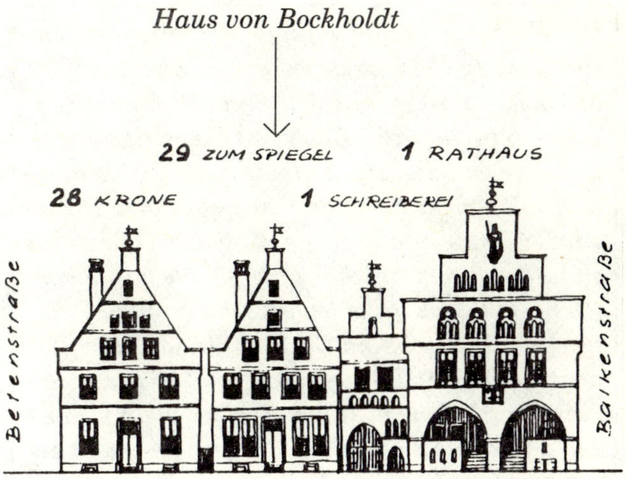

15 *Taler 1553, Silber*

14 *Reinoldialbus, 15. Jahrhundert, Silber*

17 *Im Moskauer Historischen Museum zu sehen: Dortmunder Taler 1621 (richtig 1632) mit russischem Gegenstempel*

Die Wucherer sündigen gegen die Natur, indem sie aus Geld Geld erzeugen wollen, wie ein Pferd aus einem Pferd oder einen Esel aus einem Esel. Obendrein sind die Wucherer Diebe (latrones), denn sie verleihen Zeit, die ihnen nicht gehört, und mit einem fremden Gut gegen den Willen des Besitzers zu handeln, ist Diebstahl. Und da sie außerdem mit nichts anderem als mit erwartetem Geld, das bedeutet mit Zeit, handeln, treiben sie mit Tagen und Nächten Handel. Der Tag aber ist die Zeit der Helligkeit und die Nacht die Zeit der friedvollen Ruhe. Also handeln sie mit Licht und friedvoller Ruhe. So wäre es nicht gerecht, wenn sie das ewige Licht und den ewigen Frieden erlangten.[75]

Teufel und Wucherer, Kathedrale von Chartres

Darüber hinaus ließen die Bockholdts natürlich auch die kleinen Leute für sich arbeiten.

"So scheint zum Beispiel Dyrick Lucker zeitweise, monatlich fast, ein Laken, das heißt die Normalproduktion eines Webstuhles, an Anton B. verkauft zu haben, und wir sehen, daß er alle paar Tage kleine Vorschüsse in der Form von Geld, Getreide, Tuch- und Fleischwaren forderte, ständig in Antons Schuld blieb und deshalb zu weiteren Lieferungen gezwungen war. Ähnliche Verhältnisse unterhielt Anton zu den Dortmunder Webern Engelbert Dulm, Herm. Hubert und Jurgen Sundherde."[76]

Auf diese Weise sammelte sich in den Bockholdtschen und anderer Honoratioren Truhen das viele Geld an, wie es aus ihren Aufzeichnungen zu ersehen ist.

"Trotz allem Borgen und Verleihen, trotz der Freude am wohlhäbigen Genuß, waren diese reichsstädtischen Bürger im Grunde sparsam, ja geizig gesinnt. Sie trennten sich schwer vom Geld, vielmehr sammelten sie es in zäher Arbeit grundsätzlich an und freuten sich über das Wachsen ihres Schatzes. Durch diese Denkungsart unterschieden sich die Dortmunder Wandschneider von den Patriziern und Landadligen; sie war ihnen gemein mit den Krämern und Handwerkern."[77]

Ab 1560 sitzt Lambert Bockholdt fast immer im Rat. In den Jahren 1577 und 1578 wird er zum Richter gewählt. Er gehört bis zu seinem Ende 1593 damit auch zu den führenden Leuten der Stadt Dortmund.

Nach der Reformation wurde der Einfluß der Handwerker und der Honoratioren stärker. Die Anhänger der "neuen Lehre" hatten jetzt die Mehrheit im Rat. Gerade sie hatten die neue Lehre gefördert und unterstützt.

Der Kaiser beklagte diese Entwicklung. Er schrieb im Jahre 1604:

Darauf sey das Ungelucke derogestaldt gewachsen, daß man die vom Adel und Patricios je lenger je mehr aus dem Stadtrath geschaffet und herjegen den Rhadt mehrentheils mit gemeinen Burgern und Handwerckern besetzt (habe).

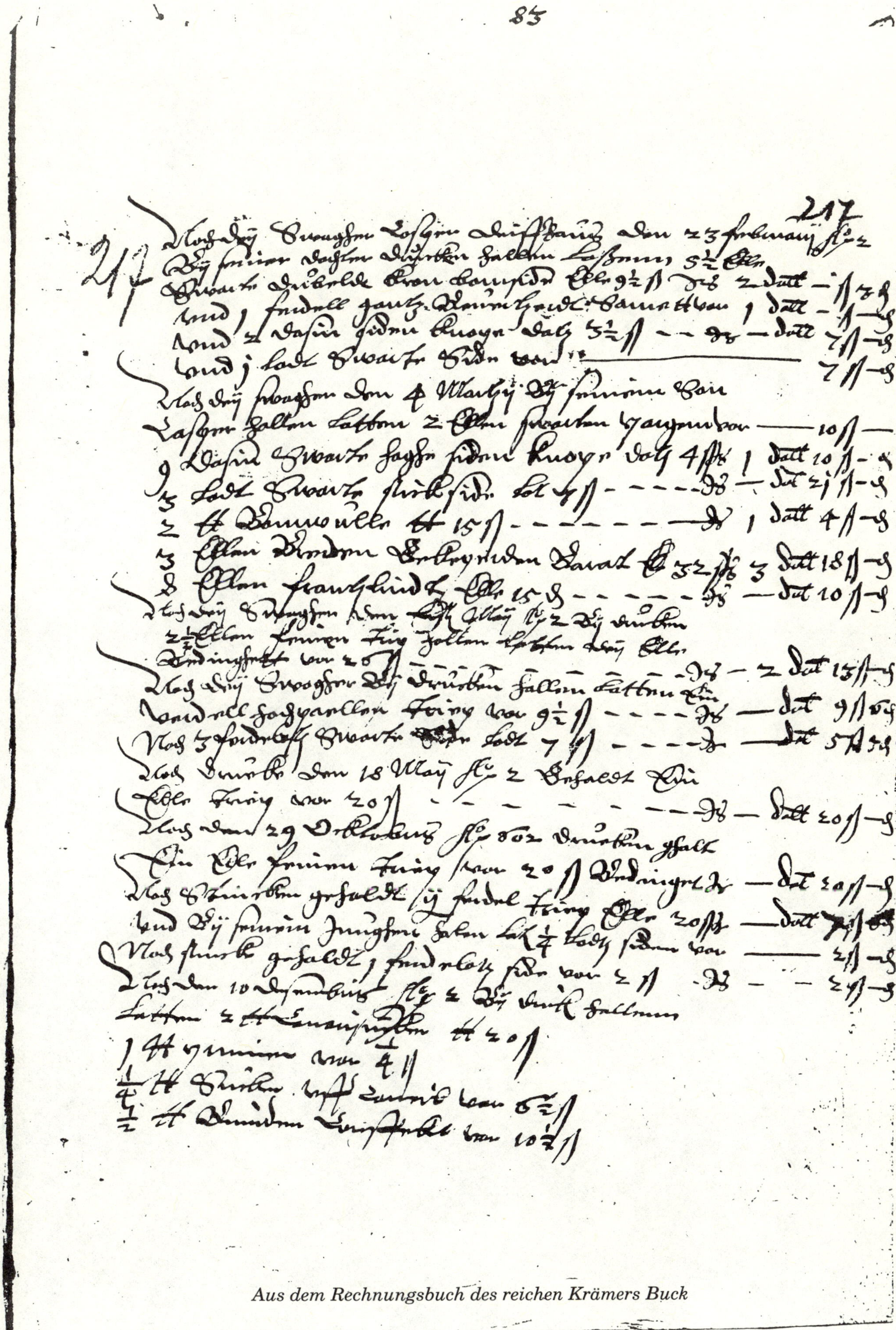

Aus dem Rechnungsbuch des reichen Krämers Buck

Isabelle Wenge

NACH DER REFORMATION

DER SPASS HÖRT AUF, JETZT WIRD ES ERNST

Mit der Reformation hatte das neue Bürgertum endgültig seine Moral- und Gesellschaftsvorstellungen durchgesetzt. Für diese bürgerliche Gesellschaft waren jetzt Tugenden wichtig wie: Pünktlichkeit, Ordnung, Unterdrückung der natürlichen Bedürfnisse. Dazu mußte möglichst alles in Verordnungen geregelt werden. Die Größe der Biertonnen wurde festgelegt, den Leuten vorgeschrieben, wann sie Branntwein trinken durften, die Polizeistunde auf 9 Uhr abends festgesetzt. Alle Wirte, die danach noch verzapften, wurden mit einer Geldstrafe von vier Goldgulden belegt.

Eines
Hochachtbaren Raths
Des
Heiligen Reichs Freyer Stadt
Dortmundt
Ehe- vnd Hochzeits-
Ordnung.

Gedruckt zu Dortmundt durch Anthonium Rühln.

Wie der Rat die Bedürfnisse seiner Bürger nach Fröhlichkeit, lustvollem Feiern, gemeinsamen Tänzen und Spielen behinderte, zeigt folgende *Ordnungh eines erbaren Rhats des Heiligen Reichs Statt Dortmundt uber eheliche Verlobnissen, Hochzeiten und andere kostbare Beykumbsten, bey welchen Ohnordnungen und Mißbreuche gespuret worden*, worin es u.a. heißt:

1. Ordnen diesem nach und wollen, daß hinfurter die eheliche Verlobnussen und Braudtweine verkurtzet und auf einmahl angesteldt und gehalten, auch zu furnehmer Burger Verlobnissen uber sechzehn Pahr, aber gemeiner Burger, Handwerker und Dienstvolcks uber acht Pahr Menschen, Jungengesellen und Junckfrawen allerseidts eingeschlossen, bey funf Thaller Straf von einer jeden ubrigen Persohn zu geben, nicht geladen werden, wie dan auch hiebei Maß im Anrichten gehalten und beim alten Gebrauch so viel jetzo thuenlich gelassen werden sollen.
2. Wolte aber jemandt eine freie Hochzeit, dabey kein Wein verehrt oder sunsten etwas am Braudttische gegeben werden soll, halten, demselben soll zugelassen sein, seins Gefallens Gäste zu laden und zu speisen, jedoch daß alles meßiglich zugehe und durch den Uberfluß Gotts Zorn nicht erwecket werde.
...
7. Auf nechstgedachten beiden Schenck- und Gebe-Kosten soll alles dahin gerichtet werden, daß sich jeder Zeit Breutigam und Braut mit den geladenen Gästen zum lengsten mittags auf zwelf, abendts umb sechs Uhren zu Tische setzen mugen. Das Essen aber soll uber drey Stunden nicht verzogen, sunderen bei Mittagskosten umb drey, bey Abendtskosten umb neun Uhren der Tisch aufgenohmen werden. Damit auch diese Hochzeiten sich in die lange Nacht nicht verziehen mugen, soll ein jeder der geladenen Gäste wegen des Aufbrechens seiner Bescheidenheit hiemit erinnert sein.
...
15. So sollen auch bey Verlobniß und Hochzeiten alle leichtfertige Dentze und andere Ungepuhr hiemit bei Straf eines Reichsthallers verbotten, hingegen aber ein jedtweder sich dabey aller Zucht und Erbarkeit zu bevleißigen ermahnet sein.
...
21. Alldweil dan auch bey den Kindttaufen und der Frawen Kirchgängen kein geringere Ohnordnungen gespuret werden, sollen hinfurter zur Kindtauf uber zwantzigh Frawen und zu den Kirchgängen uber zwelf Frawen nicht berufen und gebetten werden. Arbeiter und Thagloener Frawen aber sollen mit der Halbscheidt begnugigh sein (sich mit der Hälfte beschränken) und daruber nicht haben. Alles bey Straf eines Reichsthallers von jeder Frawen, so hieruber gespuret werden muchte, ohnnachlässigh zu erlegen.
...
23. Sonsten aber die Rockendrischens, Kindelbiere und Hausboren Gastereyen (Erntefeste, Kindtauffeiern und Richtfeste) belangent, sollen dieselben hiemit allerdings abgeschafft und dern hinfurth in- oder außerhalb der Statt keine zu halten bey wilkurlicher Straf ernstlich verbotten sein, ...[78]
Das war die neue, bürgerliche Moral. Von nun an sollten die Leute ihre Kraft in die sich langsam entwickelnde Maschinenarbeit stecken. Phantasie und Lebendigkeit wurden dabei geopfert.

Zur Rechtfertigung dieser neuen Gesellschaftsordnung diente der Protestantismus. Der sparsame, maßvolle, arbeitsame Bürger war Gott wohlgefällig und sammelte dadurch für sich Reichtum und Ehren an. Lebenslustige Frauen paßten da nicht hinein und liefen Gefahr, als Hexen verfolgt und umgebracht zu werden.

Schmauserei zur Hochzeitsfeier

CHRYSEOCANASTRON.

oder

GVLDINER BROTKORB.

Das ist/

EDELE BEWERTE KVNST.

Wie ein jeder Haußvater seine sachen anstellen / oder sich also in die Haußhaltung schicken könne/das er beides hie zeitlich vnd dort ewigh keinen kummer oder mangel/sondern gnugh vnd voll auff habe.

Allen Haußväteren vnd Haußmütteren an den Armen gehenckt/ am Siebenden Sontagh nach der H. Trifaltigkeit/ in der Kaiserlichen Reichs Statt DORTMUND zu S. Marien.

Von

DETHMARO MEHLMANNO
Pastore daselbsten.

Psal. 34. v. 11.

Die reichen müssen darben vnd hungern / Aber die den Herren suchen/haben keinen mangel an jrgend einem Gut.

Dortmund bey Johan Westhoff.

Im Jhar/

Da paneM gratIs ChrIste benIgne eVIa.
Herr hILff DV In noth:
Gib Das täglIg broDt.

(1609)

"WER NICHT WILL ARBEITEN, DER SOLL AUCH NICHT ESSEN!"

Weil nicht alle Menschen so dachten und handelten, mußte diese neue Moral unter die Leute gebracht werden. Das geschah durch Predigten in den Kirchen, durch Schauspiele auf dem Marktplatz und durch Erziehung und Schule.

Diese neuen Moralvorstellungen sind uns überliefert u.a. in einer gedruckten Predigt des Pastors Mehlmann zu St. Marien (1609). Er wettert gegen die Patrizier (Junker):

Christus befihlet dem Voelcklein im heutigen Evangelio / ... das sie nicht hin und herlauffen / sondern das sie sich nidersetzen sollen / Uns abermal zum exempel und zur nachfolg / ... das auch wir / ein jeglicher in seinem ordentlichem beruff sollen gehen nidersetzen / nicht zu dem ende / das wir die Haende sollen in den schoß legen / und faullentzen / sondern das wir mit unsern Händen etwas redliches arbeiten. In erwegung und betrachtung das diß das rechte mittel seie / welches er selbsten gesetzet und verordnet hat / die nahrung und das taegliche Brot zu erlangen.
Welche aber auff die ordnung und befelch des Herrn sich nicht nidersetzen / keine hand an werck schlahen / sondern das Junckerenhandwerck treiben wollen: wolan ..., denen wirt keine gebratene Taube ins maul fliegen / das ist / sie werden keinen glueck und heil bey ihrer Haußhaltung haben / sie muessen verarmen unnd verderben / muessen ehe die liebe Sonne dann ein stuecklein Brod im hause haben ... Wer nicht wil arbeiten / der soll auch nicht essen.

Weil sie sich weithin auf ihre Güter zurückgezogen hatten und nicht mehr arbeiten wollten, lebten die Junker seiner Meinung nach nicht gottgewollt.

Den armen Leuten dagegen rät er:

Diß Latein / muegen nun lernen und behalten die Lurcones (Schlemmer) / Gassentretter / vergeuder / und ein guter theil unser Tagloener / welche sich befuerchten / das Geld solte jhnen im beutel verschimmeln / kriegens derwegen herfur / legens an die nasse wahr / verspielen / verschlemmen / und verdemmen auff einen Sontag so viel davon eine gantze woche jhre hungerige / nothleidende weib und kinder nach notturfft koenten leben oder gnugh haben. Diese Lurcones sind aerger dann ein Heid / wie jhnen S. Paulus die Lection gibt 1.Tim. 5.v.8 (1. Timotheusbrief, 5, Vers 8). *So aber jemand die seinen / sonderlich seine Haußgenossen nicht versorget / der hat den glauben verlaeugnet / und ist aerger dann ein Heid.*

Sie sollen also vorsichtig mit ihrem Geld umgehen, besser jeden Pfenning ein paarmal in der Hand umdrehen.

Seine Schäflein insgesamt aber ermahnt er zur Sparsamkeit, hält sie zur Arbeit an und warnt vor unnötiger Befriedigung ihrer Bedürfnisse:

Wolan / das ist also der siebend Haußregul / das ein jeder Haußvater lerne ... das Christus sparsame Kostgaenger haben wolle.
Wer aber mehr wil verzehren / Dann seine Pflug kan eraehren (Druckfehler im Original; richtig: ernaehren) *Der muß endlich verderben / oder gar am Galgen sterben. Dann durchbringer und dilapidatores* (Vergeuder) *werden von Gott ernstlich gestrafft / das sie entweder gantz von dem jhren kommen / das sie den Schluessel muessen ins loch stechen* (stecken) *und davon gehen. Dann auff pancketiren folget endlich panckerottiren.* (Denn auf Bankettgelage folgt schließlich der Bankrott.)

In dieser Hinsicht lobt Pastor Mehlmann ausdrücklich den Rat und seine neuen Verordnungen:

Biß endlich im außgang des vergangen Jahrs ein Hochweiser / Wolachtbar Rhat gleich gezwungen worden diesem unrhat vorzukommen / und nun mehr Leges sumptuarias (Gesetze gegen den Luxus) *drucken und maenniglich vor die augen stellen lassen / da einem jeden nun mehr der numerus invitandorum determiniret* (die Zahl derer, die er einzuladen hat, vorgeschrieben) *ist / wie viel Gaeste er nach gelegenheit einladen / und wie viel Gerichte er aufftragen solle.*
Daran sie dann dem lieben Gott im Himel einen sonderlichen gefallen gethan / und den unnoetigen uberflussigen unkoesten ja vieler zeitlichem und ewigem verderb vorgebawet haben. Und wirt nun nicht mehr erfordert / dann das sie ob solcher loeblichen ordnung steiff und fest halten / und die transgressores legum (Übertreter der Gesetze) / *die verbrecher derselben gesetz ernstlich mit nehmen und straffen.*

Insgesamt verpricht der Herr Pastor den arbeitsamen, sparsamen, gehorsamen und gottesfürchtigen Christen einen "goldenen Brotkorb":

... wie wir mussen qualificirt und beschaffen sein / wann uns Gott der Allmechtiger mit rechtem segen uberschutten soll / wann er unsern Brodkorb segnen und guldin machen sol / nemlich wann wir uns der Gottesfurcht befleissen / zu Gottes wort eine sonderliche andacht / ernst und eifer haben / der stimme Gottes des Allmechtigen gehorchen / in seinen geboten / satzungen und wegen wandelen und bleiben.

Die hier verkündeten Tugenden führen direkt in die neue, bürgerliche Gesellschaft.

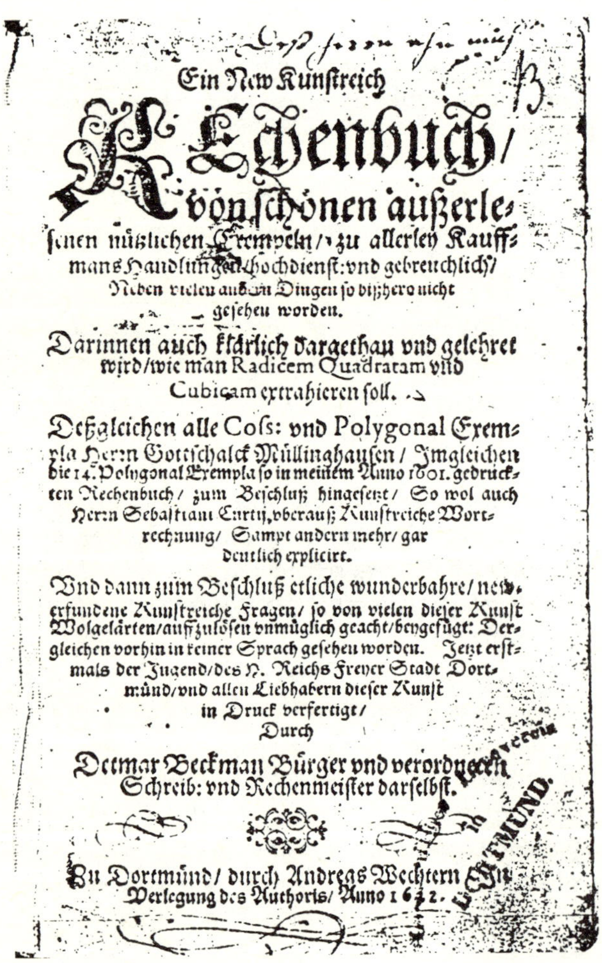

Ein New Kunstreich Rechenbuch/ von schönen außerlesenen nützlichen Exempeln/ zu allerley Kauffmans Handlungen hochdienst: und gebreuchlich/ Neben vielen andern Dingen so bißhero nicht gesehen worden.

Darinnen auch klärlich dargethan und gelehret wird/ wie man Radicem Quadratam und Cubicam extrahieren soll.

Deßgleichen alle Coss: und Polygonal Exempla Herrn Gottschalck Müllinghausen/ Jmgleichen die 14. Polygonal Exempla so in meinem Anno 1601. gedruckten Rechenbuch/ zum Beschluß hingesetzt/ So wol auch Herrn Sebastiani Curtij, uberauß Kunstreiche Wortrechnung/ Sampt andern mehr/ gar deutlich expliciert.

Und dann zum Beschluß etliche wunderbahre/ newerfundene Kunstreiche Fragen/ so von vielen dieser Kunst Wolgelärten/ auffzulösen unmüglich geacht/ beygefügt: Dergleichen vorhin in keiner Sprach gesehen worden. Jetzt erstmals der Jugend/ des H. Reichs Freyer Stadt Dortmünd/ und allen Liebhabern dieser Kunst in Druck verfertiget/ Durch

Detmar Beckman Bürger und verordneten Schreib: und Rechenmeister darselbst.

Zu Dortmünd/ durch Andreas Wechtern/ Jn Verlegung des Authoris/ Anno 1622.

"SIE SOLLEN IMMER LATEIN REDEN, AUCH IM SPIEL !"

Im Mittelalter wurde in den Schulen vor allem der Nachwuchs des Klerus ausgebildet. Nur eine kleine Minderheit besuchte sie.

Als die Städte größer wurden, entstanden Schulen, in denen auch Kaufmannssöhne Schreiben und Rechnen lernten. Im 16. Jahrhundert, nach der Reformation, erweiterte sich das Schulwesen. Das neue Denken mußte jetzt auch in die Schulen getragen werden. Bis dahin brachten die Lehrer den Kindern das sogenannte Küchen-Latein bei. Das Ziel des neuen Unterrichts war "die Fähigkeit des Sprachlichen, logisch durchsichtigen und sachkundigen Vortrags, natürlich in der gelehrten Sprache": Die Grammatik mußte von Grund auf "exerziert" werden[79].

Auch das Rechnen nahm einen breiten Raum ein. In dem "New Kunstreich Rechenbuch", das 1622 in Dortmund gedruckt wurde, finden wir z.B. folgende interessante Aufgaben:

13. Item / einer leihet einem 400 thal. 4 Jahr lang / gegen 6 pro cento. Noch macht er ein ander verschreibung von 350 thal. gegen 7 1/2 pro cento des Jahrs Interesse (Jahreszins)*/ auff wieviel Jahr sol die verschreibung sprechen / das er pro capital und Interesse 11 1/2 thal. mehr bekomme / als die erst außgeliehene Summa sampt derselben Interesse betreffendt? Facit 6 Jahr.*

Oder:

4. Item / es wird ein Bott (Bote) *eylends von Dortmund / gen Rostock abgesandt / befindt nach gethaner 2. Tagreise / daß er 1/5 der gantzen Reise vollbracht habe / Am 6. tage aber am Abend / hat er vollendet 1/2 der gehabten Reise ./. 2 meil / befindt endlich in seinem Itinerario* (Wegbeschreibung)*, daß er noch 20 meil weges biß an begerten orth zu gehen habe. Ist nun die frage / wie ferne beyde Staedte von einander gelegen seyn? Facit 60 meilen.*

Wie es im Alltag des Dortmunder Gymnasiums ausgesehen hat, beschreibt Karl Prümer:

"Die Lehrstunden begannen selbst im Winter um 6 Uhr morgens und am Nachmittag um 1 Uhr. Die Schulzimmer wurden auch im Winter nicht ge-

heizt, weswegen sich Lehrer und Schüler mit Mänteln vor der Kälte schützen mußten. ... Bezüglich der damaligen Schulverhältnisse heißt es weiter:
...
"Derjenige Student, welcher sich freventlich gegen die Ordnung erzeugen (erweisen) würde, soll dem Claviger (Beschließer) gemeldet werden und sich sofort ins Carcer verfügen und sich dort so lange verhalten, bis er vom Rektor oder Scholarchen entlassen wird. Erforderlichenfalls kann er durch Zwangsmaßregeln des Magistrats (per Schub) ins Carcer befördert werden. Der Claviger hat das Carcer zu verschließen und dem Rektor den Schlüssel zu verabfolgen. Der "Incarcerierte" soll von einem Wirte notdürftig verpflegt und nicht eher entlassen werden, bis er die "Atzung" (Beköstigung) bezahlt oder dafür Sicherheit gestellt hat."
Bis Tertia herrschte noch die Rute oder der Stock. Die Sträflinge wurden Mittwochs und Samstags der Reihe nach in Gegenwart des Gymnasiarchen oder Prorektors "abgetan", das heißt durchgeholzt. Man sieht daraus, wie gründlich man damals die Erziehungsfläche der Schüler "berücksichtigte". Für eine Strafnote im Klassenbuch mußte ein Schilling Strafe hinterlegt werden. Und eine solche Strafnote zog sich u.a. auch der zu, der in vorgeschriebener Zeit deutsch statt lateinisch sprach. Der Rektor hatte wöchentlich allein oder mit Hilfe von Kollegen die verdächtigen Wirtshäuser tagsüber oder abends mehrere Male zu visitieren und auf kneipende Studenten zu achten, auch auf solche, die sich "schreiend, schwärmend oder sonst in Ungebühr" auf der Straße umhertrieben.
...
"Um Erschlaffung und Überdruß" zu vermeiden, war an zwei Nachmittagen in der Woche schulfrei. Damit sich aber die Schüler nicht dabei "verstreiften" und den Bürgern "an den Gärten, Fischereien und am Getreide Schaden zufügten" (das heißt vermutlich, daß sie den Obstbäumen und Fischteichen der Bürger keinen unerlaubten Besuch abstatten und sich nicht in den Kornfeldern lagern sollten), mußte ein Lehrer sie beglei-

Inneres einer Schule (1592)

ten, damit sich die Schüler stets unter seiner Aufsicht etwa im Westerholz im Ballspiel übten. Selbst beim Spiel durfte vielfach nur lateinisch gesprochen werden. Bezüglich des Kirchenbesuches sei erwähnt, daß ein Lehrer den Schülern das Geleite zur Kirche zu geben und darauf zu achten hatte, daß kein Schüler vor Erteilung des Segens ausriß. Nach der Kirche gegen 11 Uhr hatte ein Student im Gymnasium vor älteren Schülern abwechselnd eine deutsche und lateinische Rede zu "deklamieren" und die jüngeren mußten sich mit religiösen Übungen befassen. Selbst an Sonntag-Nachmittagen hatten sich die Schüler zu versammeln, um über die gehörten Predigten Rechenschaft zu geben."[80]

Was Prümer als "Durchholzen" und "Berücksichtigung der Erziehungsfläche" bezeichnete, wird von Emil Reicke konkreter beschrieben:

Dominikanerkloster um 1610 nach Mulher, rechts das Gymnasium

"... *"Da kriegt der Schulmeister seine Henkersruthe aus einem Eimer voll Wasser,"* heißt es in einer Schrift aus dem Jahre 1540, *"hauet, peitschet und tummelt den armen Schelm auf Posteriori herum, daß er schreit, daß man's über das dritte Haus hören möchte, hört auch nicht auf, bis daß dicke Schwülen auflaufen und das Blut den Beinen herunterlauft. Theils Schulmeister sind so böse Teufel, daß sie Drath in die Rute flechten oder kehren die Rute um und brauchen das dicke Ende. Auch pflegen sie der Kinder Haare um den Bakel zu wickeln und sie also damit zu zerren und zu raufen, daß es einen Stein in der Erde erbarmen möchte." "Ich habe wohl gesehen, daß die Kinder zu Krüppeln geschlagen wurden oder sonst in schwere Krankheit gefallen"*, schreibt ein anderer 1564. *"Manche Knaben wuchsen nicht recht, weil sie ewig geprügelt wurden und selbst daheim stets in Angst lebten."*[81]

Hier lernten die Schüler nicht nur Latein und Griechisch, hier lernten sie vor allem, ihre menschlichen Bedürfnisse massiv zu unterdrücken.

Die Schulgesetze aus der Zeit des ersten Rektors, J. Lambach, (Mitte des 16. Jahrhunderts) sprechen für sich:

Schulregeln für die Dortmunder Schule erlassen für die in den Wissenschaften auszubildende Jugend:

Morgens, zur fünften Stunde, sollen die aufsichtführenden Schüler ihre Mitschüler wecken. Von ihm geweckt, sollen sie ohne Verzug aufstehen. Den Eingang des Tages sollen sie im Namen des Vaters des Sohnes und des Hl. Geistes begehen.
...
Das Haar soll außerhalb des Bettes oder wenn möglich auch außerhalb des Hauses gekämmt werden; die Hände, auch die Augen und die Zähne sollen vom Schmutz gereinigt werden.
...
Das Gymnasium sollen sie gesittet betreten und verlassen. In der Schule sollen sie die geschuldeten Aufgaben erfüllen. Tinte, Federn und Papier sollen sie immer bereit halten. Aus der Schule entlassen, sollen sie schleunigst nach Hause streben und nicht über Plätze, den Markt, Höfe, Gäßchen, Gärten oder über das Land herumbummeln, vielmehr, wenn nicht ein ernsthaftes Geschäft drängt, sollen sie immer zu Hause bleiben.
Den Eltern und denen, die an Eltern Statt sind, sollen sie gehorchen, den höhergestellten und vornehmen Männern, den Oberhäuptern der Stadt, den Professoren, Priestern, Lehrern und schließlich allen Ehrenwerten sollen sie Ehrerbietung erweisen.
...
Ist Stille angeordnet, sollen sie nicht reden.
Sie sollen immer Latein reden, auch im Spiel.
... sie sollen keinen Unflat schwätzen, und auch nichts Unanständiges singen.
...
Außerhalb der Erholungszeit sollen sie weder zu Hause noch in der Öffentlichkeit spielen.
Sie sollen unehrenhafte Spiele fliehen, wie Würfel und Kartenspiel.
...
Sie sollen weder öffentlich noch privat Gelage veranstalten.
Sie sollen nicht ausziehen um zu Jagen, Vögel zu fangen, zu Fischen oder im Fluß, im Weiher oder See zu baden.
...
Sie sollen Türme und öffentliche Gebäude nicht besteigen.
Sie dürfen auf öffentlichen Plätzen, dem Markt, dem Straßenpflaster und an anderen nicht für das Spiel bestimmten Orten nicht spielen.
Sie dürfen nicht heftig schreien ...
Sie sollen immer ein Buch im Mantel mit sich tragen.
Sie dürfen keine Musikinstrumente spielen und nirgends mit den Mädchen tanzen.
...
Sie dürfen sich nicht in Aufläufe, seien sie privater oder öffentlicher Art, mischen, weder bei Festen noch bei anderen Geschäften.
...
Niemals sollen sie im Bett furzen.
...
Sobald Ruhe befohlen ist, dürfen sie kein Wort sprechen ...
Viermal im Jahr sollen sie die Haare schneiden lassen.
Sie dürfen nicht versäumen, den der sich vergeht, anzuzeigen.
...[82]

In Dortmund verbreitete der Lehrer Arnoldus Quitingius von der St.-Reinoldi-Schule mit seinem Schauspiel *Kinderzucht* aus dem Jahre 1591 neue Glaubenssätze für die häusliche Erziehung.

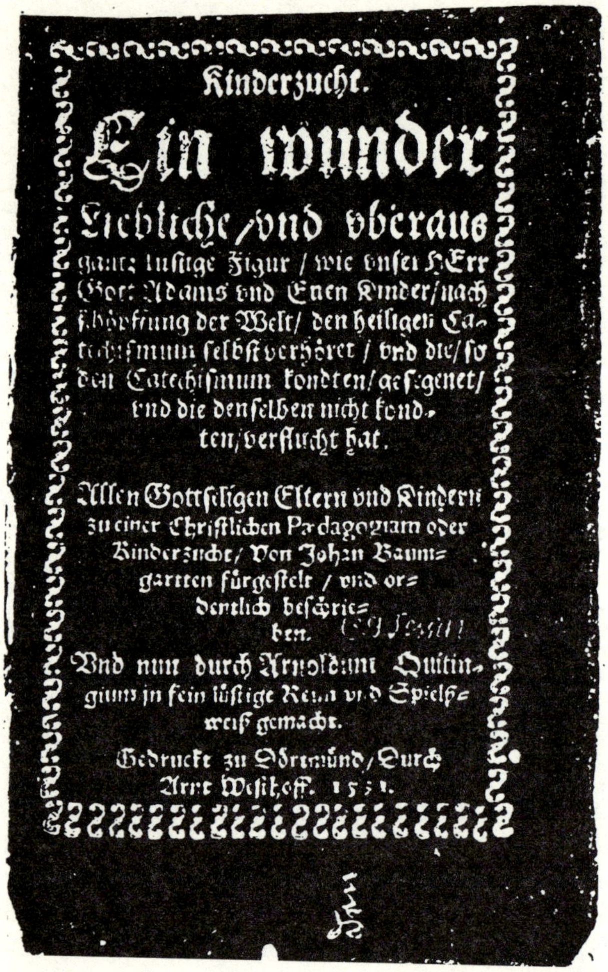
Kinderzucht.
Ein wunder
Liebliche / vnd überaus
gantz lustige Figur / wie vnser HErr
Gott Adams vnd Euen Kinder / nach
schöpfung der Welt / den heiligen Ca-
techismum selbst verhöret / vnd die / so
den Catechismum kondten / gesegnet /
vnd die denselben nicht kond-
ten / verflucht hat.
Allen Gottseligen Eltern vnd Kindern
zu einer Christlichen Paedagogiam oder
Kinderzucht / Von Johan Baum-
garten fürgestelt / vnd or-
dentlich beschrie-
ben.
Vnd nun durch Arnoldum Quitin-
gium in fein lüstige Reim vnd Spielß-
weiß gemacht.
Gedruckt zu Dörtmund / Durch
Arnt Westhoff. 15[illegible]

Gott erscheint dabei persönlich auf der Bühne, wie aus dem Titel ersichtlich. Er fragt Adam und Eva nach ihren Kindern.

Abel tritt dann mit seinen Freunden auf, sie kommen von der schweren Arbeit auf dem Felde nach Hause. Der Liebe Gott fragt sie, ob sie den Katechismus fleißig gelernt hätten. Nachdem sie sich einer Prüfung hatten unterziehen müssen, stellte Gott erfreut fest, daß sie brav gelernt hätten.

Gott rufft allhie den Abel / Seth / Enos / Jared / Debora und Colmana zu sich, hertzt und küst sie / und redt sie auffs freundtligst an / und sagt zu jn (ihnen):

Ach jhr außerwelten Kinderlein /
Jr mich die aller Libsten seyn.

Nun kommt der Bruder Kain mit seiner "Rotte" heim. Gott hat es nicht so einfach mit ihnen, denn sie haben nicht wie Abel und seine Freunde gearbeitet und den Katechismus gelernt.

Kain / Nabal / Nathan / Dathan / Lucifer / Japhet / Cham / Jabet.

Kain:
Wolan Brüders wie willn (wollen) *wird machn*
Ein jeder radt das best zur sachn /
Willn wir unsen Eltern volgen thon (Folge leisten) /
Oder bei der Werelt bleiben stahn /
Sie predigen viel von unsrem Gott /
Wie der kan hilffen in der nott
Und thun uns mit der hellen schrecken.

Naball:
Was seyd jr doch nur böse Geckn /
Last jr euch so liecht verschern (übertölpeln) /
Dran thu ich mich gar nicht kehren /
Man predigt viel von unsrem Gott /
Wie der kan hilffen in der nott /
Und wil uns seynen Himel gebn /
Odr wie mans nent / das ewig lebn /
Er gib mir ein gut Schür (Scheune) *mit Korn /*
Und ein Kist voll Golts / ohn zorn /
Und auch ein grossen Kellr voll Wein /
Darzu ein junges Megdelein /
Das ich damit meyn willn müg han /
So wil ich jm den Himl wol lahn (überlassen) /
Glaub nicht das die Hell (Hölle) *sey so heis /*
Wie uns gesagt wird mit fleis /
...

Gott zu Kain:
Und kanst noch den Catechismuß nicht /
Phu Dich (schäm dich), *du schlimmer Bösewicht /*
Den andern sollstu (sollst du) *jn habn glirt* (gelehrt)
Und weist davon selbst nicht ein wort /
Du bist doch gar ein Romanist /
Ein Bepstler (Päpstler) *und ein Antichrist /*
Der widr Gott und seyn Wort gleubet
Und sich gar nichts darein übet /
Troll dich hinauß / du gruhr (arger) *Bösewicht /*
Und macht euch bald auß meim (meinem) *gesicht.*

...

Gott wendet sich zu Adam und Eva, schnaubet die auch grewlich (greulich) *an / schilt unnd straffet sie gantz hefftich / das sie nicht fleissiger auff jren Eltesten Son gesehn unnd sp(richt):*

Seht jrs (ihr's) *nur wol so geht es zu /*
Wenn die Eltern jr Kinder also /
Gar zu lieb haben / wie gemeinlich (allgemein) /
Die ersten / warven man warlich /
Zu halten pflege neun Lection (neue Lehre) /
Und lesst jn (ihnen) *jren willen han* (haben) /
Straffn und lehrnen jn nicht ein meit /
Jn jhrer blöhender junckheit /
Wenn die dann nun in jhrem sinn /
Erwachsen also ymmer hin /
Lauffn hin und wieder auff der strassn /
Und willn sich nicht underweisen lassn /
So müssen denn jr Eltern sehn /
Was für Leut aus jn erstehn (entstehen) /
Als nemlich Gotloß Schelck unnd Buben /
Welch sich in allr boßheit uben /
Ders dan frey wol durffen wagen /
Jr Eltern umb den Kopff schlagen /
Darumb vermahn ich euch all beyd /
Das jr nun mehr nach dieser zeyt /
Ein fleissige auffsicht habn auff sie /

Die Kinder sollen also angehalten werden, nicht mehr in den Gärten und auf den Wällen herumzulaufen, sondern den Katechismus auswendig zu lernen.

Es kommt nun auf Disziplin und Gehorsam an. Kinder sollen arbeitsam werden und den Müßiggang (das Spielen) scheuen.

"Arbeit macht frei!"

"Haresis Dea". Die Göttliche Häresie. Ende des 16. Jh.

DER KAMPF DER TUGEND MIT DER WOLLUST

Die neue Zeit mit ihrer Nüchternheit, Sachlichkeit und Frauenfeindlichkeit zeigt sich in den Dortmunder Theaterstücken.

Nach Gründung des Archigymnasiums änderten sich die Spiele in jeder Hinsicht. Es traten keine Laien mehr auf, sondern die Schüler des Gymnasiums führten auswendiggelernte lateinische Schauspiele vor. "Wir wissen, daß bei solchen Gelegenheiten 6-8jährige Knaben 2-300, 12-13jährige 8-900 lateinische Verse lernten."[83]

Die Zuschauer mußten schon dieser Sprache mächtig sein, um einem solchen Schauspiel folgen zu können.
"Es werden "züchtige Komödien" geschrieben, moralische lehrhafte Stücke mit biblisch-legendären Stoffen ... die kirchlich-bürgerlich erziehen."[84]

Ein neues Frauenbild, das in den Köpfen und Bäuchen der Männer entsteht, soll den Frauen aufgenötigt werden.

Für diese neuen Dramen drei Beispiele:

*Der Kampf der Tugend mit der Wollus*t ist der Titel eines Dramas, das von dem Dortmunder Humanisten Jacob Schöpper 1545 verfaßt und – wie die nachfolgenden – in lateinischer Sprache geschrieben und von den Schülern des Gymnasiums aufgeführt wurde.

"Der Prolog erklärt, daß V o l u p t i a die Welt, V i r t u s dagegen die Kirche sei, und das Argumentum: Voluptia schicke ihre Diener Apitius und Epicurus in die Welt, um sich selbst Einlaß zu verschaffen; dabei wird sie von der Virtus angegriffen, und es entspinnt sich ein heftiger Kampf, in welchem die Virtus nur dadurch siegt, daß Gott ihr die J u s t i t i a zu Hülfe sendet."
Im weiteren Verlauf "mißhandeln Voluptia und ihre Anhänger die Tugend auf das Gröblichste und halten unter dem Gesang von Distichen einen Siegestanz; darnach ergehen sich V.1 die Anhänger der Tugend in leeren Klagen über das Schicksal ihrer Herrin. Der Schluß ist außerordentlich matt. Der Epilog empfiehlt das Stück um seines moralischen Zweckes willen, am Ende entschuldigt sich der Verf. wegen einiger metrischen Freiheiten. Das Stück wurde 1546 in Köln bei Mart. Gymnicus, 1552 in Dortmund bei Phil. Maurer, 1602 in Halle bei Joach. Kruseken aufgelegt, scheint also doch im Geschmack des Zeitalters gewesen zu sein."[85]

Das zweite Drama, auch von Schöpper (1544), schildert die Geschichte von Johannes dem Täufer und den zwei lüsternen und mordgierigen Frauen Herodias und Salome.
Im ersten Akt predigt Johannes der Täufer zum Volk.
Daraufhin lassen sich viele taufen.
Im zweiten Akt treten die Pharisäer auf und beschimpfen Johannes als einen *dreifachen Galgenstrick*. Herodes kommt mitsamt seinem Hofstaat. Er ist von der Bußpredigt berührt und will sich bessern.
Im dritten Akt tritt Herodias auf. Sie erscheint als eine hysterische Frau, die sich nicht mehr genügend von ihrem Gatten geliebt fühlt. Als Liebesbeweis fordert sie den Kopf des Johannes. Nach einem Kuß wird Herodes schwach und willigt zerknirscht ein.
Im vierten Akt erfährt Johannes von diesem schrecklichen Vorhaben.
Fünfter Akt: Herodes bewundert die Standhaftigkeit des Johannes im Gefängnis, beklagt die Feindschaft seiner Gemahlin gegen Johannes. Er beschließt, ein Fest zu geben. Auf dem Fest wird getrunken, getanzt und gelacht. Salome, die Tochter der Herodias, tanzt und umgarnt den Herodes. Er ist von ihr so betört, daß er schwört, ihr einen Wunsch zu erfüllen. Auch sie verlangt – wie ihre Mutter – den Kopf des Johannes. Herodes muß nun wohl oder übel diesem Begehren nachkommen. Als der Kopf des Johannes hereingetragen wird, *freut sich Herodias, Herodes aber fühlt Schmerz.*[86]

Das dritte Beispiel zeigt uns Abrahams Opferbereitschaft und Sarahs "Mutterliebe". Die Aufführung fand im Jahre 1551 statt.
Im ersten Akt erscheint Abraham auf der Bühne. Er spricht zu sich selbst über Gottes Auftrag, seinen Sohn Isaak zu opfern. Dann geht er zu seiner Frau Sarah *und fordert sie auf, ihre Besorgnisse als dem Fleisch entstammend, durch den Geist niederzukämpfen. Sarah ergibt sich darein.* Ein Chor stimmt an: *Prüfungen sind väterliche Erziehungsmittel und als solche nothwendig.*[87]

Im zweiten Akt werden die Klagen eines Knechtes laut. Sie werden aber verglichen mit denen "eines Schulknaben über erlittene zuweilen zuhöchst wohltätige Prügel". Die "Pünktlichkeit" der Knechte wird von Abraham gelobt.
Vierter Akt: Die beiden Knechte "wundern sich über die Härte, mit der Abraham seinen Sohn, mit so schwerer Last beladen, den Berg hinaufzuschicken nöthigt." Abraham setzt zum Todesstoß an. Da erscheint der Engel und lobt Abrahams Gehorsam gegenüber Gott und entbindet ihn von seinem Auftrag.
Im fünften Akt kommt die "Macht der Mutterliebe" zum Ausdruck. Sarah verfällt in Betrübnis, sorgt sich, bricht in Klagen aus. Sie schickt Leute aus, die Abraham und Isaak entgegengehen sollen. Sie bittet, die beiden zu suchen. Sie ist von Furcht und Hoffnung hin- und hergerissen. Sie bekommt ein niedergebeugtes Aussehen. Sie zweifelt zuerst an der guten Nachricht, doch dann eilt Isaak schließlich in die Arme seiner Mutter zurück. Der Chor singt: *Je größer ein Leid, um so größer die folgende Freude.*[88]

Salome empfängt vom Henker das Haupt des Johannes

In den alten Theaterstücken war Fröhlichkeit, Übermut, Klamauk und Witz zutage getreten. Belehrung spielte hier nicht die große Rolle.

In den neuen Stücken dagegen wird großes Gewicht auf pädagogische Unterweisung gelegt. Es sind ernsthafte, mit erhobenem Zeigefinger aufgeführte Dramen: Die Frau Welt bedroht die Mutter Kirche. Ausgerechnet Gott schickt die Justitia; diese muß der Kirche zu Hilfe eilen, damit sie nicht untergeht. Das schlechthin Böse ist die Wollust. Die Lustfeindlichkeit der kommenden Jahrhunderte wird hier schon deutlich.

Auffallend sind die Frauenrollen in diesen Lehrstücken: Einerseits treten die männermordenden, sexuell attraktiven Herodias und Salome auf, andererseits die sich sorgende, selbstlose, gehorsame mütterliche Sarah. Darin spiegelt sich genau das zukunftsweisende bürgerliche Bild der Frau wider.

Salome übergibt es ihrer Mutter Herodias

"O, DORTMUND! DURCH NIEDERUNGEN IN DIE WISSENSCHAFT!"

MAGIE - WISSENSCHAFT - ABERGLAUBEN

Für die Menschen des Spätmittelalters war die Welt voll von geheimnisvollen und bedrohlichen Mächten. Sie fürchteten sich vor ihnen und versuchten, durch magische Praktiken mit ihnen in Verbindung zu treten und sie günstig zu stimmen.

Dafür gibt es in den Dortmunder Chroniken zahlreiche Beispiele.
In dem folgenden Text aus der Chronik des Johann Kerkhörde (vom 17. Juni 1433) spüren wir die Angst der Menschen:

... do was een duesternisse, de waerde wol so lange dat men wol gespraken hedde veer Miserere; und men sa an dem hemmel vele schoner sterne; und do de duesternisse vergink, do scheen de sonne suverlicken wedder an, und was schone wedder. Up denselven dach was des 27 jaer, dat oek ene duesternisse was, des morgens tuschen 6 und 7 uren, de was duesterer und korter dan dusse; sunder dusse leste duesternusse was nochtant wol so lecht, dat men wal gelt getalt hadde up der straten mit nouwem gesichte; sonder de eerste was so duester, dat de hoenere lepen in die huse, die lude verschreckeden, und de hueslude, de holt op dem markede vele hadden en konden der peerde nicht geseien; alle lude vruchteden. Dit waerde wol lank een Miserere to spreken; sonder it was to male verschriklich allen menschen und beesten.[89]	Da (nach 3 Uhr nachmittags) war eine Finsternis, die währte wohl so lange, daß man wohl vier Miserere (Gebete) gesprochen haben könnte; und man sah am Himmel viele schöne Sterne. Und als die Finsternis verging, da schien wieder die Sonne säuberlich, und es war wieder schön. Und am selben Tag war das im Jahr 27, daß auch eine Finsternis stattgefunden hatte, morgens zwischen 6 und 7 Uhr, die aber kürzer und dunkler war als diese; vielmehr war diese letzte außerdem wohl so leicht, daß man wohl Geld hätte zählen können auf der Straße mit genauem Sehen; dagegen war die erste so dunkel gewesen, daß die Hühner in die Häuser rannten, die Leute aufschreckten und die Hausleute, die Holz auf dem Markt feilhielten, ihre Pferde nicht *geseien* (vermutlich: im Zaumzeug halten bzw. zügeln) konnten; alle Leute fürchteten sich. Die währte wohl so lange, um ein Miserere zu sprechen, aber es war allzumal erschreckend für Menschen und Tiere.

Kerkhörde erzählt aus dem Jahre 1438:

It was dure tijt; de wijn was verdorven, broet was dure aver al de werlt. It was langes den Rijn grote pestilenzie. 12 quarte wijns gulden langes den Rijn 1 gulden. De schrift segede, wannes nijen jaers dach queme up enen godenstach, so worde alle dink dure; also wast nu duer: koern, wijn, was, honich, vlees, kese, eckeren, botter, alle etenspise; nochtans was allet ous vurg.[90]	Es war eine teure Zeit; der Wein war verdorben (schlecht gediehen), Brot war teuer überall in der Welt. Es gab längs des Rheins eine große Pestilenz (schwere Seuche, nicht unbedingt gleichbedeutend mit der Pest). 12 Quart Wein galten längs des Rheins (so viel wie) 1 Gulden. Die Schrift sagt, wenn der Neujahrstag auf einen Wotanstag (Mittwoch) kommt, so werden alle Dinge teuer; also waren nun teuer: Korn, Wein, Wachs, Honig, Fleisch, Käse, (Buch-)Eckern, Butter, alle Speise zum Essen; außerdem war alles aus den Fugen (wörtlich: aus den Furchen).

Bei dem Stadtschreiber Dietrich Westhoff finden wir folgende Beispiele dafür, wie die Dortmunder mit Naturgewalten umgingen. Über das Jahr 1459 heißt es in seinem Bericht:

Uf der Bruggestraten binnen Dortmunde seint in dissem vurß jaer van grotem ungelucke vijftein huser gebrant, und man genk mit dem hilligen sacrament gegen dat vuer mit groter devotion und innigen gebedde, und ist gedaelt worden.[91]	Auf der Brückstraße sind in diesem vorerwähnten Jahr aus großem Unglück fünfzehn Häuser abgebrannt, und man ging mit dem heiligen Sakrament gegen das Feuer (d.h. man machte eine Brandprozession) in großer Demut und mit innigem Gebet, und es ist eingedämmt worden.

1517:

Am dage Elisabet was in dussem jaer ein groet brant uf der echtersten Kampstraten binnen Dortmunde, und dwile die wint in den westen was, so sloeg dat vuer in Sanct Catharinen kloester. Aver der preister ist mit dem werdigen hilligen sacrament darbij komen, heft dat vuer als ein gehorsam element gedaelt, ja der wint sich umbgedaen in suden und smeet dat vuer uet der stat, und also die umbligende huser gereddet und van vuer gereddet worden, gode lof![92]	Am Elisabeths-Tag war in diesem Jahr ein großer Brand auf der hintersten Kampstraße innerhalb von Dortmund, und dieweil (während) der Wind nach Westen ging, so schlug das Feuer ins Sankt-Katharinen-Kloster. Aber der Priester ist mit dem würdigen heiligen Sakrament hinzu gekommen, hat das Feuer wie ein gehorsames Element eingedämmt (wörtlich: schwach gemacht), ja der Wind hat sich gedreht nach Süden und schmiß das Feuer aus der Stadt, und so wurden die umliegenden Häuser bewahrt und vor dem Feuer gerettet, gottlob!

1548:

Dis jaers vielen crueze b l o d i g u n d a n d e r manigerlei varve in der menschen hemede und der vrouwen doecher, des sich die menschen nicht wennich verwundert und sich bevruchteden, dat demselvigen grote gots wrake volgen solte, wie ouch gevolget, want van der tijt an bis am hutigen 1548 jaer alle boesheit, varicheit, jamer und unvelucke ogenschijntlich und in der daet vorhanden gewessen und sint. Nu vint ich in etlichen schriften, dat solche blodige crueze uf der vrauwen doecher gevallen im jaer 1501, und derselviger tijt to Unna etliche over disch ettende uf die tafel gevallen sein.[93]	Dieses Jahr fielen Kreuze b l u t i g (rot) u n d a n d e r e r mancherlei Farbe in der Menschen Hemden und der Frauen Tücher, wessen sich die Menschen nicht wenig verwunderten und (weshalb) sie befürchteten, daß demselben (Geschehen) großes "Würgen" (Ungemach) (als Strafe) Gottes folgen werde, wie es auch erfolgte, denn von der Zeit an bis zum derzeitigen Jahr 1548 sind alle Bosheit und Gefahr, aller Jammer und alles Unglück augenscheinlich und in der Tat vorhanden gewesen und noch da. Nun findet man in etlichen Schriften, daß solche blutigen Kreuze auf der Frauen Tücher im Jahr 1501 gefallen sind, und zur selben Zeit sollen in Unna etliche am Tisch Essende auf die Tafel gefallen sein.

Zu Beginn der Neuzeit veränderten die Humanisten und Aufklärer dieses Weltbild ganz und gar. Gefühle wurden nebensächlich; sie meinten, die Welt sei rational zu erklären und zu beherrschen.

Diese Wandlung zeigt sich für Dortmund deutlich in der Chronik Detmar Mulhers. Im Gegensatz zu Kerkhörde und Westhoff werden bei ihm die Naturgewalten Sturm, Donner und Blitz sachlich und nüchtern beschrieben:

1602:

Donner thut Schaden

Den 11. Junii jegen den Abendt ist alhie zu Dortmundt ein gewaltig Donnerwetter gewesen mit Blixem und Schlagregen und hat in der Westen-Pforten Thurn durch den Tach einen Balken inzwey und an der Schloßpforten zweymahl durchgschlagen, wie im gleichen durch S. Petri-Kirchthurn und am Uhrwerck etweß verletzt. Es ist auch ein groß Stuck Fewers vom Hemmel auf das Bolwerck bey der Westenpforten, etwa der Windenmullen-Bergh genandt, gefallen und ein halb viertheil stunds gebrandt.

1603:

Starcker Windt

Den 14. und 15. Octobris, war die Nacht zwischen Dingstag und Mitwoch, ist alhie binnen Dortmund ein geschwinder und starcker Wind gewesen, der trefflich großen Schaden an Tächeren gethan, viel Bohme im Vorste umbgeworfen.

1604:

Donner und Blixen

Den 6. Decembris ist ein gewaltiger Donner und Blixen gewesen, mit vielem Hagel vermischet.[94]

1610
Den 12. Aprilis abents nach acht Uhr biß zu neun Uhr hat ein Hu-Hu oder Schuffauß auf der Franciscaner-Kirchen gesessen, gerufen und gehuhuhet.

Zwei Ungeheuer

Das Feld hat Augen, der Wald hat Ohren

Wie sich damit auch die Einstellung dieser Chronisten gegenüber den Frauen geändert hat, zeigt die folgende Gegenüberstellung:

Westhoff schildert im Jahre 1532 eine Mißgeburt:

Ouch ist dis jaer umb Mitsommer to Lunen uet einer wertinnen "im Swanen" genant, der huesher Wessel Finige geheiten, ein swart monstrum ader wunderlich dink geboren mit 2 voten plat unden und groenechtig in gestalt gosevoten, anstat der armen beider seiden stechen, gestalt als arme, in dem vleesche gewassen, glijch ein arme an einem potte, tuschen dem vleische holde, 2 ogen vur der borst. Wort ter stund, als it geboern was, begraven; die vrauwespersone solte sich jegen got versprochen hebben. Gott weit al dink. Hiruet quam ein gemein sprukwort, dat to Lunen ein junk duvel geboren weer.[95]	Auch ist in diesem Jahr um den Mittsommer zu Lünen von einer Wirtin (der Wirtschaft) "Im Swanen", deren Hausherr Wessel Finige geheißen hat, ein schwarzes Monstrum oder wunderliches Ding geboren worden mit 2 Füßen, platt unten und grauenhaftig in Gestalt von Gänsefüßen, anstatt der Arme an beiden Seiten steckten – Gestalt wie Arme – in das Fleisch gewachsen gleich einem Henkelarm von einem Topf, zwischen dem Fleisch "holde" (eventuell: geneigt), 2 Augen vor der Brust. Wurde zur selben Stunde, in der es geboren war, begraben. Die Frauensperson soll sich gegen Gott ausgesprochen haben. Gott weiß alle Dinge. Hieraus kam ein allgemeines Sprichwort, daß zu Lünen ein junger Teufel geboren sei.

Diese Nachricht von Westhoff hat Detmar Mulher 60 Jahre später übernommen, aber auf außerordentlich interessante Art und Weise verändert:

Die Frawe solte im zornigen Gemuet sich versprochen haben jegen ihren Man, sie wolte, dass sie einen lebendigen Teuffel zur Welt brächte. Hirauss ist ein Sprüchwort kommen: zu Lünen sei ein jung Duvel geboren.[96]

Westhoff berichtet also, *die vrauwespersone solte sich jegen got versprochen hebben*. Das Weib war ungehorsam gegen G o t t . Bei Mulher wird daraus ein Ungehorsam gegen den M a n n .

Anstelle Gottes tritt hier der Mann. Wer dem Mann widerspricht, widerspricht auch Gott, dem Allmächtigen!

Detmar Mulher fügt außerdem noch hinzu, *die Frawe ... wolte, dass sie einen lebendigen Teuffel zur Welt brächte;* daraus spricht auch ein Unverständnis gegenüber Frauen: Keine Frau möchte einen Teufel zur Welt bringen. Frauen sind bei ihm zu allen Übeln fähig.

Die Anschauungen, die wir bei Kerkhörde und Westhoff vorfinden, waren ein Teil der Volkskultur. Mit Hilfe dieser Volkskultur versuchten die Menschen damals, wirkliche oder eingebildete Gefahren zu erklären und damit fertigzuwerden. Vieles war für sie einfach unerklärlich, und sie versuchten, das für sie Bedrohliche zu besänftigen und zu beeinflussen. E i n Mittel zur Versöhnung war das Zaubern und Hexen.

"Dieses Denksystem bewahrte die Menschen in einer Zeit größter Überlebensnöte vor der Verzweiflung, denn weder Staat noch Kirche konnten dem Volk praktische oder auch nur psychische Sicherheit bieten. Dank eines Weltbildes und der daraus abgeleiteten Praxis, die wir verächtlich als Aberglauben bezeichnen, schufen sich die Bauern diese Sicherheit selbst. Aus diesen Ausführungen dürfte verständlich werden, warum die Hexerei im gesamten Abendland während des Jahrtausends, das man gemeinhin als Mittelalter bezeichnet, einen so wichtigen Platz einnahm: Sie ist Ausdruck einer magischen Weltvorstellung, die die Anpassung an äußerst schwierige Lebensbedingungen ermöglichte."[97]

Zur Zeit Detmar Mulhers bildete sich langsam ein ganz anderes, neues Weltbild heraus. Das Geheimnisvolle und Wunderbare verschwand. Angst und Furcht sind scheinbar weg, denn er weiß ja angeblich genau, wie alles zusammenhängt. Alles schien erklärbar zu sein.

Deshalb war Mulher auch der Meinung, daß die Chronik Kerkhördes *de superfluis a me castratum* (von mir von Überflüssigem gereinigt) sei [98].

Gefühle spielen bei ihm keine Rolle mehr. Er berichtet ohne innere Anteilnahme über alles, gleich ob es um eine Münzordnung oder um die Verbrennung unschuldiger Frauen geht.

Detmar Mulher hat das Dortmunder Archigymnasium besucht[99]. Aus der Dortmunder Schulordnung geht eindeutig hervor, welches Denken und Verhalten die Knaben dort lernten.

Als Kartograph, Genealoge, Heraldiker, Notar und Jurist genoß Mulher in Dortmund den Ruf eines Wissenschaftlers[100]. Auf dem Titelblatt seiner Chronik steht dieser Spruch:

O, Dortmund! Durch Niederungen in die Wissenschaft! O! Mit wieviel Schwung strebt Dortmund in die Wissenschaft! Es hat bisher das Land Westfalen keine ähnliche Schule. [101]

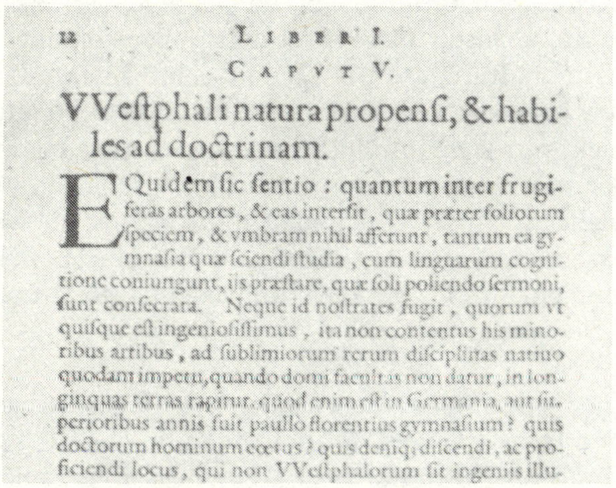

12 LIBRI I.
CAPUT V.

VVestphali natura propensi, & habiles ad doctrinam.

EQuidem sic sentio : quantum inter frugiferas arbores, & eas intersit, quæ præter foliorum speciem, & vmbram nihil afferunt, tantum ea gymnasia quæ sciendi studia, cum linguarum cognitione coniungunt, iis præstare, quæ soli poliendo sermoni, sunt consecrata. Neque id nostrates fugit, quorum vt quisque est ingeniosissimus, ita non contentus his minoribus artibus, ad sublimiorum rerum disciplinas natiuo quodam impetu, quando domi facultas non datur, in longinquas terras rapitur. quod enim est in Germania, aut superioribus annis fuit paullò florentius gymnasium? quis doctorum hominum coetus? quis deniq; discendi, ac proficiendi locus, qui non VVestphalorum sit ingeniis illu-

Aus dem Jahre 1616 stammt das Buch "Paneg yricus die natali Academiae Paderbornensis Theodoro episcopo oblatus". Es beginnt: "Westphali natura propensi et habiles ad doctrinam – Die Westfalen sind von Natur aus für die Wissenschaft empfänglich"

Die Methoden der Wissenschaftler beschreibt Francis Bacon (1561-1626) in seinem Buch *Über die Würde und den Fortgang der Wissenschaften* sehr anschaulich:

Vorbilder sollen Bergleute und Schmiede sein. Der *eine untersucht die Eingeweide der Natur*, der *andere bildet die Natur gleichsam über dem Amboß aus*[102]. Den Zusammenhang von Wissenschaft und Gewalt können wir nicht deutlicher machen.

Bergleute

Schmiede

"Wir nehmen an, daß das Seelenleben die Funktion eines Apparates ist, dem wir räumliche Ausdehnung und Zusammensetztung aus mehreren Stücken zuschreiben, den wir uns also ähnlich vorstellen wie ein Fernrohr, ein Mikroskop u. dgl."
(Sigmund Freud, Abriß der Psychoanalyse)

"Es gibt freilich einen anderen und besseren Weg, indem man als ein Mitglied der menschlichen Gemeinschaft zum Angriff auf die Natur übergeht und sie menschlichem Willen unterwirft. Man arbeitet dann mit allen am Glück aller." (Sigmund Freud, Das Unbehagen in der Kultur)

Zwischen den Schilderungen Kerkhördes und Westhoffs einerseits und Mulhers andererseits liegen Welten. Hier das Leben m i t der Natur, dort das Bestreben nach Macht ü b e r die Natur.

Wenn ein Mensch im Mittelalter oder ein Indianer "einen Regentanz tanzt, erwartet er keine automatische Antwort. Hier geht es nicht um eine unbrauchbare Technologie, sondern er lädt die Wolken ein, ihm Gesellschaft zu leisten, mitzumachen, auf die Anrufung zu antworten. Eigentlich bittet er sie, sie lieben zu dürfen, und wie jeder normale Liebende auch mögen sie dazu in der Stimmung sein oder auch nicht. S o a r b e i t e t d i e N a t u r . Durch diesen Ansatz lernt der Eingeborene die Wirklichkeit der Situation kennen, die Stimmungen der Erde und der Himmel. Er gibt sich hin ... Im Gegensatz dazu läßt die westliche Technologie die Wolken durch das Flugzeug verkümmern. Sie nimmt die Natur mit Gewalt, "meistert" sie, läßt sich keine Zeit für Stimmungen oder Feinheiten, und so bekommen wir mit dem Regen Lärm, Umweltverschmutzung und die mögliche Zerstörung der Ozonschicht. Anstatt uns in Harmonie mit der Natur zu bewegen, versuchen wir sie zu beherrschen, und das mit dem Resultat der ökologischen Zerstörung. Wer weiß denn nun mehr von der Natur, von der Wirklichkeit? Derjenige, der sie umarmt und liebkost, oder der, der sie mit Gewalt nimmt, sie belästigt, wie Bacon uns drängte?"[103]

Viele Leute sind der Ansicht, daß der "Aberglaube" im Mittelalter eine ganz schlimme Sache gewesen sei, daß aber die wissenschaftliche Weltsicht die richtige sei, auf die man sich verlassen könne.

Gewiß wünscht sich niemand in eine Zeit zurück, in der man auf viele uns heute selbstverständlich gewordene Hilfsmittel, die die Menschen erfunden haben, verzichten müßte. Aber damit zugleich setzte ein Feldzug zur Unterwerfung allen Lebens unter die Herrschaft der Maschine ein. Der Hochmut zu glauben, alles einem berechnenden Verstand unterordnen zu können, und etwa die Äußerung von Gefühlen als etwas "bloß Animalisches" abzutun, hat eine zutiefst lebensfeindliche Grundhaltung zur Herrschaft gebracht. Man(n) hat darüber "vergessen", daß die Natur für uns nicht nur etwas Äußerliches ist, das uns umgibt, sondern etwas, das uns innerlich ist, ohne das wir nicht atmen können. Jede Schnitte Brot, die wir essen, ist Natur. Die "Arroganz der Macht" derjenigen, für die alles meß- und machbar ist, ist ein Krieg gegen das Leben.

Die verheerenden Auswirkungen der Wissenschaft und Technik zeigen, daß die Annahme, der Mensch könne die Natur auf diese Weise besser verstehen und b e h e r r s c h e n , ein Aberglaube ist, aber einer, der den Menschen an den Rand des Abgrundes führt.

AUS BEGINENHÄUSERN WERDEN VERSORGUNGSANSTALTEN

Das Beginenwesen wurde mit Beginn der bürgerlichen Gesellschaft fast völlig ausgerottet. Nicht nur den Handwerkern waren diese selbständigen Frauen ein Dorn im Auge, weil sie oft billiger und besser produzieren konnten als ihre männliche Konkurrenz, auch der Papst ließ die Beginen als Ketzerinnen verfolgen und ermorden, da sie es sich unter anderem zur Aufgabe gemacht hatten, die Bibel ins Deutsche zu übersetzen.

Ebenso sind die Dortmunder Beginen offensichtlich auf den Widerstand der Handwerker gestossen, denn 1433 heißt es bei Kerkhörde:
In dussem jaer worden vergadert alle biginen tosamen in den Koelgaerden.[108]
Demnach muß sich ihre Zahl schon vorher verringert haben, die übrig gebliebenen wurden in den Kohlgarten "vergattert" (d.h. dort zusammengefaßt). Dieses Stift wurde nach der Reformation evangelisch und unterstand der Reinoldikirche.
Die Schwestern erhielten zudem 1485 eine Art Statut von der Stadt. Danach durften nur noch *Kinder von Bürgern* in das Stift aufgenommen und dort eingekleidet werden, nachdem sie sich zuvor auf das Statut hatten verpflichten lassen. *Jede soll einbringen: 6 Marck, ein Fuder Holz, 3 Schilling in die Küche, 6 Pfennige der Magd, den Jungfern ein Viertel Weins und ein Tafellaken von 16 Ellen Länge, den Vormündern ein Viertel Weins.* Außerdem durfte eine Begine ab jetzt nicht mehr zu Hochzeiten oder in die Stadt gehen (außer die Oberin hatte es erlaubt) und mußte von *ehelicher Geburt* sein, um überhaupt dem Orden beitreten zu dürfen.
Die Folge war, daß nur noch begüterte Frauen und Mädchen in das Stift aufgenommen wurden. Dem eigentlichen Ziel der Beginen, nämlich Unabhängigkeit und Selbstbestimmung, machte der Dortmunder Rat mit diesem Statut ein für allemal den Garaus.
Und so wundert es denn nicht, daß nach der Reformation das Beginenhaus endgültig in eine Versorgungsanstalt für unverheiratete bürgerliche Töchter umgewandelt wurde. Mit *Beginen* im ursprünglichen Sinn hatte das nichts mehr zu tun.
Aus dem Haus der *Jungfrowen vom Koelgaerden* war jetzt das *Kohlgartenstift* geworden.
Die Frauengeschichtsgruppe "Spinnennetz" hat in Erinnerung an die Dortmunder Beginen an dem ehemaligen Stift Zum Kohlgarten an der Helle eine Gedenktafel angebracht. Auch sind in den letzten Jahren noch stattliche Geldbeträge aufgetaucht, die die Beginen erwirtschaftet hatten. Dieses Geld war nach der Auflösung des Kohlgartenstiftes zur Unterstützung für arme, evangelische, tugendsame Jungfrauen bestimmt. Die Geschichtswerkstatt Dortmund hat seinerzeit vorgeschlagen, dieses Geld an das Frauenhaus in Dortmund zu geben. Doch in der neuen Satzung vom 21.2.86 heißt es wiederum, nun mehr bestehe die Möglichkeit "alleinstehenden (unverheirateten, verwitweten od. geschiedenen) unterstützungswürdigen, bedürftigen evangelischen Dortmunder Bürgerinnen einmalige Beihilfen in besonderen Lebenslagen aus Stiftungserträgen zu gewähren". (§ 2, Abs. 3) Das Stiftungsvermögen (am 31.12.85 waren es 1.270.257,81 DM, § 3 Abs. 1) bleibt weiterhin unangetastet, da die Unterstützungen nur aus den "Erträgen" (also wohl den Zinsen) genommen werden dürfen.

DIE HEILKUNDE DER FRAUEN WIRD VERNICHTET

Nicht nur das Beginenwesen wurde von Männern seines Zwecks beraubt und langsam ausgerottet. Ähnlich wie den Schwestern erging es den Hebammen und Ärztinnen. Hebammen lassen sich seit Beginn des 14. Jahrhunderts in den Städten namentlich nachweisen. Bis zum Ende des 14. Jahrhunderts durften sie frei praktizieren. Ab dann setzten verschärft Kontrollen ein, und die Hebammen wurden eidlich verpflichtet. Mitte des 15. Jahrhunderts wurden sie durch eine Hebammenordnung der städtischen Aufsicht unterstellt, und zudem mußte jetzt ein Arzt bei der Geburt dabei sein. Die Übernahme von wissenschaftlich-theoretischer, aber auch praktischer Geburtshilfe durch den Mann machen auch die seit dem 16. Jahrhundert verfaßten Hebammenbücher von Männern deutlich (ein früher Vorläufer ist das von Albertus Magnus verfaßte Werk *Von der Heimlichkeit des weiblichen Geschlechts*, das dem neuen Zeitgeist so recht entsprochen haben dürfte). Doch diese Bücher waren sehr ungenau. Deshalb versuchten die Männer, ihre mangelhaften Kenntnisse bei den Hebammen und Weisen Frauen (sages-femmes heißen noch heute die Hebammen in Frankreich) zu erweitern. Doch weil diese sich weigerten, wurden sie durch die neue Hebammenordnung der Auskunftspflicht unterworfen. Hebammen waren auch die ersten Frauen, die als Hexen auf den Scheiterhaufen verbrannt wurden[104].

WIE DIE LEBENSLUST VOM RAT VERBOTEN WURDE

Eingeschränkt wurden in Dortmund mit dem Entstehen der bürgerlichen Gesellschaft im 15. und 16. Jahrhundert besonders die Lebenslust, die Freude am Feiern und die emotionalen Äußerungen der Menschen. Zänkereien in der Öffentlichkeit wurden durch Gesetze ebenso streng verboten wie übermäßiger Alkoholgenuß oder Ehebruch. Für Frauen fielen die Strafen, die sich die gelehrten Herren im Rat ausgedacht hatten, in den meisten Fällen härter aus als für Männer.

Streitende Weiber z.B. waren den Gesetzgebern ein Dorn im Auge. Deshalb bestimmten sie in den Dortmunder lateinischen Statuten: *Wenn zwei Weiber mit einander streiten, sich schlagen oder mit Worten beleidigen, was "verkorne wort" genannt wird, so sollen sie zwei Steine, die mit einer Kette zusammenhängen, und die beide einen Centner wiegen, durch die Länge der Stadt auf gemeinsamer Strasse tragen. Die eine soll sie zuerst von dem östlichen Thore der Stadt zum westlichen tragen und die andere sie mit einem eisernen, an einem Stocke befestigten Stachel antreiben, und beide sollen in ihren Hemden gehen. Dann soll die andere die Steine auf die Schulter nehmen und zum östlichen Thore zurücktragen, und die erste wiederum soll sie stacheln.*

Hatte aber ein Mann einen anderen beschimpft, beleidigt oder geschlagen, mußte er der Obrigkeit sechs Ohm Wein bringen, der von den Herren auf seine Gesundheit getrunken wurde[105].

Auch bei Ehebruch mußte die Frau mit erniedrigenden Strafen rechnen:

Den 31. Julii (1606) *sein alhie wegen begangenen Ehebruchs der rode Cordt Puetman, ein Schneider, in den Thurn an dem Sonnenschein und Maria Baumeisters in den Juden-Thurn gefencklich hingesetzt. Den 16. Augusti sein sie beyde der Gefenckniß erledigt und hat Cordt Puetman aus dem Gerichte bloßen Haubtz ein bloßes Richteschwehrt auf das Rhadthaus bey den sitzenden Rhadt tragen mussen, daselbst, auf seine Knie fallend, Gnade seines Lebens gebetten. Das Weib aber hat die Schandtsteine aus dem Gerichte biß an den Kaeck oder Pranger getragen. Sein beyde von dem Nachrichter an ihre Hauser begleitet; ihr ist gleichwohl auch eine Geldstrafe auferlegt.*

Die Schandsteine, von denen Mulher spricht, bestanden aus zwei flaschenförmig oder rund gehauenen Steinen mit einem Gesamtgewicht von etwa 3/4 Zentnern. Verbunden waren diese Marterinstrumente durch eiserne Bügel, die insbesondere Frauen, die zuvor am Pranger gestanden hatten, um den Hals gelegt wurden, und diese wurden anschließend vom Stadtknecht durch die Straßen getrieben[106].

Der Mann kam in diesem Fall glimpflicher davon als die Frau. Sie mußte sich durch das Tragen der Schandsteine dem öffentlichen Gespött der Leute aussetzen und zudem noch eine Geldstrafe zahlen, während der Ehebrecher nur vor dem Rat Abbitte zu leisten brauchte.

Im Jahre 1548 mußten die *Weiber und Konkubinen* Dortmund wie auch andere Orte bei Androhung "hoher Pein" und Strafen verlassen[107]. Unter diese Verordnung fielen die Konkubinen der Mönche. Der Rat versuchte, durch diese Maßnahme den katholischen "Gottesmännern" die "Unzucht" auszutreiben.

Hier ist zu sehen, daß mit dem Entstehen der neuen bürgerlichen Gesellschaft zwar härtere Strafen für Frauen erdacht wurden, die sich nicht in die ihnen zugedachte Rolle der tugendsamen, braven Hausfrau und Mutter fügen wollten, doch gab es immer noch solche, die sich darum nicht scherten und die machten, was s i e wollten. Solche Frauen spielten mit dem Beginn der Hexenverfolgungen nicht nur in Dortmund mit ihrem Leben.

Öffentliche Zurschaustellung "zänkischer Weiber"

GOTT SPRACH: DEIN WILLE SOLL DEINEM MANNE UNTERWORFEN SEIN, UND ER SOLL DEIN HERR SEIN. (1. MOSES 3, 16)

Wie schon geschildert, waren im Spätmittelalter viele Frauen selbständig und selbstbewußt. Im 16. Jahrhundert wollten die Männer keine selbstbewußten und aufmüpfigen Frauen. Die Frauen sollten h ä u s l i c h sein:

Die rechten vnd eigentlichen wyberwerck vssenthalb obgemelter huses vnd kinderen radtsame / sind spinnen / wäben / näyen / würcken / etc. Damit vnd darinn sollend sich die wyber stäts üben / vnd nit vff der gassen hin vnd här zelten / inn fensteren zgaffen / stäcken / oder sunst ligen oder sitzen vnd fulen. Dann das wyb niemer vß dem huß herfür kommen sol / onet wenn sy die vnuermydenlichen hußgeschäfft heruß trybend. Darumm hat Phydias der herrlich bildschnitzer der trüwen redlichen hußmuoter bild vff ein schneggen oder schiltkrotten gesetzt / die enthaltet sich ouch allwegen in jro hüßli oder schalen / vnd streckt jren kopff vnd jre füßle niemer herfür / dann allein wenn es die lybs notturfft erhöuscht. Vnd wenn das wyb schon heruß gadt / sol sy nit allenthalben gstell machen / das dantlähen empfahen / sonder fruotig das jren schaffen / vnnd bald widerumb dem huß zuo ylen. (gstell machen = herumstehen; das dantlähen = geringer)[109]

Weibliche Gestalt mit einem Schlüsselbund, Finger am Munde, auf einer Schildkröte

Tugenden der Hausfrau
Der Fuß ruht auf einer Schildkröte, die rechte hält den Schlüssel, die andere Hand ist frei, um das Gehege der Zähne zu verschließen. Die Hausfrau soll sich nicht überall herumtreiben und ihre Zeit nicht mit nichtigem Kram vertun. Ihr ziemt die Sorge für die Erhaltung des Gutes.[110]

Zu diesem Bild heißt es (1559):

Es hat aber der treffliche kluge Meister dadurch wollen anzeigen / Das einer Hausmutter lobe fürnemlich in zweyen dingen stehe / als in vorschwiegenheit / und fleissiger Haussorge / dann die Schnecke / (oder Schildkröte) keine stimme von sich gibt / vnd kreucht nimmerst aus jrem Haus / Dauon sie dann bey den Griechen PHEREOIKOS das ist Haustregerin genant wird / Vnd so sie sich was befürchtet / so zeuhet sie sich in einander vnd kreucht gar in das Haus. Also sol auch ein Hausmutter inn dem Hause herumb kriechen / vnd dasselbe tragen / vnd so sie heraus siehet / sol sie nicht fern vber die Viehestellen / Hoff vnnd Garten sehen / Diss sind die Zwinger und Mawren / so das Königreich oder Herrschafften einer Hausmutter beschliessen / Vnd so sie sich was zubefahren hat / sol sie wissen / das sie nirgent wird sicherer sein / dann daheim in Jhrem Hause / Also reimet sich fein auff das bildt / was ich anher gesagt habe. (...)[111]

Schließlich heißt es noch:

Vnd ist aber ein vnhußlich wyb vil ein grössere vnd gwüssere verderbung / dann ein vnnützer mann: wiewol man ouch recht spricht /[112]

Dieses Hausmütterchen soll u n k r i t i s c h und dem Mann u n t e r t a n sein:

Die Frau darf nicht leichtsinnig dem eigenen Urteile folgen und infolge ihrer geringen Vertrautheit mit den Wissenschaften und der Litteratur Falsches für wahr, Verderbliches für heilsam, Thörichtes für wertvoll halten. Sie muß überhaupt wißbegierig sein, um besser zu leben. Im Urteil

Kinder baden

Waschen

Geflügel rupfen

Deutsche Spielkarten. Kpfr. Ende des 16. Jahrhunderts

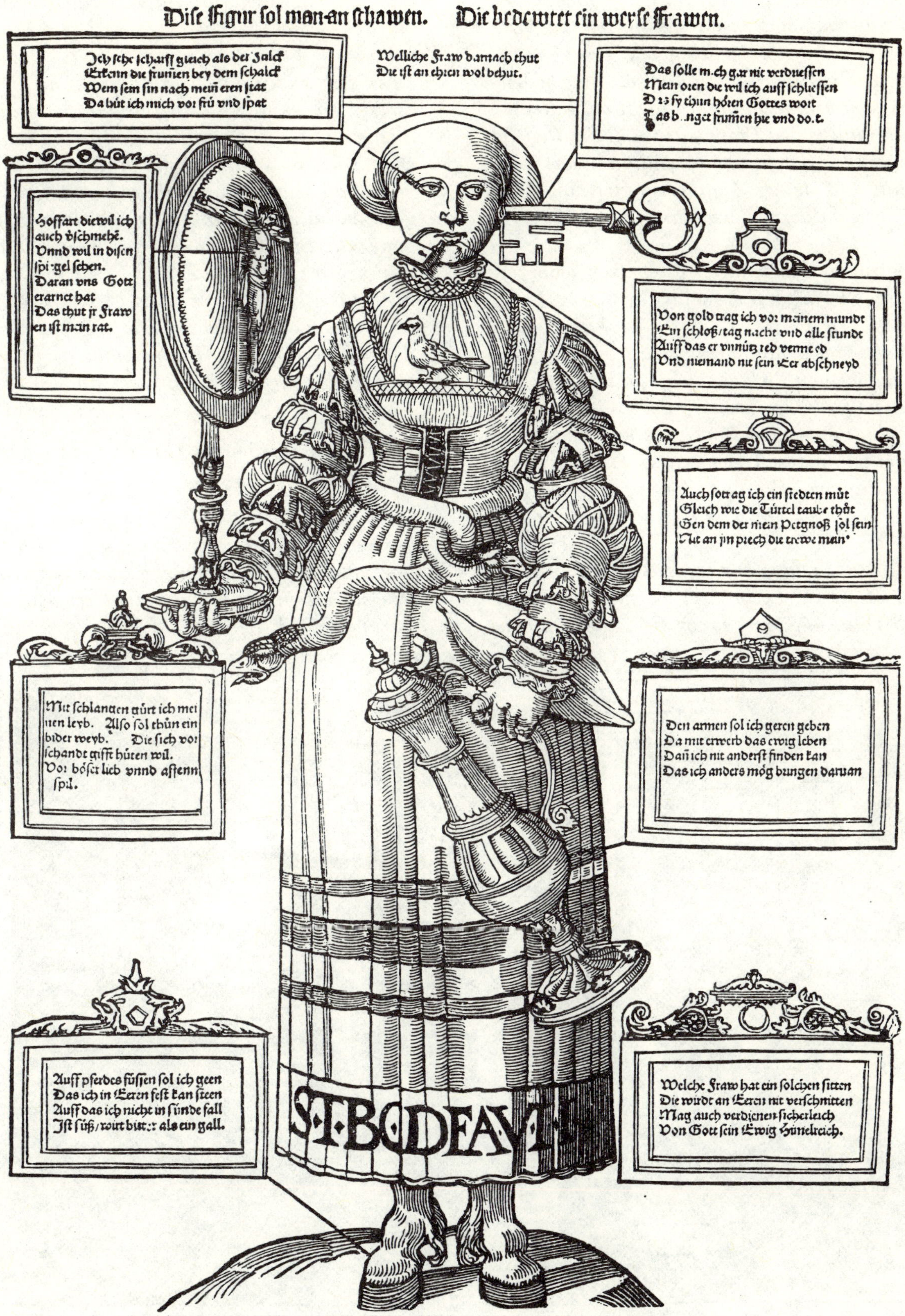

Figur einer weisen Frau
Holzschnitt von etwa 1530-1533

aber soll sie vorsichtig sein und sich nicht über Zweifel äußern, sondern das festhalten, was die Kirche mit ihrer Autorität billigt oder das übereinstimmende Urteil der Besten. Sie soll stets bedenken und sich erinnern, daß es nicht ohne Grund ist, wenn Paulus den Frauen das Amt des Redens und Lehrens in der Kirche vorenthalten hat, sondern will, daß sie den Männern unterthan seien und schweigend lernen, was ihnen not thut.[113]

Die Ehefrauen sollen ihren Ehegatten jederzeit im Bett verfügbar sein:

Wenn sich eines dem anderen selbst beraubt, daß es die ehelichen Pflichten nicht zahlen noch bei ihm sein will, als man wohl findet so ein halsstarriges Weib, das seinen Kopf aufsetzet und sollte der Mann zehnmal in Unkeuschheit fallen, so fragt sie nicht danach: Hi ist Zeit, dass der Mann sage, willst du nicht, so will eine andere; will Frau nicht, so komme die Magd. So jedoch, daß der Mann ihr zuvor zwei- oder dreimal sage oder warne sie und lasse es vor die Leute kommen, daß man öffentlich ihre Halsstarrigkeit wisse und vor der Gemeinde strafe. Will sie dann nicht, so lasse sie von dir und lass dir eine Esther geben und die Vasthi fahren, wie es König Ahasverus tat. Denn im Verlöbnis gibt eines dem andern sein Leib zum ehelichen Dienst. Wo nun eines nicht will und sich sperrt, da nimmt und raubt es seinen Leib, den es gegeben hat, dem andern. Da ist dann eigentlich wider die Ehe und die Ehe zerrissen. Darum muss hier die weltliche Obrigkeit das Weib zwingen oder umbringen. Wo sie das nicht tut, muß der Mann denken, sein Weib sei ihm genommen von Räubern und umbracht und nach einer andern trachten. (Luther)[114]

Die Frauen werden zu Gebärmaschinen degradiert:

Denn eyn weibs bild ist nicht geschaffen jungfrau tzu syn,sondern kinder zu tragen. ... Ob sie sich aber auch müde und zuletzt (daran) todt tragen, das schadt nicht, laß nur todt tragen, sie sind darum da. (Luther)[115]

Der Weiberhaupt-Arzt. Satire auf die bösen Weiber. Rechts trifft ein Esel mit Körben voll eigensinniger Weiberköpfe ein, welche die Schmiede umzugestalten versuchen. Aber sie stöhnen bei ihrer Arbeit , und wenn die Köpfe auf eine veränderte Gestalt erhalten, so bleibt doch ziemlich alles beim Alten. Kpfr. 17.- Jahrhundert.

DOKTOR MARTIN LUTHER UND DIE HEXEN

Dr. Martin Luther hat sich im Laufe seines Lebens mit den Frauen und auch den Hexen beschäftigt. In Predigten, Schriften und in seinen berühmten Tischgesprächen kam er immer wieder darauf zu sprechen. Er führte u.a. aus:

Mägdelein lernen eher reden und gehen als Knäblein, weil das Unkraut immer schneller heraus wächst als das gute. Also werden Jungfrauen auch eher reif zu freien, als die Gesellen.[191]

Martin Luther predigt:

Auf Erden ist keine größere Plage als ein bößes, eigensinniges, wunderliches Weib. Darum spricht Salomo, ein Land wird durch dreierlei unruhig und das vierte kann es nicht ertragen: einen Knecht, wenn er König wird, einen Narren, wenn er satt ist, eine Feindselige, wenn sie geehelicht wird, und eine Magd, wenn sie die Erbin ihrer Herrin wird.[192]

Wo der Teufel nicht hinkommt, da kommt sein Weib, d.h. die Hexe hin. Die Hexen soll man töten, denn sie verüben Diebstahl, Ehebruch, Raub und Mord. Etliche meinen wohl verächtlich, die Hexen könnten solches nicht tun. Allein sie können es ganz gewiß, freilich mit Hilfe des Teufels. Der Teufel könnte morgen die Elbe über unsere Stadt hinströmen lassen; alle Bäume könnte er mit den Wurzeln ausreißen, wenn Gott es ihm gestattete. Bisweilen erlaubt ihm Gott etwas, damit wir sehen, was der böse Feind vermag, und damit wir vom Gebete nicht ablassen. Ein mir bekannter Prediger hat einmal verächtlich davon gepredigt, als ob die Hexen solche Dinge nicht vollbringen könnten. Da bezauberten sie ihn, daß er sterben mußte. Man müsse daher nicht mit Verachtung, sondern mit dem Schwerte gegen sie vorgehen. Noch einmal, sie richten vielfältigen Schaden an.

D e s h a l b t ö t e m a n s i e , n i c h t n u r , w e i l s i e S c h a d e n a n r i c h t e n , s o n d e r n a u c h , w e i l s i e m i t d e m T e u f e l U m g a n g h a b e n.[193]

"Lutherausgabe. Im Frühjahr 1526 predigte Luther über Ex. 22, 18: *Die Zauberinnen sollst du nicht leben lassen. Zunächst wirft er die Frage auf, warum das mosaische Gesetz vorzugsweise von den Frauen redet, da doch das Verbrechen der Zauberei auch bei den Männern vorkomme.* Der Grund davon, meint er, ist in dem Umstande zu suchen, daß *die Frauen diesem teuflischen Aberglauben mehr ergeben seien. Schon Eva habe sich ja vom Teufel verführen lassen.* Sodann handelt er von der *Bestrafung der Hexen. Man töte sie!* erklärte er auf der Kanzel. *Es ist ein sehr gerechtes Gesetz, daß die Hexen getötet werden; sie richten vielerlei Schaden an. Sie können Milch, Butter und alles andere aus einem Hause stehlen, indem sie an einem Handtuch, Tisch oder Stiel melken, dabei das eine oder andere "gute" Wort sprechen und an eine Kuh denken. Da bringt dann der Teufel Milch oder Butter zu dem Gerät herbei, an dem sie melken. Sie können auch ein Kind bezaubern, daß es fortwährend schreie und nicht mehr esse noch schlafe.*[194]

Martin Luther als Mönch

"Am 25. August 1538 kam die Rede wieder auf die Hexen, wobei Luther von einer recht sonderbaren Teufelsaustreibung erzählte, die der Wittenberger Stadtpfarrer Johann Bugenhagen (Pomeranus) einmal vorgenommen hatte. In der großen deutschen Tischredensammlung, die Aurifaber 1566 herausgab, wird der Vorgang folgenderweise geschildert:

Anno 1538, den 25. August, ward viel geredet von Hexen und Zauberinnen, die Eier aus den Hühnernesten, Milch und Butter stehlen. Sprach D. Martinus: mit denselben soll man keine Barmherzigkeit haben. Ich wollte sie selber verbrennen, wie man im Gesetz liest, daß die Priester angefangen haben, die Übeltäter zu steinigen.... [195]

Darum kann der Teufel durch seine Huren und Zauberinnen, den armen Kindlein viel Schaden tun, als mit Herzdrücken und Blindheit... [196]

Deshalb töte man sie, nicht nur weil sie Schaden anrichten, sondern auch weil sie mit dem Teufel Umgang haben.

Die Hexen sind ... die bloßen Teufelshuren, die da Milch stelen, Wetter machen, auff Bock und Besen reytten, die Kinder ynn Wigen marttern, die ehlich Gliedmaß bexaubern und desgleychen ... Mit Hexen und Zauberinnen soll man (also) keine Barmherzigkeit haben. Ich wollte sie selber verbrennen. [197]

Isabelle Wenge

Der wohlachtbare Rat führt einen Kreuzzug gegen Dortmunder Frauen

WIE ES ANGEFANGEN HAT

Dietrich Westhoff berichtet aus dem Jahre 1451:
Dis jaers groef man to Dortmunde under der galge ein wijf umb irer toverige willen levendig.
Dieses Jahr begrub man zu Dortmund unter dem Galgen ein Weib wegen ihrer Zauberei bei lebendigem Leibe.

In der Dominikanerchronik heißt es nicht *Zauberei*, sondern *furtum in causa*, Diebstahl[116]. Darum ist es nicht ganz gewiß, ob die Frau als eine Hexe oder als eine Diebin bezeichnet wurde. "Auf dem Richtplatz waren die Dominikaner für die Spendung des letzten Trostes zuständig."[117]

Wir neigen deshalb mehr zu der Annahme, daß sie eine Diebin war, weil die Dominikaner hiernach näher am Geschehen waren.

Bei Westhoff finden wir im Jahre 1514 erneut etwas über Zauberinnen:
Binnen Dortmunde worden ouch 3 toverschen dinstaegs vur Petri und Pauli gesat, und ein jaer lang gesetten, aver lestlich der gevenchnusse entlediget.
In Dortmund wurden auch drei Zauberinnen am Dienstag vor Peter und Paul verhaftet und blieben ein Jahr lang in Haft. Aber letzten Endes sind sie aus dem Gefängnis entlassen worden.

Die in dem Pentagramm (magisches Heilsymbol ursprünglich) knieende Frau soll eine Hexe beim Verzaubern einer Kuh darstellen. Holzschnitt 1486

Im selben Jahr soll es in Recklinghausen 11 *molkentoversche* (Frauen, die den Kühen die Milch entziehen) gegeben haben, die *sodan enen versturten wind im vergangen jaer angerichtet solten hebben.*[118]
Außerdem sollten sie den schlimmen Frost verursacht haben, der vom 1. November 1513 bis zum 24. Januar 1514 dauerte und alle Wassermühlen stillstehen ließ[119]. Eine von ihnen ist aus dem Gefängnis ausgebrochen und danach über Bövinghausen nach Hörde gekommen. Sie wurde in Hörde gefangen, wieder nach Recklinghausen zurückgeschickt und dort mit den anderen verbrannt[120].

Später, im Jahre 1535, soll eine Margarete Tydemanns wegen angeblicher Zauberei lebendig verbrannt worden sein.[121]

Viele Jahre später, 1567, wird eine Frau als *melckentoversche* bezeichnet:

Die Hexenmahlzeit

Ratsbekundungen in Strafsachen. 1567.
...
(3) Die E.R. beorkundet, dat Margarete Scheinhofs uf g(naden) eines E.R. verschinen, dat sie Jurgen Wilden huissf(rowe) tho Brechten uth hastigem mode vor ene melckentoversche gescholden hefft.
(4) Anna Wilde beorkundet, dat Margareta Scheinhofs over dat werf des gerichtes bekennet, dat sie van ehr gemelter Annen nicht anders wette, als van einer fromer frauwen, und wass sie gesacht, dasselvige sy uth hastigem mode geschein.
...
(6) Die E.R. beorkundet, dat Rotger Rechelman und meister Berndt van Brechten gelovet heben vor Margareten Scheinhof vor iren broche, den gemelten E.R. ehr ufleggen wirt.[122]

(3) Das Ehrbare Ratsgremium hält urkundlich fest, daß Margarete Scheinhofs auf Verlangen eines Mitglieds des Ehrbaren Rates hin (vor dem Rat) erscheinen mußte, weil sie die Frau von Jürgen Wilde in Brechten aus Wut als eine Molkentoversche beschimpft hatte.
(4) Anna Wilde beurkundet, daß Margareta Scheinhofs vor der Gerichtsversammlung zugegeben habe, daß sie von der vorher genannten Anna nicht anderes wisse, als daß diese eine gottesfürchtige Frau sei, und daß die Äußerung, die sie (über diese) gemacht habe, in einem Anfall von Wut geschehen sei.
...
(6) Das Ehrbare Ratsgremium beurkundet, daß Rotger Rechelman und Meister Berndt aus Brechten sich für Margarete Scheinhofs guten Leumund verbürgt haben, den der Ehrbare Rat wieder herstellen wird.

Hier ist es noch so, daß nicht die Beschuldigte verurteilt wird, sondern diejenige, die sie beschimpft hat, vor den Rat zitiert wird.

Zwölf Jahre später hat ein junges Mädchen "behauptet, vom Teufel besessen zu sein, gegen welches man das von einem Arzt verordnete Mittel *zwei kräftige Rütlein* nicht angewendet. Man habe das Mädchen vielmehr in ein Kloster gethan, wo anscheinend Besserung eingetreten, denn das Mädchen habe gebeichtet, am andern Morgen habe dasselbe aber eine Nonne ermordet."[123]

Was aus dem Mädchen geworden ist, wissen wir nicht. Aber daß man sie zunächst zu einem Arzt geschickt hat, scheint vernünftig gewesen zu sein. Der Vorschlag des Arztes wurde aber noch nicht angenommen.

An diesem Beispiel zeigt sich, daß hier noch menschlich gedacht und gehandelt wurde.

DIE SCHEITERHAUFEN BRENNEN

1581 BRINGT DER RAT DIE ERSTE "HEXE" UM

Im Jahre 1581 begann in Dortmund die erste mörderische Verfolgungswelle.

Anno LXXXI am III Maii.	Im Jahre 1581 am 3. Mai
Annen Coesters de Behaf(ti)nne visentiert od. besocht, ist ... nach der Gelegenheit des Raidts guedtlich, darnach ethw... dorch vorgenommene Tor(tur) ze scharpftz underfragt. Sagt und bekenth, das ihr von dem Kinde vor der Zeith als sie jungestlich im Rathsgericht gewessen, niemals anmeldunge geschehn, vilweniger bey dessen Leben darbey gefordert worden. Sagt und bekenth, das ein Weib die Korthe Anna genandt zu ihr in den torne komen, sie angereddet und befragt, wie es ihr genge, darauf hette sie ihr geandtwordt, als Godt und die Leuthe wollen. Dar hette dieselb Anna weither gesaget, dae sie von ir als auch der Zauberey bedacht, ethwas wüsste, mochte sie woll sagen. Dweil sie nu vo derselbigen kein wissens, ohne das ihr Man Joest genandt ein Pödter, so konne sie auch nit boeses vo derselben sagen. Doch hirus allernhals gantz unbestendigs geredt. Hait sich lestlich, allen verdacht der Zauberey zu benemen, sie uff das Wasser zu werffen gebetten und gewiligt. (Stadtarchiv Dortmund, Bestand 1, Nr. 10807)	Annen Coesters, die Verhaftete, aufgesucht bzw. besucht, ist nach der Gelegenheit des Rats gütlich, danach ... durch vorgenommene scharfe Tortur befragt. Sagt und bekennt, daß ihr von dem Kinde vor der Zeit, als sie jüngst im Ratsgericht gewesen, niemals Mitteilung gemacht worden, (und daß sie noch) vielweniger zu dessen Geburt dazu gerufen worden sei. Sagt und bekennt, daß ein Weib, die Korthe Anna genannt, zu ihr in den Turm gekommen, sie angeredet und gefragt habe, wie es ihr ginge. Darauf habe sie ihr geantwortet, wie es Gott und die Leute wollen. Da habe dieselbe Anna weiter gesagt, wenn sie von ihr (der Anna Korthe) als auch der Zauberei beschuldigt etwas wisse, möchte sie es wohl sagen. Da sie davon aber kein Wissen habe, außer daß ihr Mann Joest ein Töpfer sei, so könne sie auch nichts Böses von derselben sagen. Doch ... ganz unbeständig geredet. Hat letztlich, um allen Verdacht der Zauberei zu beseitigen, gebeten und eingewilligt, daß sie aufs Wasser geworfen wird.

Aus diesem Protokoll ersehen wir, daß in Dortmund gefoltert worden ist, daß die Anna Coesters vermutlich eine Hebamme war und ihr wohl Kindsmord vorgeworfen wurde.

Detmar Mulher schildert den weiteren Verlauf des Prozesses:
Den 19. April, als Anna Cüsters öffentlich der Zauberei beschuldigt und deshalb sie und ihr Beschuldiger im Gerichte erschien, und der Ankläger auf seine Beschuldigung verhört, und Bürgen gestellt, sie aber keine Bürgen stellen oder bekommen können, ist sie aus dem Gerichte auf st. Catharinenturm gefänglich hingesetzt, und darauf am 5. Juni morgens um 6 Uhr auf den Kuckelkemühlenteich durch die Examination des Wassers probiert und durch den Scharfrichter kreuzweise an beide Daumen und Zehen gebunden, dreimal auf das Wasser geworfen, hat jeder Zeit geschwommen, und also eine Zauberin erkannt, und deswegen folgende Nacht peinlich im Diebskeller nur durch Daumeisen versucht, und als sie auf freie Füsse gestellt, freiwillig alles heraussagen wollen, in Beisein der Cammerarii, Stockmeister, Gerichtsschreiber, Frohnen und Scharfrichters hat ihr der Teufel den 6. Juni des Morgens den Hals umgedreht und sie erstickt, und folgendes den 7. Juni auf den Stadtkarren vor das Gericht geführt und zum Brand verurteilt, auch ferner im Westen vor der Pforten zu Pulver verbrannt.[124]

Anklage, Befragung und Vorwürfe gegen eine *Hexe* gibt Anke Wolf-Graaf wieder:

"... die Hebamme steht vor dem Richter, der die Anklage verliest:

Handgeschriebenes Protokoll der Vernehmung Anna Coesters

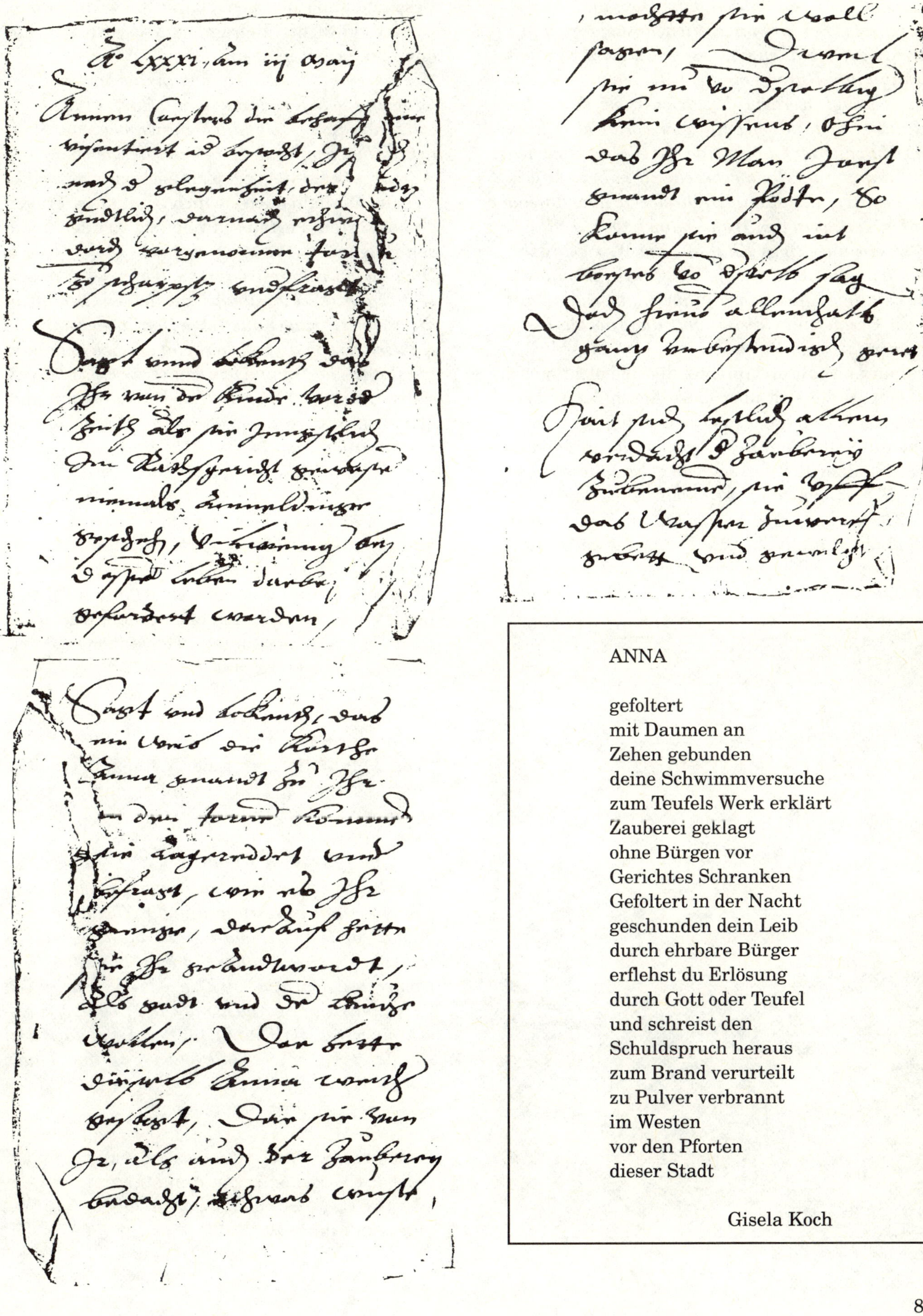

ANNA

gefoltert
mit Daumen an
Zehen gebunden
deine Schwimmversuche
zum Teufels Werk erklärt
Zauberei geklagt
ohne Bürgen vor
Gerichtes Schranken
Gefoltert in der Nacht
geschunden dein Leib
durch ehrbare Bürger
erflehst du Erlösung
durch Gott oder Teufel
und schreist den
Schuldspruch heraus
zum Brand verurteilt
zu Pulver verbrannt
im Westen
vor den Pforten
dieser Stadt

Gisela Koch

Gegenwärtige gefangene Weibsperson Walpurga Quendel wird beschuldigt, eine Hexe und Zauberin zu sein. Bei ihren nächtlichen Ausfahrten mit ihrem Teufelsbuhlen ist sie gesehen worden; ebenso kann ihre Hurerei mit dem Buhlen allein zweimal bezeugt werden. Desgleichen wird sie beschuldigt, dem Michel Klingler vor zwei Jahren eine Kuh auf der Gänseweide mit Salbe bestrichen und damit zum Tode gebracht zu haben. Außerdem soll sie der Kammerschreiberin Magdalena Seilerin etwas in den Trunk getan haben, wodurch diese ein unzeitiges Kind auf die Welt gebracht, was hernach tot war. Sie soll bei St. Leonhardt unschuldige Kinder ausgegraben haben, dann mit ihren Gespielen gefressen und die Knöchlein zur Zauberei verwendet haben.

Walpurga ist alt und fürchtet den Tod nicht mehr. So empört sie sich über diese Anschuldigungen. Sie sei eine Hebamme, und zwar zeit ihres Lebens eine gute gewesen. *Böse Zungen gibt es überall,* hält sie dem Richter entgegen, *besonders gegen den Hebammenstand. Wenn wir heilen oder wenn die Geburt gut vonstatten geht, erhebt sich keine Stimme; ist die Natur der Frau oder des Kindes aber zu schwach und kommen sie deshalb zu Tode, so war die Hebamme mit dem Teufel im Bunde.*

Mehr habe sie, Walpurga Quendel, nicht zu der Beschuldigung zu sagen. Daraufhin wird Walpurga einer gütlichen Befragung, also einem Verhör ohne Folter unterzogen.

Von wem hast du die Hexenkunst gehört und gelernt und was für Hexenkunst? Hast du auch gelernt, den Kühen die Milch zu nehmen oder Raupen zu machen, auch Nebel und dergleichen?

Walpurga bestreitet nochmals energisch, eine Hexe zu sein. Deshalb habe sie nichts auf diese Fragen zu antworten. Fortan schweigt sie zu allen anderen Fragen:

Hast du ein Bündnis mit dem Teufel geschlossen? Hat er eine Verschreibung mit deinem Blute von dir verlangt? Hat er auch eine Heirat oder nur eine Buhlschaft von dir begehrt? Hat er nach dem Pakt mit dir geschlafen und wie war sein Penis und sein Samen, kalt oder warm? Hat der Koitus mit dem Teufel dir bessere und größere Lust bereitet als mit einem natürlichen Mann? Hat er es mehrfach in der Nacht mit dir getrieben? Hast du dich auch wider die Natur versündigt mit dir selbst, mit Frauen, Männern oder Tieren?

Walpurga schweigt hartnäckig weiter. Auch als ihr nächtliche Ausfahrten, Wetter machen, Verhexen von Vieh und Gotteslästerung durch Entweihung von Hostien unterstellt werden. Daraufhin wird sie am nächsten Tag der peinlichen Befragung, also der Folter unterzogen."[124a]

Wie die Verhaftung der Frauen vor sich ging, wissen wir nicht. Detmar Mulher berichtet aber über die Inhaftierung zweier Männer. Bei der Gefangennahme der Frauen wird es ähnlich gewesen sein:

Den 10. Julii abentz umb sechs Uhren sein mit Gewalt und unversehens in Casparen Schwartzen Hof und Haus gefallen und in die Kuche kommen Johan Aleffs und Johan Westerman, beyde Gerichtzfrohnen, und haben Johan von Hovels ... Diener und Joachim von Klingenberg, ... gefangen genommen, ihme beyde Hande und Arme geschlossen, ein Eysen-Halßbandt angelecht, ihn nach dem Rhadhause gebracht und folgentz in den Thurn hinder S. Catharinen in den Stock geschlossen neben angelechtem Halßbande.[124b]

Da ist im Bericht des Chronisten Detmar Mulher über das Vorgehen gegen Anna Coesters von der Wasserprobe die Rede. Wie sah die aus? Was wurde mit ihr bezweckt?

Die Angeklagten wurden, wie Sribonius, ein Arzt und Philosoph, 1590 schrieb, *zu mehrer Erforschung der Wahrheit auff das Wasser geworfen, daß man sehen möcht, ob sie undergehen würden oder nicht.*

Zwar Hände und Füsse waren ihnen hart gebunden, die Kleider abgezogen. Auff folgende Weise aber wards Binden also angeschlagen:
Die rechte Hand war an der lincken grossen Zehen, und wiederumb die lincke Hand an der rech-

Deutscher Stich, 17. Jahrh.

ten grossen Zehen verknüpffet, daß sie sich mit dem ganzen Leibe gar nicht regen konndten.
Dreimal wurde eine Angeklagte ins Wasser geworfen:
Sey es denn Sach, daß sie oben schwimmt, hat sie Schuld.
Geht sie zu Grunde, so findet man an ihr keine Schuld. ...
Schwimmen sie dann, so sind sie Zauberinnen.
Dabei kam es vor allem auf die Beantwortung einer Frage an:
Nemlich auß was Ursachen die Hexen vor anderen Weibern oben schwimmen und nicht untergehen?
Die Vorstellung des Teufels als eines "bösen Engels, eines Geistes und Herrschers der Luft" löste die "Rätsel" der Wasserprobe. Denn:
Was leicht ist, lenket sich obwärts hin und eilet nach einem jeglichen hohen Orte, was aber schwer ist gehet niederwärts, will seiner Natur nach gerne am untersten Orte sein.
Denn es war klar,
daß der leicht und lufftig Geist in der Hexen Leibe wohnend, diesselbigen Leibe mit seinem geistlichen fliegenden und leichten Wesen auch viel leichter mache, wiewol andere Leute dasselbe nicht mercken können. ... Oder aber, daß er (der Teufel) sie mit seiner Lufft, welche er in sie wesentlich eingeschüttet und innen festgehäftet, daß sie durch die Leichte gehalten werden, und, ob sie wöllen oder nicht, oben schwimmen müssen.[125]

"Fast immer aber schwammen die Frauen; nur ausnahmsweise wurde den Betroffenen ein Absinken bescheinigt. 'Geflossen wie eine Gans' ist die stehende Redewendung. Gar nicht selten wird obendrein von krampfhaften Bemühungen der 'Hexen' berichtet, irgendwie unter Wasser zu kommen, z.B. indem sie versuchten, sich an den Haaren herunterzuziehen. Einmal heißt es gar, der Scharfrichter habe sie noch *salva venia für den Hintersten geschlagen* – ohne Erfolg. Die meisten Betrachter hielten diesen Vorgang für unnatürlich, für eine Folge der Zauberkunst der Delinquenten.
...
Gelegentlich sind Versuche unternommen worden, dieses Phänomen auf natürliche Weise zu erklären. Friedrich II. hielt das viele Einatmen von Luft für den Grund. Ein Gutachten der Leidener Professoren von 1594 erklärte das Schwimmen aus der kreuzweisen Bindung: auf dem gekrümmten Rücken lägen die Menschen wie Schiffchen ... Durchweg aber wird in der Literatur die ganze Erscheinung als betrügerische Manipulation der Henker aufgefaßt. Damit ist vorausgesetzt, daß ungefähr alle Scharfrichter ... sich bewußt am Massenmord beteiligt haben."[126]

Was bedeutet "durch vorgenommene scharfe Tortur befragt"?
Das folgende Protokoll gibt eine Antwort auf diese Frage.
Dabei handelt es sich in diesem Fall um keine besonders grausame Folterung, sondern um eine "ganz normale". Es stammt aus Marburg (1672):
Hieruff ist ihr nochmals das Urthel vorgelesen worden undt errindert worden, die warheit zu sagen. Sie ist aber bestendig bey dem leugnen blieben, hatt sich selber hertzhafft undt willig aussgezogen, worauff sie der Scharffrichter mit den handen angeseilet, hatt wieder abgeseilet, peinlich Beklagtin hatt geruffen: O wehe! O wehe! ist wieder angeseilet, hatt lautt geruffen: O wehe! O wehe! Herr im Himmel, komme zu Hülffe! Die Zähe sindt angeseilet worden, hatt umb rach geruffen, undt ihr arme brechen ihr. Die Spanischen Stieffel sindt ihr uff gesetzet, die Schraube uffm rechten Bein ist zugeschraubet, ihr ist zugeredet worden, die wahrheit zu sagen. Sie hatt aber daruff nicht geundtwordtet. Die Schraube uffm lincken Bein auch zugeschraubet. Sie hatt geruffen, sie kennte und wüste nichts, hatt geruffen, sie wüste nichts, hatt umbs jüngste gericht gebetten, sie wüste ja nichts, hatt sachte in sich geredet, sie wüste und kennte nichts. Die lincke Schraube gewendet, peinlich Beklagtin ist uffgezogen, sie hatt geruffen! Du lieber Herr Christ, komme mihr zu Hülffe! sie kennte und wüste nichts, wan man sie schon gantz todt arbeitete. Ist hoher uffgezogen, ist stille worden undt hatt gesagt, sie wehre keine Hexe. Die Schraube uffm rechten Bein zugeschraubet, woruff sie O wehe! geruffen. Es ist ihr zugeredet worden, die warheit zu sagen. Sie ist aber dabey blieben, das sie nichts wüste, ist wieder niedergesetzet worden, die Schrauben seindt wieder zugeschraubet. hatt geschrien: O wehe! O wehe! wieder zugeschraubet, uffm rechten Bein, ist stille worden und hatt nichts antwortten wollen, zugeschraubet, hatt lauter geruffen, wieder stille worden und gesagt, sie kennte und wüste nichts, nochmahls uffgezogen, sie geruffen: O wehe! O wehe! ist aber bald gantz stille worden, ist wieder niedergesetzt undt gantz stille blieben, die Schrauben uffgeschraubet. Es ist ihr vielfeltig zugeredet worden, sie ist dabey

Folterczene, Anonymes Flugblatt, 16. Jh.

blieben, dass sie nichts kennte oder wüste. Die Schrauben hoher undt zugeschraubet, sie lautt geruffen undt geschrien, ihre mutter unter der Erden solte ihr zu Hülff kommen, ist baldt gantz stille worden undt hatt nichts reden wollen. Hartter zugeschraubet, woruff sie anfangen zu kreischen undt geruffen, sie wüste nichts. An beyden Beinen die Schrauben hoher gesetzet, daran geklopfet, sie geruffen: Meine liebste mutter unter der Erden, o Jesu, komme mihr zu Hülffe! Am lincken Bein zugeschraubet, sie geruffen und gesagt, sie wehre keine Hexe, das wüste der liebe Gott, es wehren lautter Lügen, die von ihr geredet worden. Die Schraube am rechten Bein hartter zugeschraubet, sie anfangen zu ruffen: aber stracks wieder ganz stille worden. Hieruff ist sie hinausgeführet worden von dem Meister, umb ihr die Haere vom Kopf zu machen. Daruff er, der Meister, kommen und referirt, dass er das stigma funden, in welchem er eine nadel über gliedts tieff gestochen, welches sie nicht gefühlet, auch kein Blut herausgangen. Nachdem ihr die Haare abgeschoren, ist sie wieder angeseilet worden an handen und fuessen, abermahls uffgezogen, da sie geklagt undt gesagt, sie müste nun ihr liebes Brodt heischen, hatt lautt geruffen, ist wieder gantz stille worden, gleich als wan sie schlieffe. Indem fienge sie hartt wieder an zu reden. Die Schraube am rechten Bein wieder zugeschraubet, da sie laut geruffen, die lincke Schraube auch zugeschraubet, wieder geruffen, und stracks gantz stille worden, undt ihr das maul zugangen. Am lincken Bein zugeschraubet, woruff sie gesagt, sie wüste von nichts, wan man sie schon todt machete. Besser zugeschraubet am rechten Bein, sie gerischen, endlich gesagt, sie könte nichts sagen, man solte sie uff die Erde legen undt todt schlagen. Am lincken Bein zugeschraubet, uff die Schrauben geklopfet, hartter zugeschraubet, nochmahls uffgezogen, endtlich gantz wieder loes gelassen worden.

(gez.) J. Jacob Blanckenheim. *(gez.) Friderich Bauod.*
(gez.) J. Hirschfeld. *(gez. M.F. Rang.*[127]

Es ist merkwürdig, daß der Anna Coesters in Gegenwart von Ratsherren und Folterknechten der Teufel den Hals umgedreht und sie erstickt haben soll. Ähnliche Vorfälle hat es auch in anderen Städten gegeben, z.B. in Lemgo. Dort hat eine *Lisabeth Wippermann ganz richtig behauptet, wenn sie tot gemartert würde, alsdann sagte man, der Teufel hätte ihr den Hals gebrochen. Das war eine stehende Redensart in solchem Falle. Dabei forderte der richtende Rat das Publikum ganz bieder auf, sich durch Augenschein zu überzeugen, daß der Teufel – in Wirklichkeit war es der Knecht ...! – der Hexe den Hals umgedreht habe.*[128]

Über weitere Vorgänge aus demselben Jahr schreibt Detmar Mulher, daß am 17. August in Mengede beim Galgen Bernd Badde mit zwei Weibern enthauptet wurde. Auch sie hat man der Zauberei bezichtigt[129].

Ein weiterer Prozeß wurde gegen Gertrud Nevelings geführt. Einzelheiten wissen wir nicht, lediglich ist bekannt, daß sie am 23. Juli 1581 morgens um 5 Uhr aus dem Gropenbruche, wo sie wohnte, zum Kuckelkemühlenteich geführt wurde. Auch sie war der Zauberei angeschuldigt worden. Weil sie schwamm, wurde sie als Hexe verurteilt. Am 4. August hat man sie vor dem Westentor enthauptet[130].

Das Urteil gegen die Gertrud Nevelings schien den Brüdern Holdermann von Nutzen zu sein:

"Fünf Brüder, Hermann, Heinrich, Dietrich, Wilhelm und Johann H., zu einer Familie gehörig, die ein ansehnliches Bauerngut in der Grafschaft Dortmund besaß, waren als Blutsverwandte und Vertreter eines minderjährigen Kindes der Marie Dethmars Clowers, der Tochter ihrer verstorbenen Schwester, die in Leverinchausen an Clower verheiratet gewesen war, in einen Erbstreit eingetreten, der sich gegen die zweite Frau des verstorbenen Clower in Levringhausen richtete. Der Erbstreit war vor dem Erbvogte und den Hofesgeschworenen der neuntehalb Reichshöfe des Reichshofes Recklinghausen anhängig gemacht. Die fünf Brüder forderten von der zweiten Frau, der Clowerschen, Herausgabe bestimmter Erbstücke aus dem Nachlasse des Clower. Während der Streit schwebte, richteten die fünf Brüder an den Dortmunder Rat ein Schreiben, in dem sie obigen Sachverhalt auseinandersetzten, aber dann hinzufügten, die wegen Zauberei jüngst hingerichtete Gertrud Nevelinck habe, als sie in st. Catharinenturm saß, dem Herrn Berthold, Kaplan und Kirchherren zu Reinoldi, und zwar auf Bitten der fünf Kläger, bekannt, daß auch die Clöwersche mit Zauberei bewandt wäre. Dieses habe sie in Gegenwart des Gerichtsfronen und auch in dem peinlichen Verhör aufrechterhalten. Da nun aber die fünf Antragsteller gegen die Clöwersche eine rechtmäßige Forderung hätten, so meinen sie, daß zu dieser Forderung die Bekenntnisse der gerechtfertigten Zaubereien von der Clowerschen zu Leyveringhusen, *hir vor den Herrn Cammerarien und sieben Freien neben irem Beichtvater, wie oben vermelt, beschehen, sei nutzlich, thienstlich und ganss befurderlich zu unsem ahngefangenen Rechten – sein khan*, sie bitten also den Rat, zu Nutzen des elenden, minderjährigen Kindes, als Liebhaber der Gerechtigkeit, das Bekenntnis der hingerichteten Zauberin aus dem Protokoll mitzuteilen."[131]

Hier hört der Bericht auf. Wie es der Clowerschen weiter ergangen ist, wissen wir nicht. Detmar Mulher jedenfalls hat nichts von einer Verurteilung geschrieben. Wir gehen deshalb davon aus, daß der Rat trotz der Anzeige die Angelegenheit hat fallen lassen.

Die Verwandten als Ankläger wollten aus materiellen Interessen diese Frau aus dem Wege schaffen. Sie glaubten, mit einer Hexenanzeige könnten sie ihr Ziel erreichen.

1593: DAS JAHR DES SCHRECKENS

1593, 12 Jahre später, setzte eine zweite Vernichtungswelle ein, die noch brutaler und verbrecherischer war als die vorherige. Als Quelle steht uns der Bericht Rübels, der sich auf die Chronik von Detmar Mulher beruft, zur Verfügung. Außerdem finden sich bei Albrecht Brinkmann[132] zwei Stellen, die bei Rübel fehlen. Wir nehmen an, daß Brinkmann selbst Einsicht in das Original hatte.

Bei Rübel heißt es:
Am 8. Mai wurde auf Ratsbefehl auf dem Richthause Henrich Putman, genannt Frohripe, von Mengelinghausen gebürtig, auf den Judenturm und Carda Mana auf den Turm hinter st. Catharinen gesetzt. Beides waren Nachbarn und Nachbarin, wohnhaft in der Stubengasse, Frohripe hatte Carda Mana als Zauberin angeklagt und deswegen Fuß und Mal halten wollen. Beide wurden am 14. Juni morgens zwischen 4 und 5 Uhr auf den Mühlenteich vor der Kuckelkepforten zur Probe auf das Wasser geworfen. Henrich Putman als Ankläger, Karda Mana als Beklagte. Henrich fiel im Wasser zu Boden, Karda schwamm dreimal, zweimal kreuzweise an den Daumen und großen Zehen gebunden, zum dritten Male losgebunden, gleichwohl blieb sie oben. Den 26. Juni ist Carda Mana im Diebskeller unter dem

Rathause des Morgens früh tot gefunden und durch den Racher (Schinder) *vor der Westenpforte auf der Rachergrube begraben.*[133]

Was mit dem Henrich Putman geschehen ist, wird nicht überliefert. Vielleicht ist er ertrunken oder freigelassen worden.

Den Bericht des Detmar Mulher über Henrich Putmann und Carda Mana malt Ernst Fritz so aus:

"Da wohnte in der Stubengasse ein Heinrich Putmann, der aus Menglinghausen nach Dortmund gekommen war. Nachbarlich eng an das seine gedrückt stand das kleine Haus der Carda Mana, und die Bäume ihres Gartens griffen mit ihren Zweigen über den Zaun des Heinrich. Ich weiß nicht, ob Habgier ihm den unglückseligen Gedanken eingab, ob es der Wunsch war, das Nachbarhaus und dessen Garten zu seinem Besitztum zu schlagen, nur so viel steht fest, daß er nach dem Prozeß für ein paar Groschen das Gut der Carda Mana erwarb. Glück hat es ihm nicht gebracht, denn er geriet bald in Schulden und war eines

Stubengasse

Katharinenturm nach Mulher 1610 (von Süden)

Tages aus Dortmund verschwunden. Die Furien mögen ihn gehetzt haben, daß er nirgends mehr Ruhe finden konnte.
Dieser Mann also bezichtigte beim Rat der Stadt die Carda Mana der Zauberei. Er wollte es beschwören und Fuß und Mal halten, so sagte er aus, daß jede Nacht um Mitternacht lautes Gepolter in ihrem Hause zu hören sei, daß eine schwarze Katze vor ihrer Türe schreie, bis sie ihr öffnete, daß diese Katze sicher der Teufel sei, denn er habe einmal die Carda Mana in zärtlicher Umarmung mit einem fremden Manne gesehen. Auch wäre sie häufig des Nachts aus ihrer Esse geflogen, einmal auf einem Ziegenbock reitend, dann wieder auf dem Besenstiel.
Der Rat war anfangs mißtrauisch. Er zog Kläger und Beklagte gefänglich ein, sperrte ihn in den Judenturm und sie in den Turm hinter St. Catharinen. Da aber Heinrich nach vierwöchiger Haft noch bei seiner Aussage blieb, schritt der Rat zur Untersuchung. Am 14. Juni, morgens zwischen vier und fünf Uhr, wurden beide vom Scharfrichter an den Mühlenteich vor der Kuckelkepforten gebracht und zur Probe auf das Wasser geworfen.

Sie als die Beklagte wurde kreuzweise an den Daumen und großen Zehen gebunden. Er fiel im Wasser zu Boden, sie schwamm dreimal oben; damit hatte die Wasserprobe als Gottesurteil klar bewiesen, daß die Anklage zu recht erhoben und Carda Mana eine Hexe sei.

Heinrich Putmann wurde von einem weisen Rate belobigt ob seiner Wahrheitsliebe und freigelassen. Carda Mana aber wurde mehrmals vernommen und auch peinlich verhört. Ein altes Weiblein, daß Gott erbarm, das wahrlich dem Himmel näher war, als der Hölle. Sie verstand gar nicht, was man von ihr wollte; ich habe nie ein anderes Wort aus ihrem Munde vernommen, als "Ihr lieben Herren" und "O Gott, o Gott", und dabei wackelte das alte Köpfchen auf dem mageren Halse, und die gichtigen Finger krampften sich zusammen.
"Wir wollen sie ernstlich vermahnen und laufen lassen", rieten einige Ratsherren; "sie ist keine Teufelin, sie ist ein einfältig Kind."
"Seht, wie verstockt sie ist, wie der Teufel ihr den Mund verschließt," so urteilten aber übereifrige Herren des Richterkollegiums.
...
"Laßt Ihr sie los, so bereitet Ihr Ärgernis dem Volke. Sie hat geschwommen, Gott hat gesprochen." So wurde die arme Seele hin und her gehetzt, bis sie sich nicht mehr zu helfen wußte. Eines Morgens fand man die alte Carda tot im Diebeskeller unter dem Rathaus. Der Teufel hat ihr das Genick gebrochen. ...[133a]

Drei Tage vor Carda Manas Ermordung, *den 23. Juni nachmittags um zwei Uhr, ist W e s s e l K i p p e bezichtigter Zauberei vom Scharfrichter, zwerch gebunden, auf den Kuckelkemühlenteich zur Probe auf das Wasser geworfen; er hat dreimal geschwommen ... Den 14. Juli ist Wessel Kippe vor dem Westentore an der Gerichtsstätte von dem Scharfrichter enthauptet und daselbst begraben, er war Dortmunder Bürger.*

"Bei seiner Vernehmung vor Gericht bezichtigte er folgende Personen, die er bei den nächtlichen Zaubertänzen auf Kreuzwegen gesehen haben wollte, der Zauberei: 1. die Korte Enne, des Boten Jobsten Potters Weib, 2. die Tribbel Enne, Henrich Tribbelmanns Weib, 3. Drude Krumme, des Tagelöhners Johan Krummes Weib, 4. Enne Kurlemann und 5. die Witwe Reinold Dieffhausen."[134]

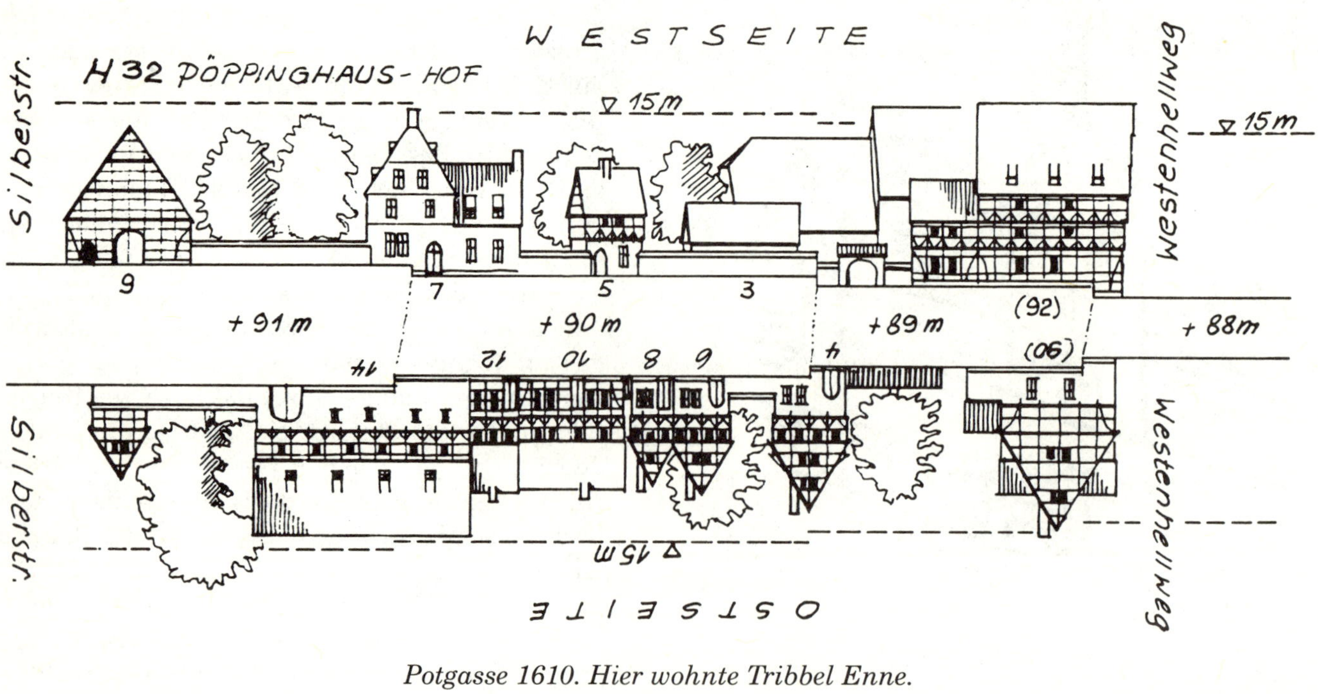

Potgasse 1610. Hier wohnte Tribbel Enne.

Jetzt wird ein tödlicher, wahnsinniger Mechanismus in Gang gesetzt:
An demselben Abend (am 14. Juli) *wurden die von Kipp benannten gefänglich wegen Zauberei eingezogen.*

Die Korte Enne (hatte schon 1581 die Anna Coesters im Katharinenturm besucht). Sie war *des Boten Jobsten Potters Weib, wohnhaft bei St. Katharinen. – Den 2. August ist (sie) auf den Kuckelkemühlenteich zur Zauberprobe von dem Scharfrichter auf das Wasser geworfen* worden und ist geschwommen. *Den 4. August ist Westen aus auf der Rachergrube die Kortze Enne wegen ihrer Zauberei an einen Pfahl geheftet und zu Pulver verbrannt.*

Tribbel Enne, Tribbelmanns Weib in der Potgasse (wurde) an demselben Abend (14. Juli)... *gefänglich eingezogen.*
"Am 26. Juli wurde (sie) von dem Scharfrichter zur Zauberprobe geworfen" und ist geschwommen. "Tribbel Enne aber ist lebendig an einen Pfahl gebunden und zu Pulver verbrannt."
Das geschah am 6. Oktober, drei Monate nach ihrer Verhaftung. Sie muß wohl die ganze Zeit starken Widerstand bei den Folterungen geleistet und erst spät ein "Geständnis" abgelegt haben.

Drude Krumme, Johan Krummen Tagelöhners, vor der Westenpforte Weib, wurde an demselben Abend, 14. Juli, gefänglich eingezogen... Am 26. Juli wurde sie von dem Scharfrichter auf den Kuckelkemühlenteich geworfen und ist geschwommen. Was weiter mit ihr geschah, konnten wir nicht herausfinden.

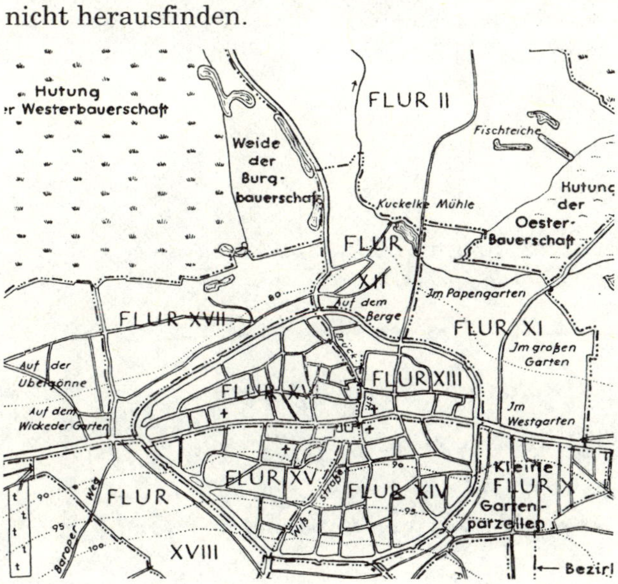

Enne Kurlemans wurde am 14. Juli in den Turm an dem Windmühlenberg eingesetzt. Am 26. Juli wurde sie von dem Scharfrichter auf den Kuckelkemühlenteich zur Zauberprobe geworfen und ist geschwommen.
Den 31. hat sich die Kurlemansche in dem Turm an dem Windmühlenberge (bei der Martinskapelle) *in dem sie saß, mit ihrem Schürzentuche, das sie sich in den Mund gestopft und ihrem Schnürriemen, den sie sich um den Hals gebunden, selbst erstickt, und ist auf der Rachergrube begraben.*

Katharina Dieffhausen, *des seligen Reinold Dieffhausens auf der Wißstraßen Weib,* wurde auf den Judenturm gesetzt. Sie gehörte zu einem alten Geschlecht der Dortmunder Wandschneider. Reinold Dieffhaus war Erbsasse. 1541 haben sie geheiratet. Einige ihrer Verwandten saßen im Rat, z.B. Caspar Dieffhaus. 1593, als sie als Hexe angeklagt wurde, war er einer der Camerarii, die für die Hexenprozesse zuständig waren. Für die damalige Zeit hatte sie ein hohes Alter.

Judenturm
Nach Mulher 1610 von Süden

Den 2. August ist (sie) auf den Kuckelkemühlenteich zur Zauberprobe auf das Wasser geworfen und ist geschwommen. Am 28. August ist *morgens um 10 Uhr die Witwe Reinold Dieffhausens im Diebskeller plötzlich tot zur Erde niedergefallen, da schon die Richtglocke dreimal geläutet war* – sie läutete vom Turm unser leiven vrauwen kerken, der heutigen Marienkirche – *und ein wohlachtbarer Rat gleich vom Rathause nach dem Richthause abging, die Dieffhausesche, die Zauberin, zum Tode zu verurteilen. So ist deswegen der tote Leichnam auf einer Karre vor das Richthaus gebracht und dann auf der Rachergruben vor der Westenpforte begraben.*

Nun sind die von Kipp genannten Frauen alle umgebracht worden. Nicht eine hatte vor dem Rat Gnade gefunden.

Damit war es noch nicht genug. Es folgte eine neue Welle der Hexenverfolgung.

In der Regel wurden bei Folterungen aus den Gepeinigten Namen herausgepreßt. Es ist denkbar, daß die alte Frau Dieffhausen unter der grausamen Folter weitere Namen genannt hat. Denn am 27. August, einen Tag vor ihrem Tod, wurde Katharina Harnsmachers, *des M. Peter Harnsmachers Weib, Herrn Jobstens im Schwarzen Brüder Kloster Schwester, wohnhaft an der Judengasse, wegen Bezichtigung der Zauberei auf den Turm hinter st. Katharinenkloster gefänglich eingesetzt, ist dann aber unter das Rathaus in den Keller gebracht.*
Den 4. September ist Katharina Harnsmachers in das Gericht gebracht, daß sie zum Feuer sollte verurteilt werden; als sie aber alles, was sie bekannt, verleugnete, ist sie wieder in den Diebskeller gebracht und hat, während inzwischen ein wohlachtbarer Rat deshalben wieder zu Rate gesessen, sich selbst in derselben Stunde erstickt. Deshalb ist der tote Leichnam wieder vor das Gericht gebracht und Westen aus auf der Rachergruben desselben Abends durch den Scharfrichter zu Pulver verbrannt.

Wir wissen nicht, was in den Frauen vorgegangen ist und wie sie sich vor dem Rat verhalten haben. Ernst Fritz erzählt, was Katharina Harnsmachers gesagt haben könnte:
“Ich habe nicht sündhaft gelebt. Was habe ich denn getan? Gearbeitet vom Hahnenschrei bis zum Eulenruf, anderen gedient um wenig Lohn und noch weniger freundliche Worte. War es Sünde, daß ich das Lachen dabei nicht verlernt habe, daß ich gern, wo ich ging und stand, ein Liedlein sang nach eigenen Worten und eigener Melodei, war es Sünde denn, daß ich Sonntags in der Frühe zur Messe ging und abends hin und wieder zum Tanz? Mich lockte die Fiedel, ich mußte mich drehen, da war mein Herz so leicht und mein Fuß so beschwingt. Wenn das Sünde ist, so brennt mich. Verbietet doch den Blumen das Blühen, den Lerchen das Singen, tötet die Jugend, erstickt das Lachen! Wollt Ihr nicht, Ihr hochmögenden Herren, die Sonne vom Himmel reißen? Sie klage ich an, sie ist an allem schuld, am Blühen, am Lachen und Singen. Nun brennt mich, ich lache und singe! Ich bin nicht des Teufels, Gottes bin ich. Hier bei Euch, meine ich, wäre ich in der Hölle.” Und sie schlägt die Hände vors Gesicht, ein Schluchzen erschüttert ihren Leib und leise, wie der Klageseufzer eines sterbenden Vögleins, tönen ihre Worte: “O Leben, wie schön bist du!”[133a]

Im Rechnungsbuch des Wandschneiders Bockholdt taucht am 5. April 1594 der Name Peter Harnsmacher auf. (St.A. DO Best. 304)

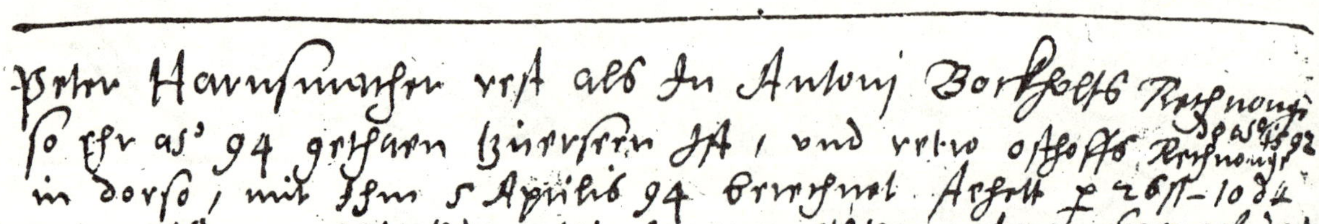

Das Richthaus an der Reinoldi-Insel um 1610

Einen Tag später, am 28. *August, frühmorgens ist M. Johan S p i c k e r s , Schnitzlers Weib, C a t h a r i n a, als sie ihre Kühe für den Hirten austreiben wollte, durch den Frohnen wegen Zauberei angegriffen* (= aufgegriffen) *und in den Turm gebracht.*
Den 20. September ist M. Johan Spickers Schnetzlers auf dem Westenhelwege Weib, morgens um 8 Uhr auf den Kuckelkemühlenteich zur Wasserprobe der Zauberei von dem Scharfrichter geworfen worden und hat dreimal geschwommen.
... Den 6. Oktober ist Westen aus an dem Gerichte wegen bekannter Zauberei durch den Scharfrichter M. Herman die Hausfrau M. Johan Spiekers enthauptet und daselbst begraben.

Den 1. September ist wegen Zauberei der Stadt verwiesen die früher S o p h i a , jetzt C a t h a r i n a S c h r a g e genannte und die M a p p e n m a c h e r s c h e , genannt die M o l l e r s c h e.

Eine neue Verhaftungswelle setzt nach zwei Monaten, am 14. September 1593, ein.

Den 14. September ist des Abends wegen Zauberei gefänglich hingesetzt T h o m a s L e i e n d e k k e r ... in den Judenturm.
Am 18. Oktober ist er *angemaßter Zauberei halber auf den Kuckelkemühlenteich zur Wasserprobe von dem Scharfrichter geworfen* und über Wasser geblieben.

Am 6. November ist *Thomas Leiendecker seines Gefängnisses entledigt*; wir können nicht erklären, warum er freigelassen wurde, obwohl er doch "geschwommen hatte".

Den 14. September ist des Abends wegen Zauberei gefänglich hingesetzt ... Johan H i l g e n s c h n e i d e r s Hausfrau, E l s e geheißen in den Judenturm.
Sie ist am 18. Oktober *angemaßter Zauberei halber auf den Kuckelkemühlenteich zur Wasserprobe von dem Scharfrichter geworfen* und schwamm.
Den 6. November wurde wegen Zauberei mit dem Schwerte auf der gewöhnlichen Richtstätte vor dem Westentore Else Müllers, genannt Heiligenschnidersche hingerichtet.

Am 14. September *des Morgens ist auch die L i s e S t o f f e r s plötzlich gestorben, welche auch wegen Zauberei sollte hingesetzt worden sein; darum eilten ihr Sohn, Richart, und ihr Vetter N. Gockel, und sonsten noch zwei mit dem toten Leichname nach dem Kirchhofe und bestatteten denselben in aller Eile zur Erden.*

Westentor. Nach Mulher 1610 von Süden

Den 16. September um 4 Uhr ist Drude Krombergs, welche bis dahin wegen bezichtigter Zauberei verhaftet war, des Gefängnisses erlassen und aus der Stadt und Grafschaft Dortmund für alle Zeiten verwiesen und durch den Scharfrichter hinausgeleitet.
Wann Drude Krombergs verhaftet worden ist, hat Detmar Mulher nicht aufgeschrieben. Wir nehmen aber an, daß sie genau wie die anderen Frauen gefoltert wurde. Sie sei immerhin mit dem Leben davongekommen, werden einige sagen. Dem ist aber nicht so, denn eine an Leib und Seele zuschanden gefolterte Frau, die ausgewiesen wird, ist damit dem sicheren Tod ausgesetzt worden.

Den 24. September ist den Abend wegen Anklage der Zauberei Margrita Martens, Frau des Reinolt Martens, obersten Steinbrechers auf der Schürer Kulen gefänglich eingesetzt.
Am 18. Oktober ist sie *angemaßter Zauberei halber auf den Kuckelkemühlenteich zur Wasserprobe von dem Scharfrichter geworfen*, sie schwamm.
Am 6. November wurde sie *wegen Zauberei mit dem Schwerte auf der gewöhnlichen Richtstätte vor dem Westentore ... mit Else Heilgenschneiders hingerichtet.*

... am selben Tag ist Thomas Leiendecker seines Gefängnisses entledigt! Für uns ist es unbegreiflich, daß, nachdem sie alle geschwommen sind, der Mann seine Freiheit bekam und die Frauen beide umgebracht wurden.

Einen Tag vor der Ermordung der Margrita Martens (am 5. November) wurde *wegen bezichtigter Zauberei Tele Seiffe eingezogen.*
Am 24. November ist an der Gerichtsstätte vor der Westenpforte die Zaubersche Tele Scepe (Seiffe) *vom Scharfrichter lebendig zu Pulver verbrannt.*

Am 12. November ist unter Anklage der Zauberei Cathrina Peters von Wambel nach Dortmund geholt und hingesetzt.
Den 11. Dezember ist die genannte Cathrina Peters wegen Zauberei am Gerichte von dem Scharfrichter, Meister Herman, mit dem Schwerte hingerichtet.

Der Chronist bemerkt abschließend:
Diß gantze Jahr seyn also wegen Zauberei viel hingesetzt und nach Bekenntniß gebrennet und hingerichtet.[135]

Eine Else Krumme aus Dorstfeld ist im Jahre 1593 verhaftet und nach Huckarde gebracht worden. Huckarde und Dorstfeld gehörten damals zum Stift Essen. Nach Verhören in Huckarde wurde sie nach Essen gebracht. Sie hat inner- und außerhalb der Tortur den Dortmunder Gerlach Wulff der Zauberei bezichtigt. Später aber hat sie widerrufen. (Vgl. folgende Auszüge aus dem Schreiben von Gerlach Wulff.)

GERLACH WULFF BITTET UM GNADE

Gut ein Jahr nach der letzten Hinrichtung hat am 1. Januar 1595 der Dortmunder Gerlach Wulff, der mit der Hexerei zu tun haben sollte, einen Brief an den Rat geschrieben. Offensichtlich hatte er Grund zu der Annahme, daß der Rat ihm jetzt mit Milde begegnen werde, und bittet darum, nach Dortmund zurückkehren zu dürfen. Bei diesem Schreiben handelt es sich um eines der wenigen schriftlichen Zeugnisse, aus denen hervorgeht, welcher Art die Vorwürfe waren, denen ein Beschuldigter ausgesetzt war, und wie er sich verteidigt hat. Da das Dokument sehr umfangreich ist, bringen wir hier nur eine kurze Wiedergabe dessen, was er geschrieben hat. Der volle Wortlaut dieses wichtigen Schriftstücks ist im Anhang abgedruckt.

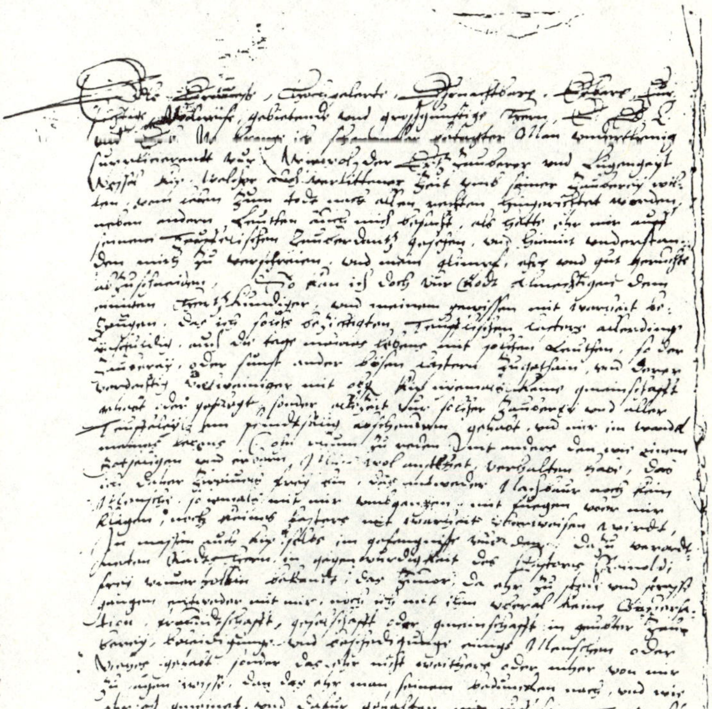

Euch, H. Buurmester, Hochgelerte, Ehrnachtbare, Erbare, Fursichtige, wolweise gebietende und großgunstige Hern, D.Ew.L. und Erb.N. brenge ich schammeter betagter Man underthenig supplicierendt (kniefällig bittend) *vur. Wiewol der Ertzzauberer und Lugengeist Wessel Kip, welcher auch verlittener Zeit* (nach einiger Zeit) *umb seiner Zauberey willen, vom leben zum todt nach allen rechten hingerichtet worden, neben andern Leuthen auch mich besacht, als hette ehr mir auff seinen Teuffelischen Zauberdantz gesehen, und hirmit understanden mich zu verschreien, und mein glimpf, ehre und gut geruchte abzuschneiden, So kan ich doch vur Godt almechtigen dem einigen Hertzkundiger, und meinem gewissen mit warheit bezeugen, das ich solchs bezichtigten Teufflischen lasters allerdings unschuldig, ...* bin.

Er, Wulff, habe mit derartigen Leuten nie etwas zu tun gehabt, schon gar nicht mit Wessel Kipp. Außerdem habe Kipp in Gegenwart von Ratsherren und dem Pastor von Reinoldi bekannt, er habe lediglich geglaubt, Wulff bei solchen Tänzen gesehen zu haben.

Titelblatt der Carolina.
Druck von 1563 in Rot und Schwarz

Nhu wissen aber alle verstendige Menschen, das auff solch dantzen nichtz zu grunden oder zu bauwen, ihm auch gar kein glauben zu geben sey, und das keiner Obrigkeit mit fuegen geburen wolle, darauff zu verfaren, wo sunst keine bestendige indicia, anzeigungen und erweisungen vurhanden, sintemal solche Dentze und Zusamenkunfft lauter Teuffels gespinste, phantaseye und betrug sein.

Der Teufel, der sich selbst in einen Engel des Lichts verwandeln könne, verstehe es ausgezeichnet, leichtgläubige Leute zu betrügen und ihnen allerhand Trugbilder vorzugaukeln, die mit der Wirklichkeit nichts zu tun hätten.
Wulff beruft sich hierbei ausführlich auf kirchliche Autoritäten und zieht daraus folgenden Schluß:

Wher ist nhu so narriß und ungeschickt, das er meine, das diese dinge alle, so im Geist allein geschehen, auch leiblich sich zutragen? Im Canon Episcopi (einer Anweisung für Bischöfe) heiße es denn auch: *Derhalben sols iederman muglichen nyenlich verkundet werden, das wher solche und dergleichen dinge* (wie, daß es Menschen gebe, die hexen können) *glaubt, und vur whar helt, den glauben verliert und wher den rechten glauben nicht hait, der ist nicht Gottes, sonder desses, in denen ehr glaubet, nemlich des Teuffels.*

Auch in der Halsgerichtsordnung Kaiser Karls V. sei unter den Merkmalen der Zauberei keine Rede von *teuflischen Tänzen.* Die Obrigkeit müsse sich daher davor hüten, auf die bloße Bezichtigung durch einen des Umgangs mit dem Teufel Überführten hin zu peinlicher Verfolgung und Tortur zu greifen und sich damit gegebenenfalls selbst zum Werkzeug des Satans zu machen.

In massen auch sonderlich auff ... Kips verleumbdunge und besagunge gar nichts zu halten, ... da doch keine von den andern Zauberinnen, so hirnach hingerichtet, sein verwirt angeben und lugen bestetigt, und mit ihm ubereingestimmett, sonder alle geleugnet und außtrucklich bekandt, das sie von mir gar nichtz wissen, und derwegen mich gegen irhen Beichtvatter Hern Bertholden (der dan eine jeglichen deßhalben auff mein erfurdern fleissigst ersucht und erfragt) entschuldigt und vur unschuldig gehalten. Wie auch zwievels ohn solchs vur den Hern Cämmerern wirdt geschehen sein.

Hexen feiern auf dem Blocksberg

Wulff habe auch vorgehabt, *zur rettunge meiner unschult und glimpfes* im Beisein des Pastors von Reinoldi und der zuständigen Ratsherren sich vor Kipp zu verteidigen. Dies sei aber unmöglich gewesen, weil Kipp so schnell hingerichtet worden sei. Da ihm somit *alle hulffliche mittel ... abgeschnitten* worden seien, seine Unschuld überzeugend nachzuweisen, habe er *zu derer zeit notwendiglich auß dieser stadt weichen mussen*, nicht weil er sich schuldig gewußt habe, sondern weil er habe befürchten müssen, als Unschuldiger Kerker und Folter erdulden zu müssen. Er beruft sich auf juristische Autoritäten, die er lang und breit auf Latein zitiert, zur Bestätigung, daß eine Flucht nach erfolgter Bezichtigung kein Hinweis auf ein Schuldeingeständnis sei.

Und ob ich auch wol neben andern hiebevor von einem whansinnigen Weib zu Durstvelde, Else Krumme genant, diffamiert und anruchig gemacht, so hait sie doch solche mir zugefuegte verleumbdungh nicht allein vur den Essendischen Räthen, damals zu Huckarde zugegen, sonder auch hirnach zu Essen in und außerhalb der tortur widderruffen und mich deßhalben gnuchsamm Roie und wandel gethain, auch außtrucklich bekandt, das sie von mir und den meinen anders nichtz zu sagen wisse, dan ehr, tugendt und frommigkeit, was ihm von einem Essener Richter schriftlich bescheinigt worden sei.

Aus alledem erscheine *den großgebietenden Hern ... klarlich ..., daß obg. Kips angeben und bezichtigungh falsch, unwarhafftig, lugenhafftig und allerdings Teuffelisch, ich aber ... von ihm widder alle Christliche liebe, billigkeit und warheit verleumdet und verschreiet.*

Angesichts der Tatsache, daß die ebenfalls von Kipp beschuldigte Hausfrau des Hans Bark vom Rat wieder in die Stadt gelassen worden sei, bitte nunmehr auch er darum, man möge ihm auf seine Bürger- und sonstige allgemeine Rechte *einen freyen ein und außgang dieser stadt gunstiglich vergunnen.*

Es fällt auf, daß die Prozesse in Dortmund plötzlich aufhören. Wenn Gerlach Wulff richtig informiert war, so durfte sogar schon wenige Monate nach der letzten Hinrichtung die Frau des Hansen Barks, die als Hexe von Wessel Kipp genannt worden war, wieder in die Stadt zurückkehren. Und Wulff selbst scheint doch wohl Grund zu der Annahme gehabt zu haben, daß sein Gesuch positiv beschieden wird.

Da keine schriftlichen Zeugnisse vorliegen, aus welchen Gründen die Verfolgungen so plötzlich beendet wurden, ist man auf Vermutungen angewiesen. Einmal kann es natürlich daran liegen, daß die Akten von einem bestimmten Datum an verlorengegangen sind. Das ist aber unwahrscheinlich, weil hier zwar weitere Anzeigen, aber keine Prozesse mehr stattgefunden haben.

Im Zusammenhang mit den anderen getroffenen Maßnahmen (Verhaftungen und Wasserproben zwar relativ heimlich, Hinrichtungen vor großem Publikum) wäre eine mögliche Annahme die, daß der Rat ein abschreckendes und einschüchterndes Beispiel setzen wollte.

Auch wenn Hinrichtungen an Frauen nicht mehr beurkundet sind, gab es jedoch auch jetzt noch Bezichtigungen:

Anno 1596 den 16 Martii: Der Lütkeliege zu Evincke geclagt, dass Herman Hasselhoff zu Nier-Ewencke gesagt, sein – Liegen – Fraw und Dochter weren beidt mitt Zauberei besagt.[136]

Die letzte Nachricht über eine "Hexe":
Im Jahre 1625 auf Johanni wurde eine alte Frau, welche der Zauberei beschuldigt war, durch die Frohnen aus der Stadt gebracht, um über die Grenze transportirt zu werden. Es liefen viele hinterher und warfen in dem Maße mit Steinen nach ihr, daß die Frohnen entflohen. Die Buben legten hierauf Hand an die Unglückliche, stießen sie in einen Teich und hielten sie so lange mit Stangen unter Wasser, bis sie den Geist aufgegeben hatte. Die That wurde nur durch eine Strafpredigt von der Kanzel gerügt.[137]

Das waren sicher solche Knaben, wie sie auf dem Archigymnasium oder auf der Reinoldischule im "neuen Geist" erzogen worden waren.

Dieses Bild zeigt, wie Männer damals über Frauen dachten und wie sie sie darstellten.
Der Kupferstich von Georg Keller um 1630 hat für uns eine starke Aussagekraft. Die Frau in der Mitte wirkt auf dem Bild wie eine Furie. Sie geht mit Krallen auf den reich gekleideten Dortmunder Honoratioren los. Die Schlangen auf dem Kopf der Frau sollen hier offensichtlich für Bosheit stehen.
Die dürre, halbnackte, alte Frauengestalt wird als Symbol des Neides dargestellt, so jedenfalls drückt es der Spruch darunter aus:

"Willst du glückselig sein genennt,
So unterwirf dich dem Neid behend.
Willst du nicht haben Haß, Neid und Zorn,
So bleib elend - sonst ists verlor'n."

Die Frau ist also neidisch und zornig und voll von Haß. Sie ist eine "Hexe".

Der lateinische Text lautet auf deutsch:
"Das Glück ist dem Neid unterworfen,
nur die Armut ist frei von Neid."

MÜNDLICHE ÜBERLIEFERUNGEN

Es gibt auch "mündliche Überlieferungen", die im Hörder Volksblatt aufgeschrieben worden sind.

Bei diesen Berichten kommt besonders deutlich zum Ausdruck, wie verschieden von Frauen und Männern über "Hexen" gedacht worden ist. Wie FRAUEN darauf reagierten, wird in der folgenden Geschichte deutlich:

DAS KREUZ IM "ISERN-FELD".

Eine "Hexe" auf dem Scheiterhaufen im "Isernkamp" bei Wellinghofen

Wellinghofen, 16. März. Am südlichen Rande des Niederhofer Waldes kündet ein Straßenschild an einem Maste: "An dem Eiserfeld". Dieser Name wird uns auch wohl noch an einen sehr, sehr alten, längst überwachsenen Steinbruch erinnern, den man früher als den "Isernkamp" bezeichnete, und der zwischen diesem Feldwege und der alten "Zeche" Niederhofen, deren Halden dem Wanderer noch nördlich des Sportplatzes am Niederhofer Walde sichtbar sind, gelegen hat. Hier ist der Ort der Handlung dieser heimatlichen Sage. Die fromme und zugleich lehrreiche Geschichtsbetrachtung hält die kluge, ehren- und tugendhafte "Beghine Petronella Bathey gebürtig aus Wellinghofen" in ihrer Zelle im Beginenhause zu Kamen.

...

Man schrieb: "duisend vifhundertviftein auf montag na dem heiligen Palmtag" (2. April 1515). Ein regenreicher, nebelumsponnener Vorfrühlingstag war zur Rüste gegangen und die "ehren- und tugendhafte Beghine Petronella" durfte sich in ihre Zelle zurückziehen, um hier bis zum Nachtgebet, dem eigenen Ich zu leben. Die Kamener Bauern hatten bereits die Dehlentore geschlossen und saßen im Halbdunkel mit "Kind und Kegel" an der "Fürstie". Man erzählte sich heute etwas von den "Hexen". "Das ist doch eine schlimme Zeit", sprach Petronella Bathey, als sie das lange Schreiben, das ihr "Evert von der Mark" nach hier gebracht, gelesen hatte und auf dem kleinen Tische ihrer Zelle vorfand. Sie freute sich, daß ihr selbiger Bruder Johann Bathey, der letzte männliche Nachkomme ihrer Sippe, ihr Besitztum, das Westergut zu Wellinghofen, so vermacht hatte, daß dieses nunmehr in den Besitz des Klosters Klarenberg bei Hörde gekommen war. Da war es nun gut aufgehoben. Aber bei dieser "gerichtsaffschrift" hatte noch dieser Brief, dieser schreckliche Brief mit den letzten Neuheiten aus der Heimat gelegen, den sie jetzt noch in den zitternden Händen hielt. Noch einmal mußte sie diesen lesen. War das möglich? Im vorigen Jahre hatte man in Hörde eine Hexe aufgegriffen, die eine Mitschuldige der "Molkentoversche", die den Kühen die Milch entzogen hatte, gewesen sein sollte. Diese war vor ein paar Monaten verbrannt worden. Im "Isernkamp", dort, wo sie mit anderen Mädchen aus Wellinghofen so oft in der Jugend gehütet hatte, war die "Hexe" durch den Feuertod gerichtet. "Sollte das nicht Wahn, furchtbarer Wahn gewesen sein?" Die kluge, ehrenvolle und tugendhafte Begine Petronella kniete nieder und betete und – betete für diese arme "Hexe". Dann begann sie mit ihrer üblichen geistlichen Lesung. Da es aber "in der stillen Woche" war, in der unser Heiland "unverstanden" durch das Volk gerichtet ward, so galt ihre heutige Betrachtung dem Kreuze. Ein altes, handgeschriebenes, in Schweinsleder gebundenes Gerichtshandbuch, das sie von ihrem "Vater selig" an sich genommen hatte, sollte die Grundlage zu ihrer heutigen Betrachtung geben. Das Kreuz, jenes unselige Holz, von dem Ovid sagt: "Carnifici duras praebuit illa (arbor) cruces" war eine tiefentehrende Strafe nur für Sklaven. Für den Gekreuzigten existierte der Begriff "Mitleid" nicht weiter. War das Kreuzesurteil gefällt, so war ihm damit nicht bloß Ehre und Leben, sondern der ganze Status (Bestand = Zustand) *abgesprochen; er gehörte überhaupt nicht mehr unter die Menschen, er sah sich vielmehr in der Volksanschauung unter die Tiere verstoßen. Man durfte sich gegen ihn den zügellosesten Spott und jegliche Lieblosigkeit erlauben. Petronella dachte an den Erlöser, dachte aber zugleich auch in christlicher Liebe an die im "Isernkamp" gerichtete Hexe.*

"Auf dem Richtplatz angelangt, banden nervige Fäuste mit Stricken den Leib und die Glieder bis zur völligen Regungslosigkeit fest, worauf durch wuchtige Hammerschläge die fingerdicken Eisennägel in die Handflächen und in die Füße getrie-

ben wurden. Die Pein des Kreuzes war nach dem übereinstimmenden Berichte der Klassiker das Entsetzlichste aller Erdenqualen."

Wieder malte sich Petronella ein Doppelbild vor ihr geistiges Auge. Auf der einen Seite Christus, auf der anderen die Unglückliche auf dem Scheiterhaufen im "Isernkamp" bei Wellinghofen. - - - Dann stand ihr Entschluß fest, und er wurde zur Tat nach dem Tode der "klugen, ehren- und tugendhaften Beghine Petronella aus Wellinghofen". Ihrem Wunsche gemäß wurde im "Isern-Feld", an jener Stelle, wo die Hörder Hexe gerichtet worden war, ein mächtiges Kreuz aufgestellt. Der Klosteramtmann Johann von Efferen ließ im Auftrage der Aebtissin Anna von Büren des Klosters Klarenberg eine eichene Tafel an dem Kreuz anbringen auf der im frommen Spruch des Erlösers, der Beghine und der "Hexe" gedacht wurde.[138]

Adversaire
Respondy: tu
Quant tu auras
Vray est quy say
Que les vielles
Ne vingt: mais
Vont ensemble en
Veoir leurs diabl
Ce nest pas tru
Tache nai je d
Ne aude pas que
En parlant de l
Quant tu sauras
Toutes ses vuls
Et nest au mon
Qui leur fait p
Je te dy avon
Vielle la quelle

HEXENTANZ AM SEMERTEICH

Die Angst der M ä n n e r vor den "Hexen" zeigt sich in diesem Bericht:

...

Neben der historischen Stätte im Harz nimmt auch Hörde den Ruhm für sich in Anspruch, einen Hexentanzplatz zu besitzen. Zwei Männer, die einst gegen Mitternacht nach Dortmund gingen, können ein Lied davon singen. Als sie den Kreuzweg (da, wo jetzt das Kreishaus steht) überquert hatten, sahen sie die Hexen im Mondlicht heranreiten. Schnell zogen sie um sich einen Kreis, in den sie sich stellten. (Nach dem Volksglauben kann man sich nämlich dem Hexenzauber entziehen, wenn man einen Bannkreis um sich zieht.) Um 12 Uhr kamen die Hexen auf Besenstielen, Schaumlöffeln, Dreschflegeln und Mistgabeln herangeritten. Die letzte, die auf dem Schaumlöffel ritt, wurde durch die Last eines Kochtopfes, den sie auf dem Rücken trug, zurückgehalten. Deshalb rief sie ihren Genossinnen zu: "Nit so iilig, it mett jo doch wachen, bis dat eck met Kuocken ferrig bin.
(Nicht so eilig, ihr müßt ja doch warten, bis ich mit Kochen fertig bin.) *Da rief einer von den späten Wanderern der Hexe zu: "Do süüst du ok grade no ut, du swatte Düwel."* (Da siehst du auch nach aus, du schwarzer Teufel.) *Nun stürmte die ganze Gespensterschar wütend gegen sie an: "Dat sölt it büßen."* (Das sollt ihr büßen.) *Aber der Kreis hielt die Hexen von den Bedrohten ab. Als sie dann merkten, daß sie nichts ausrichten konnten, ritten sie nach dem Semerteich, wo sie unter viel gellendem Geschrei ihre Tänze aufführten und einen Scheffel Erbsen kochten und verzehrten. Als die Turmuhr eins schlug, waren die Hexen verschwunden. Sie sind dann noch öfter von späten Vorübergehenden am Semerteich beobachtet worden.*

...

Die Hexen sind tückisch wie die Pest, hinterlistig wie Wölfe und schnell wie der Wind. In der Dämmerung, sobald die Sonne untergegangen, erschienen sie auf ihren Tanzplätzen; wurden sie von Menschen oder Tieren angegriffen, so nahmen sie mörderische Rache. Nichts war ihnen heilig. Am 1. Ostertage drangen sie in die Kirche und fielen plötzlich dem Pfarrer mit lautem Hohngelächter in die Predigt ein. Augenblicklich waren sie verschwunden. Zu Ostern, Pfingsten und Weihnachten gingen sie in Teufelsgestalt auf Stelzen. Dann galt es, das Haus und den Hof gut abzuschließen. Sie waren wandlungsfähig und gar oft haben sie in Altweibergestalt den Kindern viel Schaden zugefügt.[139]

Schöne, sexuell attraktive und dazu noch selbstbewußte Frauen haben für viele Männer etwas Unheimliches. Deshalb wurden sie, wie Breiers Bätte aus Wellinghofen, als Hexen verfolgt.

BREIERS BÄTTE

Aus dem Legendenleben einer Wellinghofer Hexe

Irgendwann hat sie gelebt, die Wellinghofer Hexe, und eigentlich ist sie niemals gestorben. Denn immer noch, wenn heute irgendwo in Wellinghofen eine Katze die Milch ausgesoffen oder einen Feiertagsbraten gestohlen hat, dann sagen die Leute: "Dat hett Breiers Bätte dohn." Oder wenn ein Schwein nicht fressen oder ein Pferd nicht ziehen will, so ist es immer noch Breiers Bätte, die das Vieh verhext. Einmal soll die Breiersche auch jung und schön gewesen sein. Das ist aber schon lange her. Und in Wellinghofen erzählt man sich noch manch schönes Stückchen aus ihrem Leben.
Wann es gewesen ist, weiß keiner mehr auch nur annähernd zu sagen. Damals war Bätte zwanzig Jahre alt, und im ganzen Dorf hatte keine zweite so reizende Glieder und so entzückende Augen wie sie. Ihr Vater soll Tagelöhner bei dem reichen Bauern Löher gewesen sein und ihre Mutter flocht Körbe, die sie auf dem Wochenmarkt in Dortmund für geringes Geld verkaufte. Obendrein stand sie in dem Ruf, kranke Menschen und Tiere besprechen zu können. Sie starb aber sehr bald, nachdem sie ihre einzige Tochter Bätte in die ihr eigene schwarze Kunst eingeweiht hatte. Um die schöngewachsene Jungfrau bewarben sich, nun sie ihr neunzehntes Jahr vollendet hatte, die angesehensten Jünglinge des Dorfes. Und jeder Einzelne hatte mit seinem Vater zunächst einen Wortwechsel über das Thema Liebes- oder Geldheirat zu bestehen, denn Bätte war doch die Tochter eines armen Tagelöhners, und ihre Freier konnten daher nicht mit der geringsten Hochzeitssteuer ihrerseits rechnen.
So kam es, daß mancher seine Liebe zu ihr aufgab, um den väterlichen Wünschen entgegenzukommen. Aber einer überhörte die Stimme väterlicher Vernunft und ließ sich mit ihr in ein Spiel ein, das ebensowenig liebevoll wie unterhaltend war.

Aber ein Abenteuer war es zweifelsohne. Und dieser beständige Freier war kein anderer als der junge Löher, der Sohn ebendessen, bei dem Bättes Vater in Tagediensten stand.
Bauer Löher hatte nur diesen einen eben jetzt fünfundzwanzigjährigen Sohn, der sich so sehr in Bättes Schönheit vergafft hatte, daß er sogar trotz der väterlichen Drohung, er werde den alten Hof verkaufen und ihm sein Erbe versagen, sofern er bei seiner törichten Liebe bliebe, nicht von der Tagelöhnerstochter ließ.
Goswin, der Sohn, wußte selbst sehr wohl, daß Bätte wenig zu landwirtschaftlicher noch gärtnerischer Betätigung neigte und daß sie nicht selten ein unverständliches Gebaren zur Schau trug. Und gerade diese ihre fremdartigen und sonderbaren Gewohnheiten mochten es sein, die ihn neben ihrer außergewöhnlichen Schönheit angezogen. Bauer Löher, der Vater, beunruhigte das Verhältnis seines Sohnes Tag und Nacht und allen Ernstes erwog er den seinem Sohne gegenüber geäußerten Gedanken der Enterbung.
Es wäre wohl dahin gekommen, wenn Goswin nicht der einzige Erbe gewesen wäre. So aber war mit diesem die Tradition des Hofes jahrhundertealter angestammter Name verkettet.
Wäre er jünger gewesen, er hätte schon gewußt, was er zu tun hatte. Aber nun lagen die Verhältnisse einmal so und nicht anders. Und gegen seinen Willen mußte eines Tages der alte Bauer zugeben, daß sein Sohn mit der Bätte Breiers Hochzeit machte.
Seit jenem Hochzeitstage wurde das Leben der Bätte Breiers zur Legende. Man weiß nicht viel mehr, als daß Goswin Löher am nächsten Morgen tot im Bette gefunden wurde. Von seiner jungen Frau war keine Spur mehr zu finden. Eine Unzahl mehr oder weniger harmloser oder auch boshafter Gerüchte, die darin übereinkamen, daß Bätte eine Hexe war, verbreitete sich sehr schnell.
Die Kinder des Dorfes wurden gewarnt, zu weit ins Feld zu gehen, weil dort die Hexe ihr Unwesen triebe und sogar die Frauen gingen hinfort stets nur mit einem gewissen Angstschauer über die Grenzen des Dorfes hinaus.
Nach der gehörigen Zeit jener verhängnisvollen Brautnacht lag am Morgen ein neugeborenes Kind im Hafertrog auf der Deele des Löherschen Hofes. Als die Großmagd, den merkwürdigen Fund auf den Armen, in das Schlafzimmer ihres Herrn lief, um ihm das rätselhafte Kind zu zeigen, fand sie denselben tot im Bette liegen. Augen und Hände des Bauern waren verkrampft, als ob sie irgendein Entsetzen abgewehrt hätten.

Nachtfahrende auf Tigerkatze. Schleswiger Dom (um 1300)

Aus alledem ging hervor, daß man über die böswilligen Handlungen der Hexe nicht länger im Zweifel sein durfte.
Das Neugeborene glich in den Gesichtszügen dem jungen und so zweifelhaft verstorbenen Löher. Die Augen waren die Augen der Hexe. Die Hexe mußte in der Nacht den Hof besucht haben. Also konnte sie vor Anbruch der nächsten Nacht noch nicht allzuweit draußen gekommen sein.
Im Dorfe war die Nachricht von dem neuerlichen Auftreten der Hexe bald herumgekommen. Noch vor Mittag machte sich eine stattliche Zahl Burschen und Bauern auf, die Hexe zu suchen. Die Kinder und furchtsamen Frauen drückten sich scheu in die Häuser.
Als man bis zum Abend vergeblich gesucht hatte, wurde beschlossen, das Kind und den toten Bauer Löher streng zu bewachen, um zu verhindern, daß die Hexe bei einer etwaigen Wiederkehr irgendetwas gegen ihren Beschluß unternähme. Und der Beschluß war, daß das Kind nach dem Begräbnis des Bauern auf einem Scheiterhaufen mitten im Dorfe verbrannt werde.
Dahin kam es nun freilich nicht, denn am nächsten Morgen stellten die Wächter mit verschlafenen Augen fest, daß das Kind nicht mehr da war. Einige von ihnen wollten wissen, daß in der Nacht plötzlich ein schwefliges Licht aufgegangen, in dem das Kind, unsichtbar gehoben, verschwunden wäre.
Wenn dies die Wahrheit wäre, dann hätten auch die anderen recht gehabt, die am Rande des Dorfes zur Wache gestanden und einen fliegenden Feuerschweif über Löhers Hof gesehen haben wollten.
Bauer Löher wurde in Ehren zu Grabe getragen, und viel Weinens und Angst ist damals noch lange ob dieses zweifelhaften Geschehens in Wellinghofen gewesen.
Breiers Bätte aber ist nie zur Ruhe gekommen (so sagen jedenfalls die Leute) und daß sie nie sterben konnte, das ist (vom Volksglauben aus) ihre größte Strafe. Das haben ihr die Leute in Wellinghofen gegönnt, wenn sie ihnen auch heute noch zuweilen in der Gestalt einer Katze den Feiertagsbraten wegstiehlt oder die Milch aussäuft, das Vieh verhext oder die furchtsamen Kinder aus den Feldern scheucht.[140]

Nicht nur schöne, junge, sondern auch alte oder alleinstehende Frauen waren den Männern gefährlich. Mümmel Elsken, vielleicht eine Kräuterfrau, war *Hördes letzte Hexe:*

Nachtfahrende vom Schleswiger Dom (um 1300)

MÜMMEL ELSKEN – HÖRDES LETZTE "HEXE".

Nicht weit von Kirchhörde am Unsbach lag in alter Zeit an einem Abhang eine Wohnhöhle. Zur Hälfte war diese eine vorgebaute Blockhütte, zur anderen Hälfte ein eingebauter Felsenkeller. "Sternburg" nannten die Leute diese Höhle. Waldarbeiter aus "Kerchuerde, Paderpe und Holtingeshusen" – so sagte man damals zu Kirchhörde, Barop und Holthausen – wußten von der Sternburg gar seltsame Geschichten zu erzählen. Der Gerichtsschreiber Johann von Auwe zu Hörde berichtet, daß der Waldhüter Munstermann vom Hombroksgute bekundet habe, daß es in und um die Sternburg nicht geheuer sei. Die Kälte, die im "Bergschapp" herrsche, behauptete dieser, soll so stark gewesen sein, daß sie dem Eintretenden den Atem hemmte. "Dorten grauet redlichen Menschen und Vrowen myd guden willen" vor Geistern und Teufeln. Und dorten, so sagte der Waldhüter Munstermann vom Hombroksgute vor dem Richterstuhle zu Hörde aus, habe er Mümmel-Elsken, der man in Hörde, Benninghofen und Schüren Hexereien nachsagte, mit ihrem Sohne gesehen. Nun wußte man mehr! Also war es doch so, daß Mümmel-Elsken und ihr Sohn an dem Unglück des Klarenberger Klosterknechtes Mangelman "Ob dem Schild" bei Hörde schuldig waren. Nun mußte es doch wahr gemacht werden, was eine geheimnisvolle Hand eines Nachts an ein Eichentor geschrieben hatte. Mümmel Elsken sollte "dranglauben" müssen! Denn an dem Tor standen die Worte:

"Hört Huerdsche all insgemein
was grausams is geschehn!
Wir wollen, da sie's würklich seyn,
sie soll'n zu strafe gehn:
Mümmel-Elsken un de sohn
die teufelsbrut als höllenlohn!"

Man sprach in Abwesenheit der "Hexe" aber auf Grund der "in scriften un hiromb sonder argelist" getätigten Aussagen des Waldhüters Munstermann vom Hombroksgute, die der Gerichtsschreiber Johann von Auwe niedergeschrieben und die "op donnersdach na sunt Luciendage anno domini duisent vifhondert –" besiegelt worden sind, Mümmel-Elsken und ihren Sohn des Feuertodes schuldig. Dem Gerichtsfronen und drei ehrbaren Bürgern aus Hörde wurde die Festnahme der beiden "Teufelskinder" in der Sternburg zu Kirchhörde aufgetragen. Nach dort waren Mutter und Sohn

Flugblatt über eine Hexenverbrennung aus dem Jahr 1555

geflohen, und dort hatten sie Unterkunft gesucht in der Hoffnung, daß ihnen hier der Aberglaube und die Dummheit des Volkes Schutz gewähren vor Verleumdungen und unwahren Behauptungen über Hexerei und Teufelsverbindungen.

"Mümmel-Elsken gefangen!" hieß es eines Tages in Hörde. Die Hexe soll noch in demselben Jahre "am mandage nae den sundage Jubilate" (d.h. der erste Montag im Mai des Jahres 1595) auf dem Schinderplatz "Am Grimmelsiepen" im Hölzchen von Benninghofen den Feuertod sterben.

...

Doch was geschah? In der letzten Nacht leuchtete es lichterloh im Grimmelsiepen und im Benninghofer Hölzchen auf. Der gewaltige Holzstoß, auf dem Mümmel-Elsken hingerichtet werden sollte und der Nadelbaumbestand im Benninghofer Hölzchen standen in Flammen. Das war die Sache des "Hexensohnes", der von der Schuldlosigkeit seiner Mutter überzeugt war, die aber dennoch nach einigen Tagen den Feuertod erlitten hat. Vom "Hexensohne" hat man nie mehr in Hörde und in der Umgegend gehört. Mümmel-Elsken ist die "letzte Hörder Hexe" gewesen.[141]

Hexenverbrennung auf dem Marktplatz

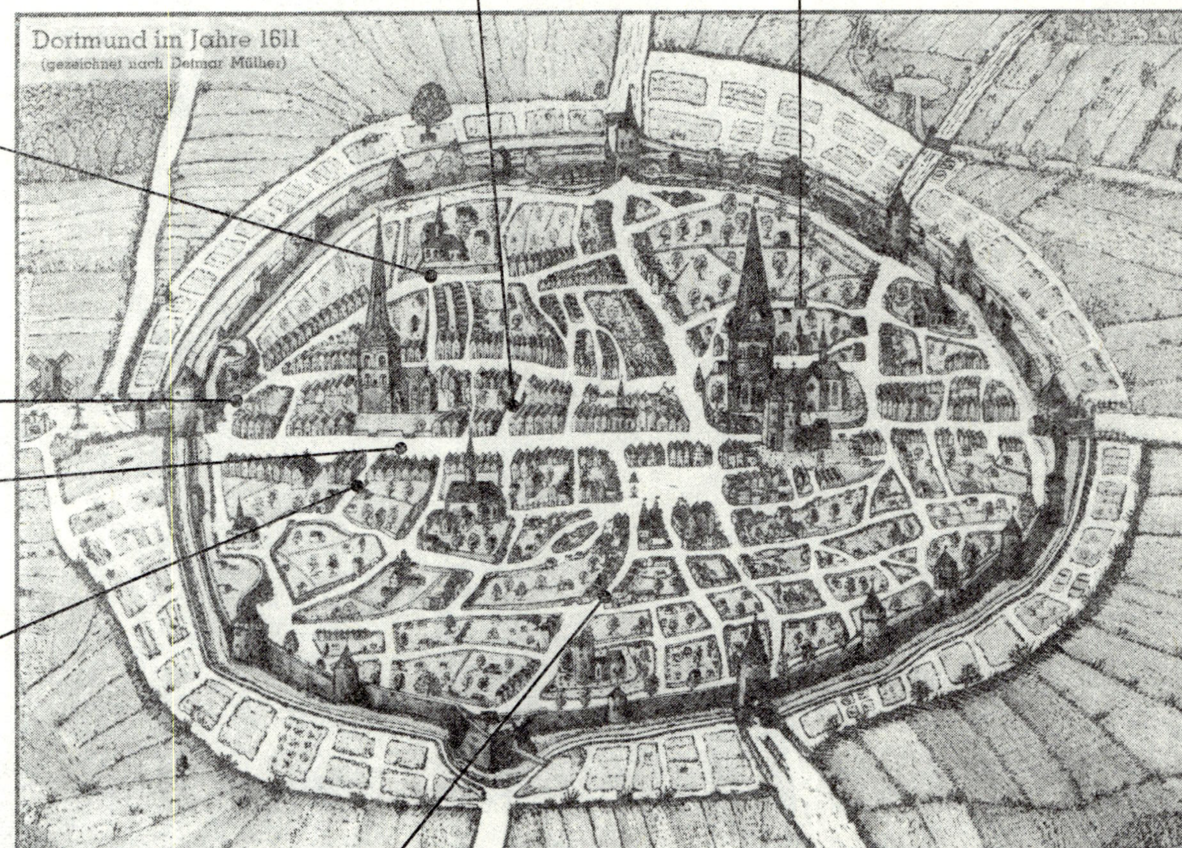
Dortmund im Jahre 1611
(gezeichnet nach Detmar Mülher)
Carda Mana
Stubengasse
Katharina Harnsmachers
Judengasse
Korte Enne
bei St. Katharinen
Drude Krumme
Nähe Westenpforte
Catharina Spieckers
Westenhellweg
Tribbel Enne
Potgasse
Katharina Dieffhausen
Wißstraße

WAS STECKT HINTER ALLEDEM? ERKLÄRUNGSVERSUCHE FÜR DAS UNFASSBARE

WAS WAREN DAS FÜR FRAUEN – DIE HEXEN?

Aus den knappen uns vorliegenden Berichten geht folgendes hervor:

FAMILIENSTAND

Verheiratet waren acht Frauen: Korte Enne, Tribbel Enne, Drude Krumme, Katharina Harnsmachers, Catharina Spickers, Else Heiligenschneiders, Margrita Martens, Bätte aus Wellinghofen.

Verwitwet waren die Clowersche, Katharina Dieffhausen, Lise Stoffers und Mümmel Elsken.

Unverheiratet waren vermutlich zehn Frauen: Anna Coesters, Carda Mana, Enne Kurlemans, Catharina Schrage, die Mollersche, Drude Kromberg, Gertrud Nevelings, Tele Seiffe, Cathrina Peters, Else Krumme.

Von vier Frauen fehlen uns die Angaben. Wir kennen nicht einmal ihre Namen.

BERUFE

Anna Coesters wird wohl Hebamme gewesen sein. Zwei Frauen waren Bäuerinnen, die Clöwersche und Hexenbätte, die vor ihrer Ehe die Tochter eines Tagelöhners war.

Handwerkerfrauen waren: die Catharina Spikkers, die Frau eines Schnitzlers; bei Katharina Harnsmachers könnte es sich um die Frau eines Waffenschmieds (Harnischmachers) gehandelt haben; bei Korte Enne handelte es sich um die Frau eines Pötters (Töpfers).

Eine Frau kam aus der Unterschicht: Drude Krumme, die Frau eines Tagelöhners.

Mehr Ansehen genoß sicherlich Margrita Martens, die Frau des obersten Steinbrechers in Schüren.

Aus dem Kreis der ratsfähigen Familien kam schließlich Katharina Dieffhausen, Witwe eines Wandschneiders.

Bei den anderen, vor allem den unverheirateten Frauen, wissen wir nicht, welche Berufe sie ausgeübt haben.

Bei der Verfolgung in Dortmund war es, wie wir sehen, also unwichtig, welchen Standes eine Frau war. So war es auch in vielen anderen Städten.

WOHNSTÄTTEN

Außerhalb der Stadtmauern wohnten elf der als Hexen angeklagten Frauen. Sie kamen aus Leveringhausen, dem Gropenbruch, Mengede, Dorstfeld, Wambel, Schüren, Kirchhörde und Wellinghofen.

Nicht von allen Frauen, die innerhalb der Stadt lebten, hat Detmar Mulher die Straße, in der sie wohnten, genannt. Darum kennen wir nur die Wohnstätte von sieben der übrigen Frauen.

Nur Katharina Dieffhausen (Wißstraße) hat im südlichen Teil der Stadt gelebt, in dem vor allem die besser gestellten Bürger wohnten. Im Gegensatz dazu – im Norden der Stadt – wohnte Carda Mana in der Stubengasse. Hier lagen viele Gademe (kleine Mietshäuser). Ebenfalls aus dem dicht besiedelten, nördlichen Teil der Stadt kamen Korte Enne, Drude Krumme und Katharina Harnsmachers. Tribbel Enne und Catharina Spickers wohnten am Westenhellweg bzw. in der Potgasse.

"Hexen" wohnten also sowohl in engen Gassen als auch in vornehmen Straßen.

Ein Vergleich mit anderen Städten ist verhältnismäßig schwierig, weil zumeist die Berufsangaben der Frauen fehlen.

Genauere Angaben liegen aus Oberkirchen im Sauerland vor. Hier handelte es sich um eine ländliche Gegend, die von Bauern, Köttern und wenigen Handwerkern oder Handeltreibenden bevölkert war. Hier zeigt sich, daß über die Hälfte der Verurteilten aus dem Bauernstand kamen. Etwa ein Drittel waren Kötter bzw. deren Frauen. Bemerkenswert ist, daß nur jede Zehnte der Ermordeten zum Gesinde zählte.

In einer Stadt wie Würzburg war die soziale Zusammensetzung ganz anders. Von den Frauen, bei denen ein Beruf angegeben wurde, waren mehr als ein Drittel Handwerkerinnen. Ebenso viele waren "fremde Weiber", also wohl Vagabundinnen.

In Köln hat es unter den Opfern viele (eventuell 9) Hebammen gegeben[141a].

Schlüsse aus diesen Angaben sind natürlich nur mit Vorsicht zu ziehen. Sie lassen aber die Vermutung zu, daß selbständige Frauen wie die Handwerkerinnen in Würzburg oder heilkundige Frauen wie die Hebammen in Köln unverhältnismäßig häufig unter den Opfern der Verfolgung zu finden waren.

WAS WAREN DAS FÜR MÄNNER, DIE ERMORDET WURDEN?

In Dortmund sind nur wenige Männer angeklagt und verurteilt worden. In Köln war es in den Jahren von 1628 bis 1630 ähnlich (6 %). Dagegen waren es in Oberkirchen im Sauerland 35 %, in Menden 35 %. In Soest sind demgegenüber in den Jahren 1583/1584 mehr Männer als Frauen umgebracht worden (etwa 60 %). Ähnlich verhielt es sich 1627-1629 in Würzburg. Dort waren es 52 %, mehr als ein Viertel davon Geistliche.

Insgesamt, so wird geschätzt, betrug der Anteil der Männer 10-20 %.

Es ist sehr schwer, die Berufe der Männer festzustellen, da meist nur die Namen verzeichnet sind.

Aus den uns vorliegenden Angaben können wir allerdings ein ungefähres, sicher nicht zuverlässiges Bild gewinnen.

Die meisten Berufsangaben gibt es in der langen Liste der Opfer, die in Würzburg verübt wurden. Davon waren etwa ein Drittel Kleriker. Hier sind wohl die zum "anderen Glauben" Übergelaufenen beseitigt worden.

Sehen wir deshalb einmal von den Geistlichen ab, so sind von den Übrigbleibenden fast 20 % "fremde Männer" bzw. "fremde Knaben". Dabei könnte es sich um Vagabunden handeln. Fast 30 % der Opfer waren Knaben. Jeder Zehnte war Spielmann. Aus der Oberschicht (Ratsherren, Gelehrte und Adlige) kam jeder Siebte. Dabei handelte es sich meist um Angehörige einer anderen "Fraktion", die bei dieser Gelegenheit umgebracht wurden.

Aus anderen Orten, vornehmlich in Westfalen, gibt es unter den Opfern neben Bauern vor allem Schäfer, Hirten und Schneider. Auch ein Müller ist dabei.

Vagabunden, Spielleute, Schäfer usw. waren Männer, die am Rande der Gesellschaft standen. In vieler Hinsicht hatten sie Ähnlichkeit mit den Hexen, Frauen, die sich ebenfalls nicht so ohne weiteres anpaßten.

WER WAREN DIE MÖRDER?

Die Rolle des Rates

Es wird immer wieder behauptet, die Hexenverfolgung sei ein Massenwahn gewesen, der hauptsächlich vom Volk ausging. Für solch eine Behauptung finden wir in Dortmund keinen einzigen Hinweis.

Wir haben uns deshalb nach anderen Urhebern umgesehen. Dabei sind wir auf den Rat gestoßen.

Zweifellos hat es immer wieder Bürger in Dortmund gegeben, die Frauen als Hexen angesehen und angezeigt haben. Der Rat hat bis 1581 keine drakonischen Maßnahmen ergriffen. Es wurden zwar einmal drei Frauen in einen Turm gesperrt, andererseits hat man(n) aber sogar eine Anklägerin vor den Rat zitiert. Umgebracht oder gar verbrannt wurde bis dahin wahrscheinlich keine Frau.

1581 gab es die ersten Hexenprozesse. Anna Coesters wird ermordet und ihr Leichnam verbrannt. Gertrud Nevelings ist enthauptet worden. In diesem Jahr – soweit wir wissen – wütete nicht die Pest, und es gab auch keine Hungersnot. Auch war der wirtschaftliche Niedergang seit der Großen Fehde gestoppt. Die religiösen Streitigkeiten waren weithin beigelegt.

Das einzige, was sich w i r k l i c h verändert hatte, war die Zusammensetzung des Rates und die neue Lebensauffassung der jetzt führenden Schicht.

Die achtzehn Ratssitze waren nicht gleichwertig. Die obersten sechs Ratsstellen waren die ausschlaggebenden. Danach kamen sechs weitere Sitze, die den Erbsassen (Patrizier und Honoratioren) vorbehalten waren. Die sechs letzten Stellen hatten die Handwerker inne.

"Zu den sechs oberen Ratsherren gehörten die zwei Bürgermeister, von denen jeweils einer der regierende war, zwei Rittmeister für Justiz und Verwaltungsangelegenheiten, zwei Camerarien für Polizeiwesen."[142]

Wie wir aus einigen Bemerkungen Detmar Mulhers und aus dem Brief von Gerlach Wulff wissen, spielten die Camerarien (die Kämmerer) bei den Hexenprozessen eine besondere Rolle. Sie sind z.B. bei den Vernehmungen dabei, weil sie "mit Gerichts- und Polizeiaufgaben betraut waren."[143]

Wichtig ist es deshalb zu wissen, wie stark die verschiedenen Gruppen im Rat vertreten waren. Besonders die Stellen der Kämmerer (Camerarii) sind bedeutsam.

1576 hatten die Patrizier noch die Mehrheit der Erbsassenstellen. Der zweite Camerarius war Wandschneider.

1576

1.	Bürgermeister	+ Her Albert Cleppingh	P
2.	Bürgermeister	Her Goddert Hane	P
3.	Rittmeister	Her Caspar Prume	P
4.	Rittmeister	Philippus van Farssum	P
5.	Kämmerer	Niclaess van Hoevell	P
6.	Kämmerer	Melchior Degingh	W
7.		Dethmar Bersswort	P
8.		Dietherich Prume	P
9.		Lambert Boeckholt	W
10.		Arnoldt van Ennede	W
11.		Lambert Potgeter	W
12.		Johan Dume	W
13.	Schuster	Reinoldt Vogelpoet	H
14.	Bäcker	Reinoldt Seer	H
15.	Schlächter	Heinrich Melleman	H
16.	Schmiede	Antonius Barensmit	H
17.	Butterleute	Dethmar Pinoge	H
18.	Krämer	Johan Melleman	H

1581

1.	Bürgermeister	Her Goddert Hane	P
2.	Bürgermeister	Her Dethmar Bersswordt	P
3.	Rittmeister	Niclaess van Hoevell	P
4.	Rittmeister	Diederich Prume	P
5.	Kämmerer	Melchior Degingh	W
6.	Kämmerer	Schotte Poepinckhuess	W
7.		Hilbrandt Bersswordt	P
8.		Rutger Wickede	P
9.		Lambert Boeckholdt	W
10.		Arnoldt van Ennede	W
11.		Johan Dume	W
12.		Frantz Bergfeldt	W
13.	Schuster	Martin Doeckel	H
14.	Bäcker	Reinoldt Seer	H
15.	Schlächter	Heinrich Melleman	H
16.	Schmiede	Antonius Barensmidt	H
17.	Butterleute	Dethmar Pinoege	H
18.	Krämer	Johan Melleman	H

1583

1.	Bürgermeister	Her Dethmar Berswort	P
2.	Bürgermeister	Her Goddert Hane	P
3.	Rittmeister	Niclaess van Hoevel	P
4.	Rittmeister	Diederich Prume	P
5.	Kämmerer	Rutger van Wickede	P
6.	Kämmerer	Hilbrandt van der Berswort	P
7.		Schotte Poepinckhues	W
8.		Georgh van Farssum	P
9.		Lambert Boeckholdt	W
10.		+ Frantz Bergfeldt	W
11.		Jasper Deifhues	W
12.		Laurenz Laeckman	W
13.	Schuster	Martin Doeckell	H
14.	Bäcker	Reinoldt Seer	H
15.	Schlächter	Heinrich Melleman	H
16.	Schmiede	Antonis Barensmit	H
17.	Butterleute	Dethmar Pinoge	H
18.	Krämer	Johan Melleman	H

(P = Patrizier, W = Wandschneider/Honoratioren, H = Handwerker)[144]

Als die Patrizier keine Mehrheit bei den ersten zwölf Stellen mehr hatten und zwei Wandschneider an die 5. und 6. Stelle als Camerarii gewählt worden waren, da begannen im schlimmen Jahr 1581 die ersten Hexenprozesse.

1583 hatten die Patrizier wieder die Mehrheit. Auch die Camerarii-Stellen waren wieder in den Händen der Patrizier. Und es gab erst einmal Ruhe.

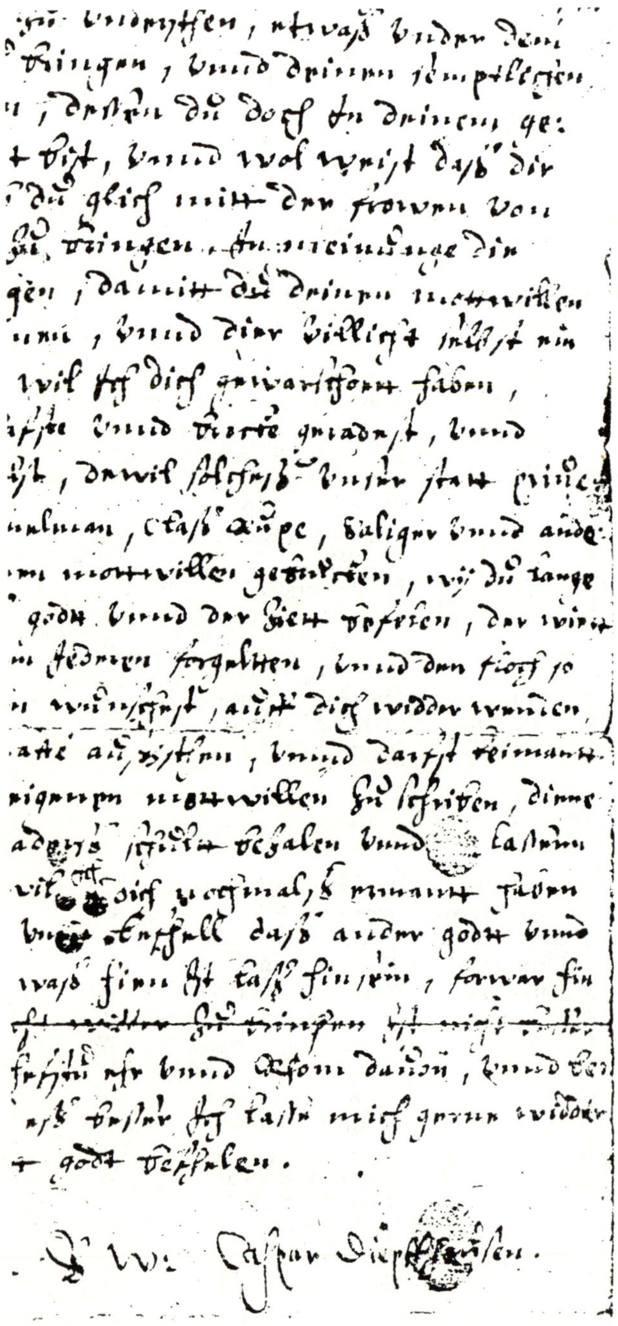

Ausschnitt aus einem Brief des Ratsherren Caspar Dieffhausen
(St.A. DO, Best. 322)

Zur Zeit der großen Hexenverfolgung zeigen die Ratslisten folgendes Bild:

1592

1.	Bürgermeister	Her Goydert Hanne	P
2.	Bürgermeister	Her Niclaes van Hoyvel	P
3.	Rittmeister	Rotger von Wickede	P
4.	Rittmeister	+ Schotte Poypinckhauss	W
5.	Kämmerer	Caspar Nyess Lic.	W
6.	Kämmerer	Conrat Klepinck	P
7.		Lammert Boyckholdt	W
8.		Laurens Lachman	W
9.		+ Niclaes Rupe	W
10.		Rotger Schulte	W
11.		Hinrich Meylman zum Eysell	W
12.		Hinrich Schoyler	W
13.	Schuster	Martin Doyckel	H
14.	Bäcker	Reynoldt Seher	H
15.	Schlächter	Johan Kaupe	H
16.	Schmiede	Hinrich Hohe	H
17.	Butterleute	Detmar Pinoge	H
18.	Krämer	Reinoldt Meylman	H

1593

1.	Bürgermeister	Her Goidert Hanne	P
2.	Bürgermeister	Her Niclas von Hovel	P
3.	Rittmeister	Rotger von Wickede	P
4.	Rittmeister	Conradt Klepinck	P
5.	Kämmerer	Caspar Nyess Lic	W
6.	Kämmerer	Caspar Deiffhuss	W
7.		+ Lammert Bockholdt	W
8.		Laurens Lachman	W
9.		Rotger Schulte	W
10.		Hinrich Melman zum Eissell	W
11.		Hinrich Scholer	W
12.		Arrent Rupe	W
13.	Schuster	Martin Dockell	H
14.	Bäcker	Reinoldt Seher	H
15.	Schlächter	Johan Kaupe	H
16.	Schmiede	Hinrich Hohe	H
17.	Butterleute	Detmar Pinoge	H
18.	Krämer	Reinoldt Meilman	H

1594

1.	Bürgermeister	Her Goiddert Hanne	P
2.	Bürgermeister	Her Hilbrandt von der Berschwort	P
3.	Rittmeister	Her Niclaes van Hoiffell	P
4.	Rittmeister	Rotger van Wickede	P
5.	Kämmerer	Caspar Nyess Lic	W
6.	Kämmerer	Conradt Klepinck	P
7.		Caspar Deiffhauss	W
8.		Laurens Lachman	W
9.		Rotger Schulte	W
10.		Hinrich Melman zum Eissel	W
11.		Hinrich Scholer	W
12.		Arrent Rupe	W
13.	Schuster	Martin Doickell	H
14.	Bäcker	Reinoldt Seher	H
15.	Schlächter	Johan Kaupe	H
16.	Schmiede	Hinrich Hohe	H
17.	Butterleute	Detmar Pinoge	H
18.	Krämer	+ Reinoldt Melman	H [144a]

1592, ein Jahr vor der Hexenverfolgung, waren nur noch vier Patrizier im Rat, aber der Patrizier Conrat Klepinck hatte eine Camerarii-Stelle besetzt.

In dem blutigen Jahr 1593 waren wiederum nur vier Patrizier im Rat. Aber es hatte eine sehr wichtige Veränderung gegeben: Camerarii waren jetzt Caspar Nyess, ein Jurist (Licentiatus), und der Wandschneider Caspar Deiffhus. Er war wohl verwandt mit der Witwe Katharina Dieffhausen (Deifhues, Dieffhausen).

Ein Jahr später, 1594, waren fünf Patrizier im Rat. Vor allem aber hatte Conradt Klepinck wie im Jahr vor der Hexenverfolgung wieder die Stelle eines Camerarius eingenommen.

Ob bei dieser Veränderung die furchtbare Hexenverfolgung eine Rolle gespielt hat, muß dahingestellt bleiben.

In den beiden Jahren der Hexenverfolgung, 1581 und 1593, hatten die Patrizier ihre Mehrheit bei den Erbsassensitzen verloren. Die vermutlich für die Prozeßführung bei den Hexenprozessen wichtigen Stellen der Camerarii waren in den Händen der Honoratioren.

Die Patrizier hatten also wohl kein Interesse an der Hexenverfolgung. So lange, wie sie die Oberhand hatten, ist so etwas nicht geschehen. Erst als die Honoratioren die wichtigen Stellen innehatten, fing das Morden an, wurden die Scheiterhaufen aufgerichtet. In der kleinlichen, engherzigen und tugendhaften Welt dieser Bürger war für solche Frauen kein Platz.

DAS VOLK

Auch in anderen Städten waren es in der Regel nicht die Volksmassen, die die Verfolgungen auslösten. Es gibt sicher die eine oder andere Quelle, die eine solche Vermutung – es sei das Volk gewesen – nahelegen könnte. "Weil man allgemein glaubte, daß der durch viele Jahre anhaltende Mißwuchs durch Hexen und Unholde ... verursacht werde, erhob sich das ganze Land zur Ausrottung der Hexen."[145]

Einmal bitten die Untertanen sogar um eine Hexenverfolgung in Wertheim. Aber das Schriftstück ist nur von 13 Bürgern unterzeichnet. Was es für Bürger waren, bleibt hier im Dunkeln.

In der neueren Literatur geht man deshalb mit derartigen Behauptungen wesentlich vorsichtiger um. "Die wissenschaftliche (Hexen-)Lehre wird in die Bevölkerung regelrecht hineinmissioniert."[146]

Kritik an dem Hexenglauben, wie sie vorsichtig in dem Brief des Dortmunders Gerlach Wulff zum Ausdruck kommt, gab es nicht nur von gelehrter Seite (Weyher und vor allem Friedrich Spee), sondern auch im Volke:

"Auch die Bevölkerung war dem 'Hexenwahn' nicht so unbedingt verfallen, wie die Literatur anzunehmen scheint. Die Klagen wegen Hexerei aus der Bevölkerung repräsentieren nur einen Teil der feststellbaren Ansichten, wobei zugegebenerweise die oppositionellen Regungen schwieriger nachzuweisen sind, da keine Verhörprotokolle angefertigt wurden, wenn jemand nicht an Verhexungen glaubte oder nicht wegen Hexerei klagte."[147]

Um die Kritik aus dem Volk zu zerstreuen, heißt es im Vorwort eines Buches über die Durchführung der Hexenverfolgungen:

Und ob man wol zu dieser Zeit etliche Personen finden möchte, die sagen dörfften, man thue den Leuthen unrecht (die als Hexen verbrannt wurden) ... Darumb soll meniglichen gewarnet seyn, unnd auch vor solchem bösen Übel und Nachreden ... verhüten, und dahin schließen, das die Obrigkeit niemandt Unrecht thut ...[148]

DIE MÖRDER STANDEN AN DER SPITZE DES FORTSCHRITTS

Andererseits gibt es eine Fülle von Belegen dafür, daß es vor allem die Fürsten, die Juristen, das aufstrebende Kleinbürgertum und das Bürgertum gewesen sind, die aus welchen Gründen auch immer die Morde an den Frauen und Männern eifrig betrieben haben.

Vom Würzburger Fürstbischof wird berichtet:

... als ist durch ihro Fuerstl. Gn. verordnet und den beampten anbefohlen worden, hinfurho alle Wochen uff Dienstag ... ein Brandt zuthun und alle sind jedesmal 25. oder 20. oder zum allerwenigsten und nicht weniger als 15 uff einmal inzusetzen und zuverbrenne.[149]

Oder:

Die Beamten selbst sind der Meinung, daß vor allem ihre Fürsten die Verantwortung für diese Prozesse selber zu tragen haben.[150]

Manchmal fühlen sich diese Leute sogar veranlaßt, sich vor der Öffentlichkeit zu rechtfertigen:

Wegen der Tortur und peinlichen Frag sind wir Räthe, wie ich wohl weiß, in solchem Ruf, als ob wir tyrannisch und nicht mit der Ordnung gemeinen Rechts gemäß damit procedirten.[151]

... das Korn, Wein, und andere Früchte auff dem Feld verderben ... Derwegen die hohen Obrigkeiten nit unbillich einsehen thun müsse. Wiewol etliche meinen man soll irer bekerung warten, das doch wol nit sein kann ...[152]

Eine wichtige Rolle spielten die J u r i s t e n. Schon damals schrieb Friedrich Spee: *Häufig sind die Richter, denen die Hexenprozesse anvertraut werden, schamlose, niederträchtige Menschen. Die Folter wird oft übermäßig angewandt ...*[153]

In vielen Fällen wurden die Akten den Juristischen Fakultäten zur Beurteilung vorgelegt. Über deren Einstellung und Praxis schreibt Schormann, der die Unterlagen genauer überprüft hat:

"Die Universitäten waren die Schaltstelle für die Durchsetzung und Verbreitung der wissenschaftlichen Hexenlehre."[154]

Die Juristen der Universität Rinteln empfahlen in fast 25 % aller Fälle das Verbrennen (82mal) oder Enthaupten (4mal)."Foltern" oder "Weiterfoltern" wurde bei 42 % der Delinquenten vorgeschlagen. In elf Fällen (3 %) plädierten sie für Entlassung oder Einstellung des Verfahrens. In Helmstedt war man(n) etwas "humaner". Hier wurde nur 171mal (31 %) die Folter empfohlen, 107mal (19 %) Verbrennung oder Enthauptung (3mal). Für Entlassung usw. war man in 14 % der Fälle[155].

J e a n B o d i n (1530-1596), französischer Staatsphilosoph, der Rechtsanwalt in Paris, später Rat des Herzogs von Alencon und schließlich Anwalt der französischen Krone in Laon wurde, schrieb ein Buch mit dem Titel: *Traktat über die Dämonomanie der Zauberer*, das ins Deutsche übersetzt und 1581 in Straßburg veröffentlicht wurde unter dem Titel *Vom ausgelassenen wütigen Teufelsheer der besessenen unsinnigen Hexen und Hexenmeister, Unholden, Teufelsbeschwörer, Wahrsager, Schwarzkünstler, Vergifter, Nestverknüpfer, Veruntreuer, Nachtschädiger, Augenverblender und aller anderen Zauberer Geschlecht, samt ihren ungeheuren Händeln: wie sie vermöge der Recht erkannt, eingetrieben, gehindert, erkundigt, erforscht, peinlich ersucht, und gestraft werden sollen.*

Dieses Buch hatte bis 1603 bereits 17 Auflagen.

Darin heißt es u.a.:

Und es besteht kein Zweifel, daß die brünstige Begierde fleischlicher Hurerei vor allem der Weiber auch zu g e i s t l i c h e r Hurerei verführt.

Es sei nämlich eine viehische Begierde, welche das Weib antreibt.
Aus diesem Grund soll man niemals einem der Zauberei Angeklagten gänzlich vergeben und freisprechen. Es sei denn, daß eine Falschaussage der Anzeigenden oder der Ankläger sonnenklar erweisbar wäre. Dies betone ich, weil der Beweis solcher Missetat so schwierig zu erbringen ist, daß unter hunderttausend Zauberern nicht einer angeklagt und bestraft würde, wenn die Parteien aus Mangel an Beweisen das ordentliche Gerichtsverfahren einhalten müßten. Daher muß den Richtern verboten werden, in Malefizsachen einem solchen Gerichtsprocedere zu folgen.

Denn wer immer mit der (Zauber-)Kunst umgeht, kann nicht in Abrede stellen, daß er das Gesetz Gottes und der Natur bricht: weil er die Wirkung der von Gott eingesetzten Ehe verhindert. Daraus folgt entweder die Ehescheidung oder Unfruchtbarkeit, was dann ein ganz eindeutiges Sakrileg oder eine Vergreifung an der heiligen Sache bedeutet. Zusätzlich wird er nicht leugnen können, daß er dadurch ein Totschläger wird. Derjenige also, der die Zeugung, oder die Heranreifung der Kinder behindert, muß ebenso als ein Totschläger angesehen werden wie derjenige, der einem anderen die Gurgel durchschneidet.
Wo aber je ein Mittel existiert hat, den Zorn Gottes zu besänftigen, seinen Segen zu erlangen, andere durch Strafe zu erschrecken, viele vor Vergiftung durch andere zu bewahren, die Menge der Bösen zu schmälern, das Leben der Frommen wohl zu sichern und die allerabscheulichste Untat, die ein Menschenherz erdenken kann, zu ahnden, so besteht dieses gewiß darin, daß man das Hexengeschmeiss aufs schärfste mit grösstem Rigor strafe. Gleichwohl fällt hier das Wort Schärfe bzw. Rigor noch zu milde aus, da für die teuflischen Subjekte keine Strafe grauenhaft genug sein könnte.[198]

Titelseite der deutschen Fassung von Jean Bodin

Bodin "geht von der allgemeinen Verderbtheit der elementaren Natur und des natürlichen Menschen aus und hat für fleischliche Sinneslust als Voluptas wenig Verständnis. Die ungeformte bloße Materie ist ihm der Ursprung des Bösen, zum Beispiel das Wasser, das Meer, aber auch die Frau als "Materie". Er zitiert Salomon, der das Meer Weib nannte: *Da er sagt / daß keyne Boßheit über eyns Weibs Boßheit seie: Und bißweilen nennt ers eyn Hure / die alle Männer annimmet / als die matery alle Formen / inmassen es der Rabi Maymon außgelegt hat.* Deshalb bezeichnet Bodin die Herrschaft des Mannes über die Frau als die des Geistes über die Natur, der Vernunft über die Begierde, der Seele über den Körper, als Ursprung und Grundlage der Gesellschaft schlechthin.[199]

Auch bei der Durchführung der Prozesse vor Ort standen die Juristen in vorderster Front. Im kurkölnischen Sauerland wurden sie als Kommissare (!) eingesetzt, "neben denen die ordentlichen Richter und Schöffen nur Statistenrollen hatten."[156]

Als grausamer Hexenjäger kam auch Caspar v. Fürstenberg, Licentiat beider Rechte zu zweifelhaftem Ruhm. Er erhielt übrigens seine erste Erziehungs- und Schulausbildung durch Friedrich Beurhaus, dem späteren Rektor des Dortmunder Gymnasiums.[156a]

Einer der meistgefürchteten Hexenverfolger in Westfalen, Hermann Cothmann aus Lemgo, war Jurist[157].

Trotz allem hielten sich diese Herren für unschuldig.

Die Beamten selbst sind der Meinung, daß vor allem ihre Fürsten die Verantwortung für diese Prozesse selber zu tragen haben. Wenn sie von den Geistlichen zur Vorsicht ermahnt werden, dann schieben sie stets die Verantwortung auf die Fürsten, da sie nur auf deren Befehl tätig seien. So hat neulich einer erklärt: "Ich weiß wohl, daß auch Unschuldige in unsere Prozesse hineingeraten, aber ich mache mir darum keine Sorgen, denn wir haben ja einen sehr gewissenhaften Fürsten, der uns immer drängt. Der wird jedenfalls wissen und in seinem Gewissen bedacht haben, was er befiehlt. Der wird schon zusehen, ich habe nur zu gehorchen." ...[158]

Eine wichtige Rolle bei der Ermordung der "Hexen" spielte, zunächst in den evangelischen Städten, der jeweilige Rat. Und in diesem die "neuen Kaufleute", die – wie in Dortmund – die Patrizier immer weiter zurückgedrängt hatten.

Von Richtern, Urtheylern und Gerichts-Personen. Aus dem Carolina-Druck von 1563

In Osnabrück z.B. war es Rudolf Hammacher, "ein angesehener Leinwandhändler, früher nach vorgängigem Besuche der Universitäten Erfurt und Wittenberg, Collaborator an der Schule zu Herford, dann aber nach seiner Heirath mit der Wittwe des reichen Kaufmanns von Lengerke zum Handelsbetriebe übergegangen, seit 1565 durch alljährliche Wahl drei und zwanzig Jahre lang zum Bürgermeister erkoren."[159]

Bisher war überwiegend von den evangelischen Städten und Ländern die Rede. In einem zweiten Abschnitt der Hexenverfolgung geht es aber um die katholischen Länder.

AUS DEM HEXENHAMMER

Der "Hexenhammer" wurde im Jahre 1487 zum erstenmal gedruckt. Geschrieben haben ihn die beiden Dominikaner Jakob Sprenger und Heinrich Institoris. Das Buch hatte bis 1669 etwa 30 Auflagen. In ihrem Werk vertraten die beiden Autoren u.a. folgende Ansichten:

Von der Bosheit aber der Weiber wird gesprochen Prediger 25: "Es ist kein schlimmeres Haupt über dem Zorne des Weibes. Mit einem Löwen oder Drachen zusammen zu sein wird nicht mehr frommen als zu wohnen bei einem nichtsnutzigen Weibe." Und neben mehreren, was ebendort über das nichtsnutzige Weib vorangeht und folgt heißt es zum Schlusse: "Klein ist jede Bosheit gegen die Bosheit des Weibes." Daher (sagt) Chrysostomos über Matth. 19: "Es frommt nicht, zu heiraten. Was ist das Weib anders als die Feindin der Freundschaft, eine unentrinnbare Strafe, ein notwendiges Übel, eine natürliche Versuchung, ein wünschenswertes Unglück, eine häusliche Gefahr, ein ergötzlicher Schade, ein Mangel der Natur, mit schöner Farbe gemalt? Wenn sie entlassen Sünde ist, wenn man sie einmal behalten muß, dann ist notwendig Qual zu erwarten, darum daß wir, entweder sie entlassend, Ehebruch treiben, oder aber tägliche Kämpfe haben." ... Terentius sagt: "Die Weiber sind leichten Verstandes, fast wie Knaben;" und Lactantius, Institutiones 8 sagt, niemals habe ein Weib Philosophie verstanden außer Temeste; und Sprüche 11 heißt es, gleichsam das Weib beschreibend: "Ein schönes und zuchtloses Weib ist wie ein goldner Reif in der Nase der Sau." Der Grund ist ein von der Natur entnommener: weil es fleischlicher gesinnt ist als der Mann, wie es aus den vielen fleischlichen Unflätereien ersichtlich ist. Diese Mängel werden auch gekennzeichnet bei der Schaffung des ersten Weibes, indem sie aus einer krummen Rippe geformt wurde, d.h. aus einer Brustrippe, die gekrümmt und gleichsam dem Mann entgegen geneigt ist. Aus diesem Mangel geht auch hervor, daß, da das Weib nur ein unvollkommenes Tier ist, es immer täuscht. ...
Und wie sie aus dem ersten Mangel, dem des Verstandes, leichter als Männer den Glauben ableugnen, so suchen, ersinnen und vollführen sie infolge des zweiten Punktes, der außergewöhnlichen Affekte und Leidenschaften, verschiedene Rache, (sei es durch Hexerei, sei es durch irgendwelche andern Mittel). Daher ist es kein Wunder, daß es eine solche Menge Hexen in diesem Geschlechte gibt. ...

Endlich mit Untersuchung der fleischlichen Begierden des Körpers selbst: daraus kommen unzählige Schäden des menschlichen Lebens, so daß wir mit Recht mit Cato Uticensis sprechen können: "Wenn die Welt ohne Weiber sein könnte, würden wir mit den Göttern verkehren;" da in der Tat, wenn der Weiber Bosheiten nicht wären, auch zu schweigen von den Hexen, die Welt noch von unzähligen Gefahren frei bleiben würde. ...
So ist das Weib, von dem der Prediger 7 spricht und über das jetzt die Kirche jammert wegen der ungeheuren Menge der Hexen: "Ich fand das Weib bitterer als den Tod; sie ist eine Schlinge des Jägers; ein Netz ist ihr Herz; Fesseln sind ihre Hände; wer Gott gefällt, wird sie fliehen; wer aber ein Sünder ist, wird von ihr gefangen werden." Es ist bitterer als der Tod, d.h. der Teufel. ...
Schließen wir: Alles geschieht aus fleischlicher Begierde, die bei ihnen unersättlich ist. Sprüche am Vorletzten: "Dreierlei ist unersättlich (etc.) und das vierte, das niemals spricht: es ist genug, nämlich die Öffnung der Gebärmutter." ...

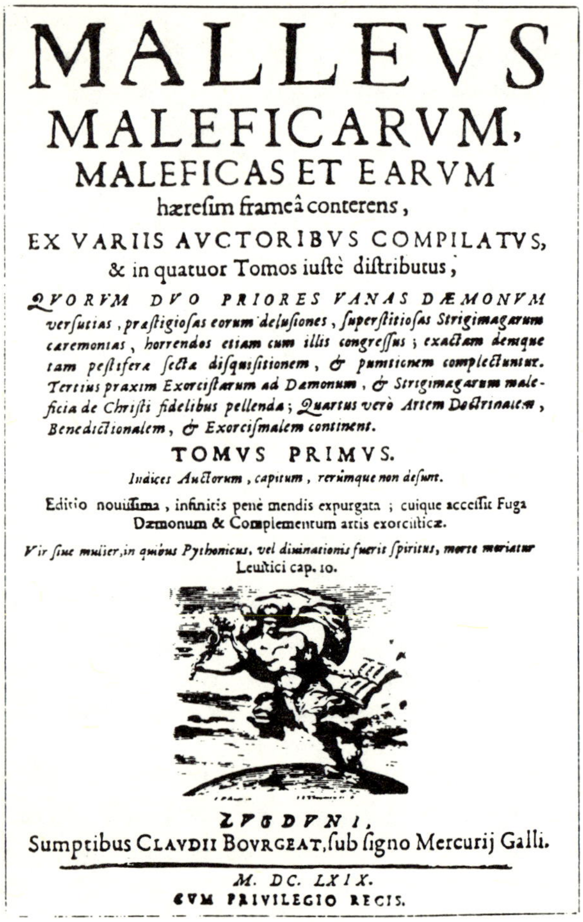
MALLEVS
MALEFICARVM,
MALEFICAS ET EARVM
hæresim frameâ conterens,
EX VARIIS AVCTORIBVS COMPILATVS,
& in quatuor Tomos iustè distributus;
QVORVM DVO PRIORES VANAS DÆMONVM versutias, præstigiosas eorum delusiones, superstitiosas Strigimagarum cæremonias, horrendos etiam cum illis congressus; exactam denique tam pestiferæ sectæ disquisitionem, & punitionem complectuntur. Tertius praxim Exorcistarum ad Dæmonum, & Strigimagarum maleficia de Christi fidelibus pellenda; Quartus verò Artem Doctrinalem, Benedictionalem, & Exorcismalem continent.
TOMVS PRIMVS.
Indices Auctorum, capitum, rerûmque non desunt.
Editio nouissima, infinitis penè mendis expurgata; cuique accessit Fuga Dæmonum & Complementum artis exorcisticæ.
Vir siue mulier, in quibus Pythonicus, vel diuinationis fuerit spiritus, morte moriatur Leuitici cap. 10.
LVGDVNI,
Sumptibus CLAVDII BOVRGEAT, sub signo Mercurij Galli.
M. DC. LXIX.
CVM PRIVILEGIO REGIS.

Titelseite des Hexenhammers

ÜBER DIE ART, WIE SIE DIE MÄNNLICHEN GLIEDER WEGZUHEXEN PFLEGEN – Kapitel 7 –
Aber auch darüber, daß sie die männlichen Glieder wegzuhexen pflegen, nicht zwar, daß sie wirklich die Leiber der Menschen derselben berauben, sondern sie nur durch Zauberkunst verhüllen, wie oben in der betreffenden Fragen festgestellt ist, wollen wir einige Geschehnisse berichten.
In der Stadt Regensburg nämlich hing sich ein Jüngling an ein Mädchen; und als er es im Stiche lassen wollte, verlor er sein Männliches, natürlich durch Gaukelkunst, so daß er nichts sehen und fassen konnte als den glatten Körper, worüber er beängstigt ward. Nun ging er einst in ein Gewölbe um Wein zu kaufen; hier blieb er eine Weile, als ein Weib hinzukam, dem er den Grund seiner Traurigkeit entdeckte und alles erzählte, auch ihr zeigte, daß es so mit seinem Leibe stände. Die verschmitzte Alte fragte, ob er keine im Verdacht hätte; und er nannte jene und erzählte ausführlich die Geschichte. Jene erwiderte: "Es ist nötig, daß du mit Gewalt, wo Freundlichkeit dir nicht hilft, sie zwingst, dir die Gesundheit wieder zu geben." Und der Jüngling beobachtete im Dunkeln den Weg, den die Hexe zu gehen pflegte; und als er sie sah, bat er sie, ihm seine Gesundheit wieder zu verleihen. Als jene sagte, sie sei unschuldig und wisse von nichts, stürzte er sich auf sie, würgte sie mit einem Handtuche und schrie: "Wenn du mir meine Gesundheit nicht wieder gibst, stirbst du von meiner Hand." Da sagte sie, da sie nicht schreien konnte, und ihr Gesicht schon anschwoll und blau wurde: "Laß mich los, dann will ich dich heilen." Und als der Jüngling den Knoten oder die Schlinge gelockert hatte und sie nicht mehr würgte, berührte die Hexe ihn mit der Hand zwischen den Schenkeln oder dem Schambeine und sprach: "Nun hast du, was du wünschest." Und, wie der Jüngling später erzählte, fühlte er deutlich, bevor er durch Sehen und Befühlen sich vergewisserte, daß ihm das Glied durch die bloße Berührung der Hexe wiedergegeben war.
...
Daß die Hexen die schwersten Strafen verdienen, über alle Verbrecher der Welt. ...
Endlich übertreffen ihre Schandtaten alle anderen.

Reuige Verbrecher werden oft milder bestraft. Der "Hexenhammer" empfiehlt:

Auf diese Weise aber die Hexen zu strafen, scheint nicht genügend, da sie nicht einfache Ketzerinnen sind, sondern Abgefallene; und es kommt dazu, daß sie bei dem Abfalle nicht, wie oben festgestellt, aus Furcht vor Menschen oder fleischlicher Lust ableugnen, nein, sie geben, außer der Ableugnung, auch Leib und Seele den Dämonen preis und leisten ihm Huldigung. Daraus ist hineichend klar, daß, wie sehr sie auch bereuen, und wenn sie auch zum Glauben zurückkehren, sie nicht wie andere Ketzer in ewiges Gefängnis gesteckt werden dürfen, sondern mit der schwersten Strafe zu bestrafen sind, und zwar auch wegen der zeitlichen Schäden, die (von ihnen) auf verschiedene Weisen Menschen und Vieh zugefügt werden.

Nach 1620 etwa wurden in Würzburg, Bamberg, im Mainzischen usw. Tausende von Frauen umgebracht. Das gleiche gilt für die Gebiete im kurkölnischen Sauerland.

Es scheint einen Zusammenhang gegeben zu haben zwischen der Gegenreformation und der Hexenverfolgung. Die Träger der Gegenreformation waren vor allem Jesuiten.

Nun finden sich bei den Jesuiten ganz ähnliche Prinzipien wie bei den Protestanten: verinnerlichte Moral, Gehorsam, Abwendung von allem, was mit Genuß zu tun hat.

Ein zentraler Wert ist der bedingungslose Gehorsam. Ignatius von Loyola selbst schreibt dazu in seinem "Testament": *Ich muß das Verlangen haben, mich durch den Obern leiten und führen zu lassen ... Ich muß in allem, was nicht Sünde ist, den Willen des Obern tun und nicht den meinen. ... Ich muß mich leiten und bewegen lassen, wie ein Wachsklümpchen sich kneten läßt ... So muß ich immer zur Hand sein, damit der Orden sich meiner bedient und mich zu allem brauchen kann, wofür er mich bestimmen will.*[160]

Neben Zucht und Ordnung war die *Selbstzucht* ein wichtiges Erziehungsziel für die Ordensbrüder. *Der vollendete Ordensmann sollte sich selbst vollkommen unter Kontrolle bekommen.*[161]

Mäßigkeit in allen Dingen des Alltags war gefordert. *Von öffentlichen Schmausereien und von dem gegenseitigen Zutrinken bei Nachtisch sollten wir uns in jedem Falle fernhalten*, heißt es in einem Schreiben[162].

Einer der Jesuiten gründete eine "Gesellschaft der Mageren", schreibt ein Beobachter. Der *Dürre Orden*, wie der Zusammenschluß auch genannt wurde, sollte der *leidenschaftlichen, genußsüchtigen Zeit ein Vorbild strenger Mäßigkeit* werden[163].

Trotz aller theologischen Unterschiede hatten Jesuiten wie Protestanten ähnliche Ziele.

So ist es nicht weiter verwunderlich, daß die katholische Hexenverfolgung in Theorie und Praxis von den Jesuiten ausging. Peter Canisius, einer der führenden Jesuiten, schrieb z.B.:

Jesuiten: Der hl. Ignatius legt mit seinen ersten Gefährten die Ordensgelübde ab

Ignatius von Loyola 1585

P. Canisius

Überall bestraft man die Hexen, welche merkwürdig sich mehren. Ihre Freveltaten sind entsetzlich. Sie beneiden die Kinder um die Gnade der Taufe und berauben sie derselben. Kindesmörderinnen finden sich unter ihnen in großer Anzahl. Ja einige haben das Fleisch von Kindern aufgezehrt, wie sie eingestehen. ... An vielen Orten verbrennt man diese verderblichen Unholdinnen des Menschengeschlechtes und ganz besondern Feindinnen des christlichen Namens.[164]

Aus den Worten wurden Taten. Die erste große Hexenverfolgung im Bistum Trier wurde vom "frommen und gelehrten Trierer Weihbischof und Generalvikar Peter Binsfeld, einem Zögling des Germanicums" (Universität der Jesuiten in Rom), in Gang gesetzt und weitergetrieben. Die große Verfolgung in Osnabrück in den dreißiger Jahren des 17. Jahrhunderts ging von Franz Wilhelm Graf zu Wartenburg, einem Jesuitenschüler, aus.

Einer der wütendsten Hexenverfolger des kurkölnischen Sauerlandes, Dr. Heinrich von Schultheiß, war Schüler eines Jesuitengymnasiums gewesen[165].

Hexenrichter Schultheiß
aus dem kurkölnischen Sauerland

Ferdinand Herzog von Bayern, Fürstbischof von Köln, Münster, Paderborn usw., war von den Jesuiten erzogen worden. Unter seiner Herrschaft erreichte die Verfolgung im Bistum Paderborn einen traurigen Höhepunkt[166].

"Die lückenlose Staffette der unbedingten Verfolgungsbefürworter von höchstem politischen Einfluß währte in Bayern fast ein ganzes Jahrhundert."[167]

Das waren alles Jesuiten.

Protestantische wie katholische Hexenjäger waren also erstaunlicherweise angesehene, hochverehrte, humanistisch und wissenschaftlich gebildete Menschen.

"Der blutrünstigste unter den Fürsten, die Hexen verbrennen ließen, war zugleich der gebildetste Mäzen der damaligen Gelehrtenwelt. Der katholische Fürstbischof von Würzburg, Julius Echter von Mengelbrunn, der den Hexenwahn in den neunziger Jahren des 16. Jahrhunderts in sein Territorium einführte, war ein im Stile seiner Zeit

Papst Innozenz VIII.

weltoffener Mann, höfisch gewandt, gebildet und aufgeklärt, wenn man die 'Aufklärung' der Gegenreformation zum Maßstab nimmt. Sein protestantischer Zeitgenosse, Herzog Heinrich Julius von Braunschweig, der als 'der unstreitig gebildetste Fürst seiner Zeit' geschildert wird, war ... bewandert in der Mathematik, in der Chemie, den Naturwissenschaften, in der lateinischen, griechischen und hebräischen Sprache. Er war ein Jurist, der ... lieber im Codex als in einem Roman las, ein Architekt, der die Bauten für die neue Universität Helmstedt selbst entwarf, dazu noch Dichter und Dramatiker. In seinen Stücken verweilte er salbungsvoll bei der moralischen Pflicht der Fürsten zur Hexenverbrennung, und während seiner Regierung ... hat er sich dieser Pflicht niemals entzogen. *Zeit seines Lebens*, berichtet ein Chronist, *sah der Platz Am Lecheln Holz stets wie ein kleiner Wald aus, so dicht standen die Brandpfähle."*[168]

Und auch von jenem Papst Innozenz VIII., der die Hexenbulle verfaßte, schrieb ein Zeitgenosse:

Niemand ging ungetröstet von ihm, alle nahm er mit wahrhaft väterlicher Güte und Milde auf; er war befreundet mit hoch und nieder, mit reich und arm.[169]

Jesuiten, Juristen, die neuen bürgerlichen Räte und Bürgermeister – sie alle gehörten nicht zu den konservativen Kräften, sie verkörperten vielmehr den "Fortschritt".

WIE DIE MÖRDER VORGINGEN

MAN(N) ERZEUGT ANGST

Aus den Schilderungen von Detmar Mulher wissen wir einige Einzelheiten über die Art und Weise, wie der Rat vorgegangen ist.

Die Bezichtigten wurden immer abends abgeholt, nur Catharina Spickers hat man(n) *frühmorgens ... als sie ihre Kühe für den Hirten austreiben wollte, verhaftet.*

Wir denken, daß die Verhaftungen abends weniger Aufsehen erregten.

Die Wasserproben wurden frühmorgens vorgenommen. Lediglich Wessel Kipp wurde nachmittags um 2 Uhr aufs Wasser geworfen. Gerade in den frühen Morgenstunden hatten die Leute viel zu tun: Sie standen mit dem ersten Hahnenschrei auf, das Vieh mußte versorgt werden, Brot wurde gebacken, die Handwerker gingen an die Arbeit. Es ist deshalb anzunehmen, daß die meisten keine Zeit hatten, mit zum Kuckelkemühlenteich zu laufen.

Gefänglich eingesetzt wurden die Angeklagten in verschiedene Türme. Detmar Mulher nennt den Judenturm, den Turm hinter dem St.-Katharinen-Kloster und den Turm am Windmühlenberge.

Gefoltert wurden die Opfer im Diebeskeller unter dem Rathaus. Hier sind zu Tode gefoltert:

Anna Coesters
Carda Mana
Katharina Dieffhausen
Katharina Harnsmachers.

Man hat alle die armen Frauen lange, lange gequält. Der Tod war für sie mehr als eine Erlösung:

Anna Coesters	7 Wochen
Carda Mana	7 Wochen
Korte Enne	3 Wochen
Tribbel Enne	11 Wochen
Enne Kurlemans	17 Tage
Katharina Dieffhausen	6 Wochen
Katharina Harnsmachers	8 Tage
Catharina Spickers	6 Wochen
Else Hilgenschneider	7 Wochen
Margrita Martens	6 Wochen
Tele Seiffe	19 Tage
Cathrina Peters	4 Wochen

Anwesend bei den Torturen waren Camerarii, Stockmeister, Gerichtsschreiber, Fronen und Scharfrichter.

Katharina Harnsmachers hat besonders den Haß der Richter zu spüren bekommen. Weil sie ihr Geständnis widerrufen hatte, konnte man(n) sie nicht, wie vorgesehen, auf dem Scheiterhaufen lebendig verbrennen. Sie ist daraufhin wohl im Diebeskeller ermordet worden. Aber das war nicht genug. Nichts sollte von ihr übrig bleiben. Deshalb wurde der Leichnam noch zu Pulver verbrannt.

Es fällt uns auf, daß es Anna Coesters ebenso ergangen ist. Da nach ihrem Prozeß keine weitere Frau eingezogen wurde, hat sie wohl auch keine genannt und so auch den Zorn der Richter auf sich gelenkt.

Mit den vier Männern ging der Dortmunder Rat anders um. Putmann hat bei der Wasserprobe bewiesen, daß er kein Zauberer war. Thomas Leiendecker wurde freigelassen, obwohl er ein "Zauberer" war, denn er ist ja geschwommen. Zwei Männer, Bernd Badde und Wessel Kipp, sind hingerichtet worden.

Es hat den Anschein, als hätte der Rat in aller Heimlichkeit die Leute verhaften lassen und die Wasserproben vorgenommen. Nur an bestimmten Tagen wurde gefoltert und gemordet.

Daß die Frauen eingezogen wurden, konnte den Bewohnern der Stadt nicht ganz verborgen bleiben. Es gingen sicherlich in Windeseile Gerüchte um. Von Hexen wurde geredet. Werden sie gefoltert? Namen aus ihnen herausgepreßt? Wen könnte es treffen? Vielleicht dich – oder sogar mich?

Diese Ereignisse und, nichts Genaues darüber zu wissen, versetzte die Leute in Angst und Schrekken.

Das entsetzliche Ende der gefolterten Frauen wurde mit großem Aufwand vom Rat veranstaltet. Machtvoll trat er auf. Er verkündete mit großer Feierlichkeit am Richthaus das Urteil. Danach wurde "die Hexe" mitten durch die Stadt *über den Westenhellweg zum Westentor* zur Richtstätte gebracht, dort lebendig verbrannt oder enthauptet.

Die Hinrichtungen wurden S a m s t a g s vorgenommen (nur an drei Frauen an einem Dienstag). Samstags war in Dortmund offener Markt. Auf dem Marktplatz sowie auf den Straßen und Gassen wimmelte es auch von Leuten, die von auswärts kamen. So war gesichert, daß dieses "Theater des Schreckens" (R. van Dülmen) von möglichst vielen Menschen gesehen wurde.

Auf diese Weise versuchten die gelehrten und vornehmen Ratsherren, den Frauen in Dortmund das Rückgrat zu brechen.

Außer dem Samstag spielten in Dortmund im Jahre 1593 bei der Hexenverfolgung auch andere bestimmte Wochentage eine Rolle.

Die Wasserproben haben immer donnerstags stattgefunden. Der D o n n e r s t a g war bei den Germanen dem mächtigen Gott Donar geweiht. Es war der bedeutendste Tag in der Woche, ähnlich wie heute der Sonntag.

Donar war der "Walter des Rechts und Strafer des Unrechts, der Donnerstag war darum ein beliebter Gerichtstag."[170]

"Gegen die heidnische Festfeier dieses Tages kämpfte die Kirche mit wenig Erfolg."[171] Darum wurden z.B. die Feiertage Christi Himmelfahrt und Fronleichnam auf diesen Tag gelegt.

Dieser so mit heidnischen Vorstellungen und Überlieferungen erfüllte Tag mußte durch das Christentum in einen Hexentag verwandelt werden. Nach den Hexenakten erscheinen die Teufel zumeist am Donnerstag und Dienstag, am Donnerstag kommt der Hexenbuhle oder wurde nach Aussagen von Hexen in Gestalt eines Hündchens gebadet, am Donnerstag muß die Hexensalbe bereitet

Am Ende des Westenhellwegs.
Ganz hinten das Westentor.

werden, und am Abend dieses Tages fahren die Hexen zu ihren Versammlungsplätzen.[172]

Und es ist nicht verwunderlich, daß ausgerechnet jedesmal nur an einem Dienstag Frauen ermordet bzw. zu Tode gefoltert worden sind. "Der Dienstag ist wie der Donnerstag auch ein Hexen- und Gerichtstag."[173]

Es sieht für uns so aus, als wenn der Rat sowie die Folterer diese Wochentage nicht zufällig ausgesucht haben. Der Rat hat womöglich diese zwei Wochentage darum besonders ausgewählt, weil er damit den Leuten zu verstehen geben wollte: Hier an diesen Hexentagen sind wir noch mächtiger als der Teufel!

ES WIRD GENAU BUCH GEFÜHRT

Wir haben erst gedacht, die Morde an den Frauen seien reine Willkürakte gewesen. Die Prozesse sind jedoch nach bestimmten Regeln abgelaufen.

"Dazu gehörte die Befragung nach vorher festgelegten Frageschemata ... Nicht nur die Fragen, sondern auch die Antworten der Verdächtigten mußten akribisch schriftlich fixiert werden."[174]

Es hatte alles seine bürokratische Ordnung.

Das einzige vorhandene Protokoll über Anna Coesters zeigt, daß es in Dortmund genauso abgelaufen ist.

Über alles wurde Buch geführt. Die Kosten für Bier, Wein und Abendbrot der Henker und Richter wurden genauestens in den Haushaltsbüchern der Städte aufgelistet[175].

Selbst die Scharfrichter hatten eine feste Gebührenordnung.

Der Scharfrichter

1688 Februar 5:
Kurkölnische Gebührenordnung für Scharfrichter erneuert 1757 Januar 15

Zu binden, Schrauben an Daumen und Schienbein anzusetzen und aufzuziehen, die erste Viertelstunde 1 Taler 46 Schilling.
An den Pranger zu stellen und auszustreiche 2 Taler.
1 Hand oder 2 Finger abzuhauen 1 Taler.
Zu strangulieren und zu verbrennen 6 Taler.
Lebendig zu verbrennen 6 Taler.
Den Verurteilten in vier Teile zerlegen 6 Taler.[176]

Die entstandenen Kosten wurden Angehörigen der Ermordeten auf Heller und Pfennig berechnet.

Jacobs Rhaet zu Holthausen, dessen frauwen moetter verbrandt = 14 Rt.
Everdts Heinemans von Holthusen, dessen moetter verbrandt = 15 1/2 Rt.
Hans Heisemans (auch: Hesemans) son zu Holthausen moetter verbrandt = 14 Rt.
Thonieses Smietten von Holthausen sein moetter ist verbrandt = 15 Rt.
Jacob Hoefman zu Graefschaft, dessen swiegermoetter verbrandt = 16 Rt. u. 3 kopstecke
Mergens Herman zu Graefschaft hausfrau = 18 Rt. und 4 kopstecke
Jaspar Fieggen auf der Almart, dessen hausfrau verbrandt und auch sein broeder = 33 Rt.
Roetger Volmars dessen vatter, moetter und vatter broeder auf der Almart verbrandt = 52 Rt.
Hans Heinemans frau zu Wesfeld = 9 Rt., item hat eine swegerinne, so eine nacht gesessen, davon wirt 1 Rt. gefordert
Arndt Everdes zu Wesfeldt swiegermoetter (oder: swiegervatter) ist verbrandt = 17 Rt. und 1/2 kopstuck
Alberts Thonies zu Wesfeldt ist sein moetter und sein broeder verbrandt = 36 Rt. und 4 Rt. zu uncosten;
dessen swester ist auch eingezogen gewesen, doch lediglich gelassen = 14 Rt.[177]

Aus Dortmund liegen derartige Rechnungen nicht vor. Es ist anzunehmen, daß es hier auch so war.

ANLEITUNG FÜR EINEN FACHGERECHTEN SCHEITERHAUFEN

Mit den Scheiterhaufen war es nicht anders. Sie waren sorgfältig durchkonstruiert, damit alles reibungslos funktionierte und unnötige Kosten vermieden werden konnten.

So heißt es in einer Baubeschreibung eines Scheiterhaufens aus der Stadt Lemgo:

Die 6 Grundtstäbe werden gelegt nach der Zeichnung, und dan trocken Klaft Holz nach Schichtung gelegt, dan Stroh, mit Theer u. Pech dan Holz, ein um das ander, aber an allen Seiten müßen mit den Holz Luft Löcher gelegt werden, ganz Egahl, auf die Zuglöcher kömt viel an, wan der Deliquent befestiget ist, das Bredt unter weg gezogen ist, dan wird daß Loch – wo der Deliquent durchgebracht ist mit Holz wie das andere zugelegt, und dan an 4 Ecken der Scheiterhaufen zugleich angezünd werden damit es zu gleich in Flammen steht.
Es gehören zum Scheiterhaufen 6 Klafter Holz, und 5 Stiege Stroh, und Theer 1/2 Tonne, nun kann wohl etwas überbleiben. Dies kan nicht genau bestimt werden, mit den Theer und Stroh, wird daß Feuer zum Brennen gebracht und muß bey der Anlage des Scheiterhaufens nicht alle verbraucht werden.

1.2.3. Dieses sind ausgehölte Löcher durch den Pfahl, wodurch die Kette geht. Der Pfahl kan 14 auch 15 Fuß lang über der Erde sein, aber Grün Holz. Die Kette wird nachgelaßen mit den Deliquent so wie der Scheiterhaufen verbrendt.
A. Sind die Nägel, wo er wens befohlen wird Ertroßelt wird, werden nach Proportion des Scheiterhaufen wie Hoch dieser wird, und der Größe des Deliquenten Eingeschlagen.
B. Sind Crampen woran der Deliquent befestigt wird wen er nicht Ertroßelt wird.
C. Ein Bret worauf der Deliquent steht, so balt er vest ist, oder Ertroßelt wird - oder werden soll, wird daßelbe weggezogen.
D. Eine kleine Kette womit die Beyne, so auch die Hände mit vorhere gebunden werden.
E. Ein Bredt komt nur ein Fus von Scheiterhaufen, dies wird gemacht wen er Strangulirt wird, und dan wird der Scheiterhaufen höher gemacht daß, man den Deliquenten nicht sehe kan oder daß Stranguliren.

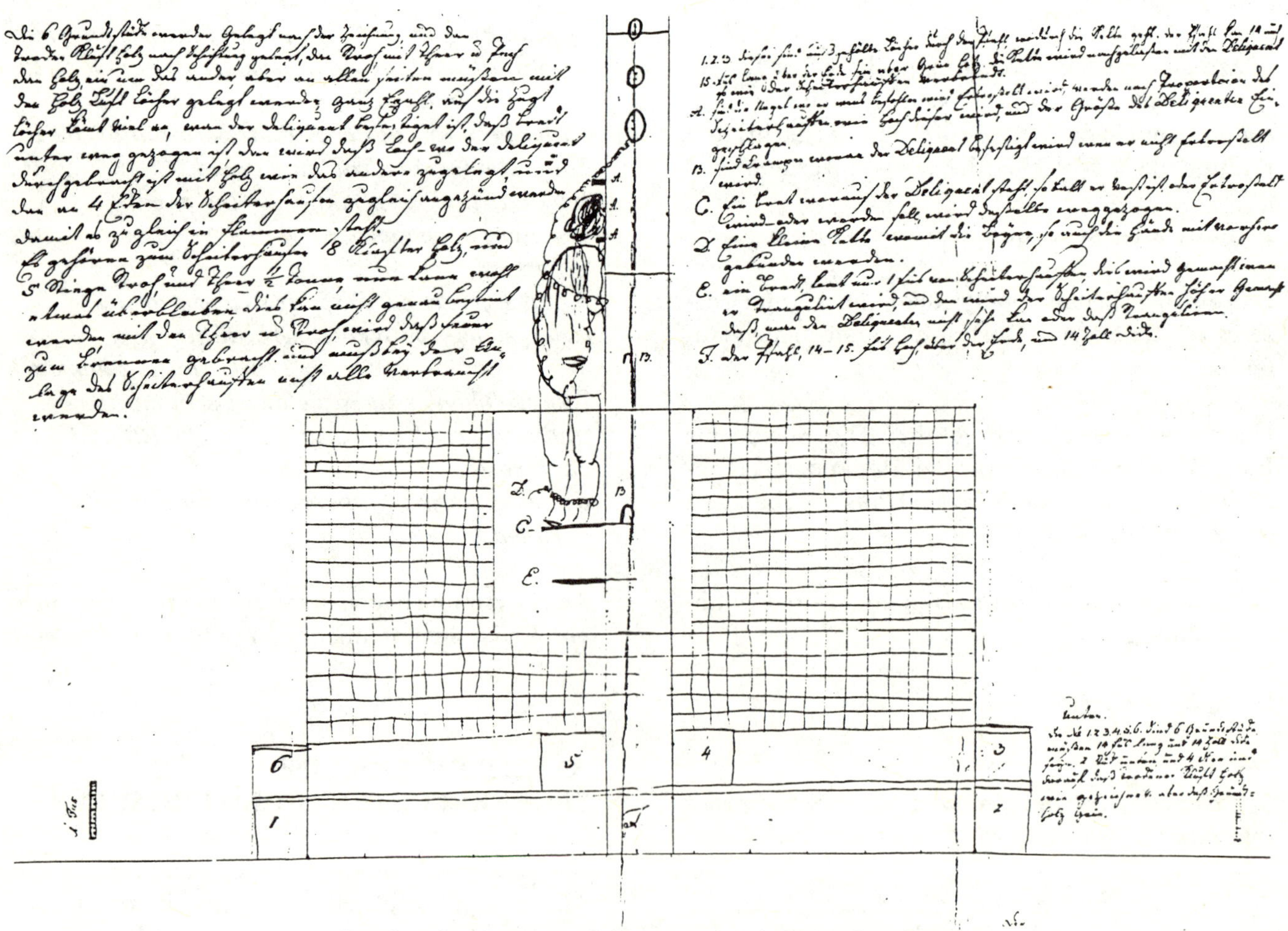

Baubeschreibung und Skizze eines Scheiterhaufens
(Stadtarchiv Lemgo, Signatur S Nachlaß Clausen Nr. 10)

F. Der Pfahl, 14 bis 15 Fuß Hoch, über der Erde, und 14 Zoll dicke unten.

Die No. 1.2.3.4.5.6. Sind 6 Grundstücke müßen 14 Fus lang und 14 Zoll dick seyn. 2 Stück unten und 4 Oben, und darauf daß trockene Klaft Holz wie gezeichnet, aber daß Grundtholz Grün.[178]

Wir haben hier mit Absicht von Mord geredet, auch wenn das von uns beschriebene Handeln nicht immer nachweislich alle Merkmale erfüllt, die im Strafgesetzbuch stehen. Das Wort ist älter als diese aus dem 19. Jahrhundert stammende Auslegung der Juristen und bedeutet ursprünglich "absichtliche, heimliche Tötung" eines Menschen.

Gewiß, die Tötung der "Hexe" erfolgte in aller Regel vor allem Volk, denn es kam ja auf die "abschreckende" Wirkung an, und die konnte offenbar nicht schrecklich genug sein. Heimlich dagegen erfolgte die Zubereitung der Opfer für den Zustand, in dem sie umgebracht wurden.

Im frühen Christentum wußten die Märtyrerinnen und Märtyrer wenigstens, wofür sie starben. Sie legten Zeugnis ab. Das wurde den Frauen, die als Hexen umgebracht wurden, verwehrt. Ja, sie mußten sogar falsches Zeugnis ablegen, nicht nur über sich, sondern auch über andere.

Deutliche Parallelen bestanden auch zu anderen Massenmorden, die von der Obrigkeit in Gang gesetzt wurden. Auch die "Hexen" waren vor ihrer Ermordung von der Obrigkeit zu Nicht-Menschen erklärt worden, zu Wesen, bei denen sich Mitleid verbot. Und sie waren damit zugleich ihrer Persönlichkeit beraubt und dienten als bloße Instrumente – zur Unterwerfung des Volkes unter das Diktat der "wohlachtbaren" und "hochgelehrten" neuen Herren.

WIE MAN(N) ZUM MÖRDER GEMACHT WIRD

Das Bild des Mannes, das Marilyn French in ihrem Buch "Jenseits der Macht"[179] entwirft, gilt auch für die Honoratioren, Juristen und Geistlichen des 16. und 17. Jahrhunderts:

"Dennoch wird bei näherem Hinsehen offenbar, daß der Mann keineswegs von Natur aus ein 'Killer' ist. Läge der Drang zu töten in seiner Natur, hätte nie eine Notwendigkeit bestanden, ihn zu Rivalität, Mißtrauen und der Bereitschaft zum Töten zu erziehen. In diesem Falle wäre es überflüssig gewesen, die Knaben aus dem Elternhaus (dem Reich der Frauen) zu entfernen und in Erziehungsanstalten zu stecken, um 'Männer aus ihnen zu machen'. ... (Diese) Institutionen sind Trainingsstätten zur Erlernung physischer wie emotionaler Brutalität. Den Knaben wird beigebracht, keine Gefühle zu zeigen und möglichst auch keine zu empfinden. Sie lernen, ihre Schinder zu hassen und diesen Haß gegen Gleichgestellte zu richten: gegen einen Feind, der der eigene Bruder sein könnte. Der Grundgedanke jeglicher ... Disziplin besteht darin, Männer so abzurichten, daß sie ohne Nachdenken gehorchen und hassen."[180]

Der Mann "muß lernen, sich selbst zu hassen, sich als nichtswürdig und böse zu begreifen, und zwar vor allem dann, wenn er in sich selbst Neigungen entdeckt, das zu genießen, was zu verachten ihm aufgegeben ist."[181]

Als Händler oder Juristen mußten sie jeden Pfennig und jedes Wort auf die Goldwaage legen. So schufen sie sich eine engherzige, berechnende Welt, aus der Lebensfreude, Sinnlichkeit und Leidenschaft vertilgt werden mußte.

BRUTSTÄTTEN DER HEXENVERFOLGUNG: GYMNASIEN UND UNIVERSITÄTEN

Auf diesem Hintergrund gibt es einen erklärlichen Zusammenhang zwischen Schulgründungen und Hexenverfolgungen.

Bei genauerem Zusehen zeigt sich nämlich, daß die Hexenverfolgungen – ähnlich wie in Dortmund – in vielen Fällen etwa ein halbes Jahrhundert nach der Errichtung von Gymnasien begannen. Um diese Zeit saßen wahrscheinlich die Produkte dieser Erziehung in den Räten der Städte, waren Juristen oder Beamte – alles Leute, die, wie wir sahen, bei Verfolgung der Frauen außerordentlich aktiv waren.

Hierzu einige Beispiele
aus evangelischen Städten:

	Schulgründung	Höhepunkt der Hexenverfolgung
Rostock (Mecklenburg)	1520	1584
Minden	1530	1604
Soest	1534	1585
Stettin (Pommern)	1540	1585-1592
Herford	1540	1586
Osnabrück	1543	1575
Dortmund	1543	1593
Lemgo	1583	1628
Detmold	1602	1656

In vielen katholischen Orten war es nicht anders. Dort sind die Schulen allerdings erst viel später von den Jesuiten gegründet worden. Deren pädagogische Prinzipien unterschieden sich allerdings kaum von denen ihrer protestantischen Gegner. So schreibt ein ehemaliger Schüler über eine solche Anstalt:

Dort ist nicht zu fürchten, daß die Jünglinge vom Pesthauche des Lasters angesteckt und verdorben werden, denn scharfe, strenge Zucht hält sie alle im Zaum; keinem wird Geld in den Händen gelassen, keiner darf aus dem Kollegium hinausgehen, keinem wird unnützen und unnötigen Aufwand zu treiben gestattet. Köstliche Kleider zu tragen ist verboten, damit nicht durch dieses Beispiel auch andere zur Eitelkeit gereizt und die Eltern durch die Verschwendung der Söhne auf unbillige Art sich einzuschränken genötigt werden. Die Lehrart, die Emsigkeit und den Fleiß dieser Männer muß ich loben und billigen; ...[182]

In den katholischen Städten ergibt sich folgendes Bild:

	Schulgründung	Höhepunkt der Hexenverfolgung
Köln	1544	1628
Dillingen	1551	1591
Trier	1560	1587
Mainz	1561	1593
Würzburg	1567	1616
Fulda	1571	1603
Paderborn	1580	1631

In einer Reihe von Städten hat es Gymnasien, aber keine Verfolgungen gegeben. Wenn der Rat einer Stadt nicht mitmachte, wie in Nürnberg, dann gab es keine Prozesse. Andererseits vermochten Landesherren wie der von Detmold oder einflußreiche Persönlichkeiten wie z.B. Petrus Canisius in Dillingen, Prozesse in Gang zu setzen. Trotzdem konnte kein Landesherr und kein Stadtrat ohne die Hilfe willfähriger Beamter Verfolgungen durchführen.

Als These ist deshalb festzuhalten, daß jene Menschen, die fähig waren, Frauen zu verbrennen, u.a. zunächst auf den Gymnasien "erzogen" worden waren und daß erst dann, wenn sie in Amt und Würden waren, Prozesse begonnen werden konnten.

Dies erklärt vermutlich, warum die katholische Verfolgungswelle erst im 17. Jahrhundert stattfand: Dort wurden die Schulen in der Regel später gegründet. In jenen katholischen Städten, in denen die Verfolgung früher begann – wie in Trier und Dillingen –, waren die Schulen entsprechend früher ins Leben gerufen worden.

In den Gegenden, in denen es keine Hexenverfolgungen gab, wie z.B. in Oldenburg, existierten oft auch keine Gymnasien und Universitäten.

DIE FURCHT DER MÄNNER, VON FRAUEN UNTERDRÜCKT ZU WERDEN

Die Verfolger beider Konfessionen hatten noch mehr gemeinsam, z.B. die Angst vor eigenständigen Frauen und vor allem, was mit Lebenslust und "unnützer" Sinneslust zu tun hatte.

Die Angst der Männer kommt u.a. in sehr vielen Holzschnitten zum Ausdruck.

Da ist einmal das Motiv, das in allen Variationen wiederkehrt: wie die Frau auf dem Mann reitet, sich diesen also gefügig gemacht hat:

Der unterjochte Ehemann, Holzschnitt

Die Sinnlichkeit besiegt die Weisheit

Der unterjochte Ehemann, Holzschnitt

Eine Menge Bilder zeigen, wie die Männer von den Frauen zu Narren oder Affen gemacht werden:

Darstellung der Weibesmacht. Ein Mädchen reitet auf einem Esel, hat einen Kuckuck statt des Falken auf der Faust und hat Affen, die hinter ihr dreinlaufen, am Seil. Narren stehen ebenso entzückt vor ihr. Der Vers auf dem Spruchband lautet:
Eynen essel reyden ich wan ich weil
eyn gauch dat is myn federspil
da myt fangen ich naren ind affen vyl.

Deutlicher als auf diesen Bildern – die übrigens um ein vielfaches vermehrt werden könnten – können die Gefühle der Männer gegenüber den Frauen im 16. Jahrhundert nicht zum Ausdruck gebracht werden.

Der unterjochte Ehemann um 1536

Und schließlich wurde nicht nur in Dortmund alles, was Spaß machte, von Männern verboten.

In der benachbarten Grafschaft Mark beispielsweise ging man(n) gegen das *vullsupen und Cartenspielen* vor. *Faullenzer*, ... arbeitslose Knechte, ausländische Müßiggänger und *konzessionslose* Bettler sollten unverzüglich das Land verlassen. Vor allem ging es gegen die *Nachttänze:*

"Es waren eigentlich an sich ziemlich harmlose Vergnügungen, bei denen es aber schon mal zu Ausschreitungen kam. Damals trafen die Frauen und jungen Mädchen in kleinen Gruppen zusammen, um gemeinsam den Flachs zu brechen und zu hecheln. Dabei gab es natürlich immer viel Spaß, zumal wenn sich zum Schluß die Burschen einfanden und die Mädchen zum Tanz verlockten. Die Anklage meinte allerdings, daß *dabei nachtsdensse (Nachttänze) und ander unzüchthig wesen trieben, denselbigen die jungen leuth unberoffen heuffigh zuloffen und zu unzelligen Sünden und Lastern gerathen."*...[183]

Die eifersüchtige Gattin

Im katholischen Bayern war es nicht anders. In einer Münchener Verordnung von 1590 heißt es u.a.:

... seind wir aus Christlichem eufer und rechter schuldigkeit nicht unbillich bewegt worden, anjetzt bey gegenwirdig Fasnacht Zeit und gleich von nun an alle hievor erlaubte und Zuegelassne Faßnachtfreuden, Mummereyen, und andere Khurzweillen dißmallen genzlich einzestellen, und dieselben nit allein menigelich zu verbieten, sonder wir wellen auch hiemit in allem ernst noch darzue alle Saittenspiell, auch Pauerpfeiffer, Trumen, Geigl und was man dergleichen haben mög, ..., wie auch sonderlich und fürnehmlich das Gassengehen und Hofieren, Singen und Geplerr, auch alle rumor und geschray, sowohl bey tag, als sonderlich bey der nacht, abgeschafft haben ...[184]

Die Hexen sind nicht ausgestorben

Am Anfang u n s e r e r bürgerlichen Gesellschaft hat ein Massenmord stattgefunden. Damals sind Hunderttausende, vielleicht sogar Millionen gefoltert und ermordet worden.

Für jene Leute, die die Hexenverfolgung ins Mittelalter verlegen, ist heute das alles vorbei. W i r denken aber, auch heute noch gibt es Leute, die solche Menschen, die nicht ohne weiteres gehorchen, die über sich selbst bestimmen wollen, die sich dagegen wehren, in vorgefertigte Kästchen eingesperrt zu werden, verfolgen und gleichschalten möchten.

Keramikfiguren von Annette Seiler 1988

D a m a l s haben die Stadtväter, Richter, Lehrer, evangelische und katholische Pastöre die Frauen, die nicht in die neue Gesellschaft hineinpaßten, zur Demut, Unterwürfigkeit und Opferbereitschaft zu zwingen versucht.

H e u t e haben sich nur die Methoden geändert.

Durch alle Jahrhunderte hindurch hat es trotzdem immer wieder Frauen gegeben, die sich gewehrt haben. Nur hat "Mann" es selten aufgeschrieben, und wenn schon, dann in herabwürdigender Weise. Dafür gibt es in Dortmund zahlreiche Beispiele:

Schon kurz nach der Hexenverfolgung ist uns ein solcher Fall überliefert:

1606: CLARA HAGEBOCHE
1606 (Jan. 20.) Klage des Schulmeisters zu Petri Peter Schmidt / Clara Hageboche, die ihn vor der Schule, "schwarzer podagrischer Hund" gescholten und rückwärts über drei Treppen geworfen hat, und am 14. Februar sein Kind an der Emscher gescholten: "Schwarzer Teufel nu will ich sehen, ob du oder ich HEXEN kann" und wollte sie unter Schlägen in die Emscher werfen.[185]

Offensichtlich hat der Schulmeister die Frau als Hexe beschimpft. Sie hat trotz der immer noch andauernden Hexenverfolgungen im Lande sich nicht geduckt, sondern sich energisch gewehrt.

1655: EINE HÖRDER WIRTSTOCHER
Fünfzig Jahre später erregte eine Wirtstochter in Hörde den Zorn der Männer:

War da in Hörde im Jahre 1655 eine Bauern- und Gastwirtstochter, damals, als Hörde noch ein Agrarstädtchen war. Dieses Mädchen kleidete sich "seinem Stand und der Polizeiordnung zuwider" den adeligen und fürstlichen Standesgenossen gleich, womit sie Aergernis erregte, jedenfalls bei den Honoratioren allein. Trotz aller Verwarnungen des Predigers und anderer Leute ließ sie nicht von ihrem Aufwande ab, kurze Röcke und bis "auf den Nabel ausgebuchtete" hauchdünne Gewänder zu tragen. Da schrieb der damalige Amtsvogt Hormann einen geharnischten Brief an die Regierung in Paderborn. Darin forderte er untertänigst grobe Maßregel gegen das "alberne, üppige Mädchen" von Hörde. Die Regierung fand Verständnis für den Schmerz der oberen Zehntausend der damaligen Zeit, die sich nicht anders kleideten, aber darin ein Standesvorrecht sahen. Also ging es in Wirklichkeit nicht um die Wahrung der Sittsamkeit, sondern darum, daß der Plebs, zu dem anscheinend auch ein Gastwirt und Bauer gehörte, sich keine Vorrechte der andern anmaße. Was schrieb nun die Regierung dem Amtsvogt? Hiermit ist unser zuverlässiges Begehren, ihr wollet den Eltern des Mädchens und ihr selber ernstlich und vorerst bei Strafe von 20 Groschen auferlegen, daß sie solche ihrem Stande ungemäße Kleidung also bald ablegen solle, und zum Fall, sie solches nicht achten würde, ihr erwähnte 20 Groschen abfordern, und ihr bei Erlegung von 40 Gr. Strafe solches zu tun zum andern mal verbieten. Sollte dann dies bei ihr noch nicht haften, und sie nicht parieren wollen, ihr alsdann solche Kleidung durch den Untervogt ablaugen, dieselbe bis zur weiteren Verordnung bei euch in Verwahrung nehmen, die sechzig Groschen aber anhero einbringen lassen. Daran geschieht seiner fürstlichen Gnaden Meinung, und wir sind euch günstig, zu willfahren geneigt. – Leider können wir nicht verraten, ob diese Strafandrohung von der, ihrer Zeit vorauseilenden Maid von Hörde, die dafür für albern und üppig bezeichnet wurde, irgend eine Wirkung ausgeübt.[186]

1822: 60 MILCHERINNEN

Anfang des vergangenen Jahrhunderts ärgerten Dortmunder Mägde sogar einmal den späteren König Friedrich Wilhelm IV.:

Im Sommer 1822 ritt unser jetziger König, damals noch Kronprinz, seiner ihn von Bochum nach Dortmund folgenden Suite eine Strecke Weges voraus und hielt vor dem Westenthore zu Dortmund einige Zeit still, um die Stadt und Umgegend zu beschauen und die Ankunft seines Gefolges zu erwarten. Dort saßen gegen 60 Milcherinnen, vorgeblich um sich auszuruhen, in der That aber um ihre Herrschaften um einen Theil der Dienstzeit zu verkürzen, über alle Welt zu raisoniren, häusliche Zänkereien und nächtliche Stell-dich-ein zu überlegen und weiblich zu klatschen. Sie hatten die Frechheit, den unerkannten Kronprinzen zu verlachen, zu beschimpfen, zu verhöhnen und über seine Person Frevelworte auszusprechen. Wohl verstand der Kronprinz von der plattdeutschen Jauche, womit er begossen wurde, nur das Wenigste, allein das Verstandene bestimmte ihn, rasch in die Stadt zu traben, auf dem Markte den Herrn Bürgermeister M. vorzufordern, ihn tüchtig wegen der schlechten Polizeihandhabung zu rüffeln, die Bestrafung dieser Amazonen zu verlangen und dann schnell seinem Gefolge entgegen zu reiten. Andern Tages wurde ihm gemeldet, daß jede der Mygären mit einer Arrestnacht und 1 bis 3 Thaler Strafe belegt worden sei. Diese Meldung stellte ihn für den Augenblick zufrieden, aber ein rechtes Wohlgefallen hat er an Dortmund nie gefaßt. Jeder muß erwähnte Bestrafung der Dortmunder Milcherinnen billigen.[187]

1846: DIE FLACHSZIEHERINNEN

Ein Reisender beschwert sich über den "Unfug der Flachszieherinnen":

Aber was für eine Strafe verdienen nun die Flachszieherinnen für den gräulichen Unfug, welchen sie jetzt wie früher in dem Hellwegs-Lande treiben? kann doch jetzt fast kein Mensch unangefallen, unverfolgt, unbelästigt ungeschimpft und ohne Verabreichung einer erzwungenen Gabe zum Branntwein-Saufen und Vermehrung des schändlichen Unfugs seine Straße ziehen und die Communal- und Feldwege benutzen. Die Umgebungen der Dörfer erschallen von dem wiederlichsten, nervenangreifenden Gekreische und Zetergeschreie, von den unzüchtigsten Reden und Liedern, von dem rasendsten Tumulte der heimziehenden Flachsnerinnen. Geräth man vor einem Orte zwischen solch eine heimziehende Bande, so läuft man Gefahr mit stinkender Mistjauche begossen und auf jegliche Weise mißhandelt zu werden. In den Häusern gehen die abscheulichsten Mummereien, die frechste Unzucht, die schändlichsten Jungfrauenenthehrungen vor und aller Sittlichkeit, Zucht und polizeilichen Ruhe und Ordnung wird bis tief in die Nacht hinein auf das Frechste Hohn gesprochen. Ihr Ortsvorsteher! ist nicht Bettelei, Straßen-Anfall und öffentliche Beleidigung und Plünderung auf das Strengste verboten? Warum verbietet, verhindert und bestraft Ihr denn solche von den Flächsern verübte Gräuel nicht? Bedenkt Ihr nicht, daß Ihr

Euch durch Eure Amtsvernachläßigung der erwähnten Sünden größtentheils selbst theilhaftig macht und Euch als nächster Ortspolizeibehörde wahrlich kein Ehren-Denkmal setzet? Entschuldigt Euch nicht mit Unwissenheit. Solltet Ihr allein denn keine Ohren und Augen haben? Habt Ihr keine Flurschützen, keine Untersuchungs- und Strafmittel?

Ein Reisender.[189]

1914: 10.000 DORTMUNDER FRAUEN

Fast unglaublich erscheint die folgende Meldung der konservativen Dortmunder Zeitung vom 10.9. 1914:

Die Beerdigung des dieser Tage hier verstorbenen englischen Söldners fand heute morgen gegen 10 Uhr auf dem Südwestfriedhofe statt, wo an der westlichen Seite eine bestimmte Fläche für Kriegergräber bestimmt worden ist. Ein katholischer Geistlicher hielt eine kurze Trauerrede und Mitglieder des Kreiskriegerverbandes Dortmund-Stadt und Land gaben die üblichen drei Salven über das Grab. Leider legte das Publikum eine grenzenlose Würdelosigkeit an den Tag. Als wenn eine hohe Persönlichkeit beerdigt würde, strömten von früher Morgenstunde an große Menschenmassen hinaus auf den Friedhof, den schließlich etwa 10.000 Personen bevölkerten. Natürlich in der Hauptsache Frauen und sehr viel Kinder, die in erster Linie hätten wegbleiben sollen. Als Kulturnation legen wir Wert darauf, auch unseren Feinden ein anständiges Begräbnis zu gewähren; aber andererseits müssen wir darauf achten, daß derartige Leichenbegängnisse nicht jedem nationalen Empfinden ins Gesicht schlagen. Es wäre daher zu empfehlen, wenn künftighin der Südwestfriedhof bei solchen Gelegenheiten für das Publikum einfach g e s p e r r t und wenn eine derartige Maßnahme amtlich bekannt gemacht würde.

Dazu existiert eine Tagebucheintragung, die im Generalanzeiger vom 11. 9. 1930 abgedruckt wurde:

11. September 1914! In der Stadt ist eine merkwürdige Unruhe. Seit dem frühen Morgen eilen Frauen in Trauerkleidung über die Straßen. Sie kommen aus allen Richtungen und streben dem Südwesten zu. Ich höre, daß ein toter englischer Soldat bestattet werden soll. Auf dem Friedhof an der Möllerbücke ist ein beängstigendes Gedränge. Aber immer neue Scharen von Frauen drücken sich durch die weiten Eingänge herein.

Der Tag ist heiß. Schweiß perlt von allen Gesichtern. Und doch steht die Sonne noch nicht im Mittag. Jetzt schallen die Klänge des Chopinschen Trauermarsches herüber. Frauen recken in höchster Erregung die Köpfe empor.

Man weiß kaum, was sie motorisiert. Sollte es der Krieg sein, der heute in der Stadt ist? Drüben, unsern Augen verborgen, wird ein Sarg getragen, in dem ein toter Soldat liegt. Mit ihm schreitet der Krieg durch die Reihen der Frauen. Und nicht mit dem Lachen der frischen Männergesichter, die in Transportzügen über Schienen gleiten. Das ist der Krieg, der Tod, von dem man die Frauen fernhält. Aber jetzt ist er da, mit dem ganzen Entsetzen, das ihm auf das Gesicht geschrieben ist. Lebendiger und doch toter als die amtlichen Verlustlisten, die langsam in den Unterhaltungsbeilagen der Zeitungen verschwinden. Jetzt folgen ihm die Frauen mit aufgerissenen Augen in der Platanenallee, an deren Seiten im Schatten dunkler Koniferen die Steinbilder des ewigen Erinnerns brüten.

Das ist der Krieg! Die Gedanken der zitternden Menschenmassen ziehen mit den Klängen des Trauermarsches. Nun müssen sie am Heldenfriedhofe sein. Ein Sarg senkt sich in die Erde. Eine Rede wird geredet. Jeder weiß, was sie will. Salven knallen! Über die von weichen Hügeln umsäumte Niederung rollen peitschende Erschütterungen. Das ist der Krieg! Niemals war er näher. Stille, Explosion und Tod! Das ist der Krieg, zu dessen Verständnis den Frauen unübersteigbare Wälle errichtet sind!

Der tote Soldat heißt Bornett Murphy. Vielleicht ist er ein Bauernknecht von den Hopfenfeldern an der Themse – vielleicht ein Bergbaukumpel aus den schottischen Minendistrikten! ... Noch weiß die eine Mutter jenseits des Kanals nicht, daß der Name ihres Sohnes zum Inhalt eines Bekenntnismarsches vieler deutscher Frauen geworden ist. In breiten Scharen drängen sie jetzt an das offene Grab – und füllen es mit den Blumen, die sie in den Händen tragen! Zehntausende deutsche Frauen blicken sich erschrocken in die Augen. Wartet nicht in diesem Augenblick eine Mutter, eine Frau, eine Schwester, eine Braut, ein Kind auf Bornett Murphy?... Die Niederlage an der Marne hat die Wehrmacht nervös gemacht. Sie suchen gewaltsam die Stimmen zu unterdrücken, die das andere Deutschland anrufen werden. ...

In den Geschichtsbüchern steht geschrieben, daß alle Deutschen vom Ausbruch des Ersten Weltkriegs begeistert gewesen seien. Diese vielen Frauen waren es ja wohl nicht und haben dem "nationalen Empfinden ins Gesicht" geschlagen.

1932: HUCKARDER FRAUEN
Auf dem Höhepunkt der Weltwirtschaftskrise, wird aus Huckarde gemeldet:

In Huckarde drang eine Delegation von 50 bis 60 Frauen in die Wohlfahrtsnebenstelle ein und verlangte Lebensmittel und Geld. Wenn die Schupobeamten die Frauen aus dem Rathaus herausgetragen u. wieder auf der Straße abgesetzt hatten, drangen die Frauen wieder in das Amtshaus ein. Schließlich erklärte der Offizier dem Wohlfahrtsbeamten, daß er sie nicht mehr benachrichtigen brauche, wenn F r a u e n im Wohlfahrtsamt vorsprächen. Sie wollten sich lieber mit 1000 Männern als mit 50 Frauen beschäftigen. Unter dem Druck der Frauen wurde das geforderte Geld a u s g e z a h l t.[189]

1943: HÖRDER FRAUEN
Es war 1943. Die Russen hatten Stalingrad zwar schon zurückerobert, aber die deutschen Armeen standen noch weit in der UdSSR, und sie hatten Europa vom Nordkap bis nach Sizilien besetzt. Da meldete der SD (Sicherheitsdienst) aus Hörde dieses Ereignis:

Am 12.4.1943 gegen 12 Uhr 20 hielt ein Hauptmann der Wehrmacht einen Flaksoldaten in Dortmund-Hörde wegen schlechten Grüßens an. Die resistente Haltung des Soldaten veranlaßte den Hauptmann, mit einem zur Hilfe herbeigerufenen Soldaten die Personalien des Angehaltenen festzustellen. Es stellte sich heraus, daß der Soldat desertiert war. Der Hauptmann veranlaßte das Nötige, wobei er sich nach einwandfreien Feststellungen völlig korrekt verhielt. Umstehende Volksgenossen wurden aber des Vorfalls gewahr. Es sammelte sich eine 3-400köpfige Menschenmenge an, die in der Hauptsache aus Frauen bestand. Im Handumdrehen bildeten sich unglaubliche Gerüchte, die sämtlich gegen den Offizier gerichtet waren. Der Offizier habe u.a. den Soldaten mit dem Koppel geschlagen, habe ihm mit Erschießen bedroht usw. Die Erregung der Menge wuchs ungeheuer schnell und sie nahm eine so drohende Haltung ein, daß der Offizier regelrecht in die Straßenbahn flüchten mußte. Aus der Menge kamen erregte Rufe wie: "Pfui, es gibt Revolution! Gebt uns unsere Jungen, gebt uns unsere Männer wieder!" Die Erregung war derart, daß eine Pressenotiz den Vorfall klarstellen mußte und in Hörde in einer Versammlung der NS-Frauenschaft der Sachverhalt ebenfalls richtig gestellt wurde.[190]

1975: GERDA H.
Frau Gerda H. beschreibt eine Begebenheit aus der Nachkriegszeit:

Zu mir kam eine Bewohnerin unserer Siedlung weinend, sagte, auf dem Sozialamt würde sie verarscht. Sie erzählte, was ihr passiert war. Die hatten sie bestellt, morgens um acht Uhr, ließen sie bis mittags warten, gingen essen und sagten ihr, sie solle nachmittags wiederkommen. Sie ging auch hin. Aber die ließen sie wieder lange sitzen, ohne sie reinzurufen. Sie mußte unverrichteter Dinge wieder nach Hause gehen. Da kam sie am andern Morgen zu mir mit Weinen. Als ich mir alles angehört hatte, sagte ich: "Morgen früh gehe ich mit." Sie kam am anderen Morgen. Wir fuhren hin, gingen in das Zimmer, wo sie am Tage zuvor drin war. Der Beamte schrie: "Draußen warten!" Er war nämlich am Kaffeetrinken und wollte nicht gestört werden. Ich war so in Rage, daß ich gesagt habe: "Wir gehen nicht mehr raus, jetzt wird die Frau erst fertig gemacht." Als er nicht wollte, habe ich ihn am Schlips gepackt und gesagt: "Sollten Sie jetzt die Frau nicht fertigmachen, können Sie was erleben! Die Frau wurde gestern schon verarscht. Wir sind nicht der letzte Dreck. Sie brauchen es nicht aus Ihrer Tasche zu bezahlen." Darauf ging alles sehr schnell. Binnen 10 Minuten war alles fertig.

1977
WIR HOLEN UNS DIE NACHT ZURÜCK: WALPURGISNÄCHTE IN DORTMUND

"Verpasse ich mal die Straßenbahn und habe keinen Bock, noch eine halbe Stunde zu warten, gehe ich zu Fuß nach Hause und entgehe knapp einer Vergewaltigung in der Unterführung, weil ich auf den Typen einrede und einrede. Mensch, dazu habe ich einfach keine Lust mehr. Ich wollte mal das Gefühl haben, angstfrei mit ganz vielen Frauen durch den Dortmunder Norden zu gehen; das Gefühl haben, jetzt macht dich keiner an und wenn, dann macht es dir nichts aus, dann kannst du zurückschreien. Deshalb bin ich um 8 Uhr ins Frauenzentrum gegangen. Wir haben uns Fackeln und ganz laute Rhythmusinstrumente mitgenommen und sind dann losgezogen mit dem Lied:

"Man hat uns die Nacht gestohlen,
Wir holen sie uns zurück.
In der Nacht und ohne Angst
Woll'n wir durch die Straßen gehen.
In der Nacht und ohne Angst –
Das wird wunderschön."
(Melodie: Fuchs, du hast die Gans gestohlen.)

Was mir ziemlich gestunken hat, war der Polizeiwagen, hinter dem wir die ganze Zeit herlaufen mußten. Wenn wir vergewaltigt werden, ist die Polizei ja auch nicht zur Stelle oder behandelt uns wie den letzten Dreck auf dem Polizeirevier. (So in dem Sinne, daß die Frau bestimmt selber zu ihrer Vergewaltigung beigetragen hat, den Mann gereizt hat und was weiß ich nicht) Wie gesagt, auf die Polizei hätte ich gern verzichtet, vor allem, weil sie durch ein Grinsen immer wieder zeigte, wie charmant sie alles fand. Wenn es nach mir und ein paar Frauen, mit denen ich gesprochen habe, gegangen wäre, wären wir einfach so losgezogen. Trotzdem war es ein schönes Gefühl mit unseren Fackeln durch die dunklen Straßen zu gehen, zu singen, ganz viel Lärm zu machen, zu schreien und sich ganz stark zu fühlen.

Nachdem wir zwei Stunden durch die Stadt gezogen waren, sind wir zum Frauenzentrum gegangen und haben bis in die Nacht ein Fest gefeiert, uns gefreut, geredet und getanzt. Auf dem Heimweg wieder allein, derselbe Horror fängt von vorne an. Straßenbahn verpaßt, eine halbe Stunde alleine an der Haltestelle, langsamer werdende Autos ... (Elke)"[200]

1984: WIR HABEN DIE SCHNAUZE VOLL ...

Die Walpurgisnacht, Nacht der Feen und Hexen ist vorüber. Wie alle Jahre wieder, nur eine Nacht im Jahr, die uns Frauen gehörte. Für viele von uns war dies ein sensationelles Ereignis, mit so vielen Frauen gemeinsam was zu machen, ein einmaliges Erlebnis von Stärke, Mut und Selbstvertrauen. Wir hatten unsere Angst vor nächtlicher Anmache zuhause gelassen, wir wollten es den Mackern zeigen: "Wir sind Frauen, wir sind viele, wir haben die Schnauze voll!" tönte es machtvoll durch die Straßen des Dortmunder Nordens. Fackeln brannten, Scheiben klirrten, Farb- und Hühnereier wurden geworfen und so mancher Mann stand in respektvollem Abstand mit angstvollen Hosen am Rande des Zuges. Wir Frauen allerdings wurden immer mutiger. Obwohl wir von Zivilpolizei praktisch umzingelt waren, gab es immer noch ein paar "tollkühne Weiber", die unbekümmert allein aus dem Zug ausscherten um unter massiver männlicher Bewachung ein paar Farbeier loszuwerden. Andere klaubten sich Steine auf und rannten im Pulk von ca. 20 Frauen wahllos hinter so nem Kameratypen her, um anschließend lachend und prustend einzeln zurückzukehren, ... (Susanne)" [201]

ERWARTUNGSHALTUNG

Ich bin es satt
diese oder jene
zu sein
oder diese oder jene
nicht zu sein.

Ich bin es satt
hier und heute
sommers wie winters
den Erwartungen
zu entsprechen.

Ich bin es satt
robotermäßig
zu funktionieren
an Fäden gezogene
Marionette zu spielen
und dem Willen anderer
untergeordnet
alle 4 Jahre
meine ja-nein-Stimme
abzugeben

ansonsten nicht aufzufallen

Gisela Koch

HEXENGEFLÜSTER

Ich schrei mit meiner Wut
die Wände an bemale
bespritze alles Lebende
den Stein verforme ich zu Brei
breite meine Flügel aus
und knete mir die Erde neu

HEXENGEFLÜSTER

Laßt uns sein. Laßt uns leben. Laßt uns allein. Laßt uns gehen. Laßt uns in Frieden. Laßt uns das Unaufklärliche.

Zieht euch zurück. Zieht euch eure Gedanken über. Zieht euch in die eigene Haut. Zieht euch braune Hautfetzen über.
Verzieht euch!

Ihr habt uns gebrochen. Ihr habt uns zerbrochen. Ihr habt eure Macht an uns probiert. Ihr habt uns gebrochen ausprobiert.

Gestern schaute ich mit euren Augen. Gestern sprach ich mit euren Worten. Gestern starb ich aus Scham über Meinesgleichen, glich mich unaufhörlich an.

Heute sehe ich in mich hinein. Heute blitzen meine Augen vor Zorn. Heute rede ich, ohne gefragt zu werden. Heute vollbringe ich Freudensprünge in Aller Gegenwart. Heute erkläre ich die Normalen für verrückt. Heute erkenne ich Mut. Heute erkläre ich mich für feige. Heute brenne ich die Neugier in meine Haut. Heute erröte ich, ohne schamhaft zu sein.

Ich wandere hocherhobenen Hauptes mit mir durch die Städte. Mit rotseidenem Hemd. Mit grellbunten Tüchern. Mit blutroten Lippen. Mit schwarzgeränderten Augen. Mit grellgelben Schuhen. Mit meiner Phantasie. Ich bin euch nahe, berühre eure Haut, doch bin ich fern von euch.

Mein Körper ist mein Körper. Mein Gesicht ist mein Gesicht. Meine Gedanken sind meine Gedanken. Meine Schwüre sind meine Schwüre. Meine Flüche sind meine Flüche. Nicht länger versenke ich euer Tun in mein Gehirn. Nicht länger inhaliere ich eure Gedankenwelt, lebe von meiner Substanz. Ihr schließt mich aus. Ihr seid mißtrauisch. Ihr verhöhnt mich offen. Ihr brecht mir nicht länger meine Gedanken durch eure Worte.

In mea. In maxima. In culpa.

Wir säen die Früchte, die andere ernten. Wir wikkeln Gerüche, die andere riechen. Wir reichen Getränke, die andere trinken. Nicht mehr wollen wir darben und das Dargereichte geben. Wir gestalten unser Leben neu und fliegen fort mit uns. Wir breiten unsere Arme und fliegen zurück zu uns. Wir erobern für uns die Erde. Wir gestalten neu, was ihr Leben nennt.

WIR FRAGEN EUCH NICHT LÄNGER

Zerreißen Fratzen. Zerreißen Alltäglichkeiten. Zerreißen eure Sorgen. Zerreißen Zerrissenes. Zerreißen Gewohnheiten. Zerreißen Regelmäßigkeiten. Zerreißen Tretmühlen. Zerreißen Eintönigkeiten. Zerreißen Monotonien. Zerreißen euer gelebtes Einerlei.

Eingefressene Lügen weben Spinnennetze neu.

Euer Ehemals war die Furcht vor euerm Selbst.

Wir sind frei wie Menschen.

Wir stellen fest.

WIR SIND MENSCHEN

Hexen Kräuter Pfefferwahn
Schrot und selbstgelegte Schwüre
Wasser Feuer Folter Blut
Schreie in der Nacht

Gisela Koch

1989: HEBAMME ODER HEXE – EIN INTERVIEW

Frage: Welche Vorstellung hattest Du vor Deiner Ausbildung vom Beruf einer Hebamme?

Antwort: Hebamme – das war eher eine Berufung als ein Beruf! Ganz wichtig war mir die Eigenständigkeit und die Würde, die mit dem Wissen um das Mysterium Geburt verknüpft war. Verantwortungsbewußtsein, Vertrauen in die natürlichen Vorgänge, Menschenliebe, Intuition gepaart mit Geschicklichkeit sind Begriffe, die mir zum Hebammenberuf noch einfallen.
Die "weise Frau" hat eine lange Tradition. Weite Teile der Heilkunde gehörten zu ihrem alltäglichen Lebensbereich.
Und so eine – im positiven Sinne – machtvolle Person wollte ich auch gerne werden.

Frage: Was hast Du in der Ausbildung vorgefunden?

Antwort: Zunächst habe ich mich gehörig gewundert, wieso ich nur in einer Klinik Hebamme werden kann. Meine verklärten Vorstellungen hatten den Begriff "Krankenhaus" überhaupt nicht zugelassen.
Als nächstes erstaunte mich das durchschnittliche Alter unseres Kurses: 19 Jahre – ich zählte mit meinen 23 Lenzen bereits zu den "Seniorinnen". Im übrigen waren nur zwei von uns 24 Schülerinnen jemals durch die Erfahrung Schwangerschaft und Geburt gegangen.
Zur Ausbildung als solche: Der theoretische Unterricht war dem der Medizinstudenten mindestens ebenbürtig. Etwa sechs Wochen behandelten wir den normalen Geburtsverlauf und dann den Rest der zwei Jahre nur noch die Pathologie, die Problemfälle. Da verschiebt sich schon ganz schön der Blickwinkel. Ich kann mich noch erinnern, daß ich einmal während einer Vorlesung dachte: "Gott sei Dank, daß ich jetzt nicht schwanger bin. Das sind ja so hochkomplizierte, störanfällige Vorgänge – das kann niemals gutgehen."
Auf die Praxis hatte ich mich vorher am meisten gefreut, was dann kam, war für mich derartig enttäuschend, daß ich die Ausbildung nicht noch einmal machen würde. Zeitweilig kam ich mir vor wie in einem Umerziehungslager. Zu Diskussion und Kritikfähigkeit erzogen, mußte ich hier lernen, unhinterfragt zu gehorchen und meine Kritik allerhöchstens meinem Tagebuch anzuvertrauen. Es handelte sich durchweg um subalterne Tätigkeiten, wie Putzen, Aufräumen, Essen verteilen, Vorräte auffüllen usw., die von uns zu erledigen waren.
Bei der Geburt ein Kind "zu entwickeln" bzw. den sogenannten Dammschutz auszuführen, war wie eine seltene Belohnung, und wer in der ganzen Zeit zwanzig Kindern ans Licht der Welt half, konnte sich glücklich schätzen.
Mit Eigenständigkeit war selbst hier, im ureigensten Hebammenbereich, nichts zu reißen: Bei jeder Entbindung mußte (!) ein Arzt hinzugezogen werden und er griff oft reichlich willkürlich in den Geburtsverlauf ein. 18 % der Frauen bekamen einen Kaiserschnitt, 25 % der Kinder wurden mit der Saugglocke aus ihrer Mutter herausgezogen, der überwiegende Teil des restlichen "Patientinnengutes" entband mit Wehentropf, massiver ärztlicher Unterstützung in der sogenannten Austreibungsphase (Kristellergeburten) und ausgiebigem Dammschnitt.
Je länger mein Aufenthalt im Kreißsaal dauerte, desto schwieriger wurde es, an Geburt als etwas Natürliches zu glauben. Trotzdem erschien es mir als unwahrscheinlich anzunehmen, daß von einer Generation auf die andere die Frauen das Selbergebären vergessen hätten. Mir taten jedenfalls die Frauen oft leid, die mit soviel Gewalt entbanden, und ich hätte ihnen gerne die eine oder andere Routinemaßnahme erspart, aber als Hebammenschülerin hatte ich kein Mitspracherecht.
Die examinierten Hebammen haben sich selten für die Frauen eingesetzt, möglicherweise aus Angst, für gefühlsduselig gehalten zu werden. Gefühle schienen den Fachleuten suspekt zu sein und so hatten wir sie dann auch "vor der Kreißsaaltür" zu lassen.
Liebevolle Zuwendung und Menschlichkeit habe ich an keinem Ort mehr vermißt als im Kreißsaal.
Ich bin mir in der Klinik immer wie ein Fremdkörper vorgekommen und habe oft nicht mehr

gewußt, ob mit mir etwas nicht stimmt oder mit allen anderen. Die anderen schienen jedoch nicht so sehr unter der Situation zu leiden.
Nach meinem Examen habe ich mir sieben Kliniken über jeweils kurze Zeit von innen besehen. Ich lernte eine ganze Menge, auch, daß nicht alle Regeln überall so starr gehandhabt wurden wie in meiner Ausbildungsstätte. Eines lernte ich jedoch nie: die Kompromißbereitschaft, die es braucht, um einigermaßen zufrieden im Kreißsaalbetrieb zu arbeiten.

Frage: Wo hast Du Dir das geholt, was Du ursprünglich wolltest?

Antwort: Die Arbeit der freipraktizierenden Hebamme war kein Thema während der Ausbildung. Über "die da draußen" wurde allenfalls geredet wie über eine ausgestorbene Spezies. Zitat: "Sie werden für die Klinik ausgebildet, nicht für die freie Praxis."
Gerade solch eine Bemerkung machte mich neugierig. Für die freie Praxis brauchte man als Hebamme offensichtlich andere Fertigkeiten als in der Klinik. Was war das für eine Arbeit "draußen"? Konnte ich hier vielleicht jemanden finden, der meine naiven Vorstellungen von Geburt unterstützt? Sollte es möglich sein, Frauen zu entbinden, die man durch Geburtsvorbereitung und Schwangerenvorsorge schon länger kannte? Konnte man überhaupt Frauen ohne Medikamente entbinden, ohne Rasur, Einlauf, Dammschnitt, zwangsmäßige Rückenlage, ohne technischen Aufwand? Ich traf mich mit alten Kolleginnen und später auch mit alten Geburtshelfern, begann dann als Mitläuferin meine Ausbildung in einem – wie mir schien – ganz anderen Hebammenberuf. Endlich durfte ich erleben, daß Frauen ihre Kinder selber gebären können, was auch für meinen eigenen Kinderwunsch wichtig war; endlich hatte ich die weisen Frauen gefunden, die ich gesucht hatte, und mit einemmal war mir klar: hier ist mein Weg.

Frage: Wie wirkt sich Deine Art zu arbeiten auf Deinen Alltag aus?

Antwort: Mittlerweile arbeite ich im siebenten Jahr freiberuflich. Ich habe mich daran gewöhnt, 24 Stunden am Tag rufbereit zu sein, im Bedarfsfall eine Kinderbetreuung für meine Sprößlinge an der Hand zu haben. Nichts in mir sehnt sich zurück nach den dramatischen und hochtechnisierten Geburten in der Klinik. Das ist eine ganz andere Welt, eine andere Kultur. Dorthin gibt es keine Brücken. Ich genieße die ruhige Atmosphäre der Hausgeburten, empfinde es als Ehre, dabeisein zu dürfen, wenn ein Kind geboren und von meinen oder seines Vaters Händen aufgefangen wird, freue mich mit der jungen Familie und begleite sie ein Stück ihres Weges.
Das ist die eine Seite.
Auf der anderen stehen die Meinungen der Medien, der Ärzte, der Gesundheitsämter. 99 % aller Schwangeren entbinden nun mal in der Klinik. Können Hausgeburten da richtig sein? Immer wieder habe ich mich selbst infrage gestellt. Schwimme ich aus Prinzip gegen den Strom?
Bin ich ideologisch verblendet?
Ist meine Sichtweise von Geburt richtig?
Nach jeder Geburt kann ich mir jedoch sagen: Hausgeburten sind richtig! Es gibt noch eine andere Welt neben der hochtechnisierten!

Frage: Worin siehst Du die Verbindung zur Hexe? Wo fühlst Du Dich verfolgt?

Antwort: Ich gehe einen anderen Weg! Ich habe mich entfernt von den Lehrsätzen meiner Ausbilder. Dieses eine Prozent Hausgeburten, zu dem ich beitrage, wird so bekämpft, als ginge es um die Hälfte aller Geburten.
Die Geburtsmediziner fühlen sich augenscheinlich bedroht, infrage gestellt. Diese andere Art zu entbinden funktioniert. Und sie funktioniert ohne deren Hilfe. Das bedeutet einen Machtverlust, den sie nicht hinzunehmen bereit sind. Sie kriminalisieren unser Handeln. Sie kriminalisieren die Frauen, die zu Hause entbinden oder vorhaben, es zu tun. Das geht sogar soweit, daß Frauen, die nach abgebrochener Hausentbindung in eine Klinik gebracht werden, unnötigen "medizynischen" Maßnahmen ausgesetzt werden.
Den Hebammen, die solche Frauen oft über Stunden betreut haben, wird der Eintritt in den Kreißsaal verwehrt.
Solche Sanktionen können also von der Medizinerseite erwartet werden. Auf der anderen Seite gibt es auch eine Behörde, der wir unter-

stellt sind und deren Befugnisse u. U. so weit gehen, daß man uns die Anerkennung entziehen kann.
Als Freiberuflerinnen werden wir von keiner staatlichen Stelle unterstützt. Aber wir haben Auflagen zu erfüllen, die bei anderen Berufsgruppen ungewöhnlich sind. Zum Beispiel sind wir gezwungen, uns rentenzuversichern, wohingegen es anderen Freiberuflern zur Wahl gestellt ist, als Alternative eine Lebensversicherung abzuschließen. Wir werden vom Gesundheitsamt zu Angaben verpflichtet, die von Stadt zu Stadt variieren. Die Hebamme, die sich verweigert, kann bestraft werden.
Meiner Freundin wurde die Anerkennung entzogen, weil sie sich nicht beugte. Sie hat wohl einigen tausend Kindern auf die Welt geholfen, ohne daß auch nur eines zu Schaden kam. Das hat letztlich keine Rolle gespielt. Heute bewirtschaftet sie einen Bauernhof. Hexen werden heute nicht mehr verbrannt.

Frage: Was wünschst Du Dir?

Antwort: Ich wünsche mir die Solidarität der Frauen. Ich wünsche den deutschen Medizinern die Toleranz der niederländischen: Dort gibt es 40 % Hausgeburten bei einer insgesamt niedrigeren Sterblichkeit. Ich wünsche mir Kinder, die die Welt humaner erleben dürfen.

Isabelle Wenge

NACHWORT

Wir sind 1984 und 1985 mit vielen Frauen in Dortmund zur Walpurgisnacht durch die Stadt gezogen. Dabei haben wir erlebt, wie Männer sich verhalten haben. Polizisten mit scharfen Hunden beschützten den Laden der Beate Uhse. Die Polizei trat so massiv auf, daß wir ihre Anwesenheit als Bedrohung empfanden. Angeblich wollten sie uns schützen. Wir wollten und brauchten aber keinen Schutz. Wir haben uns über diesen Aufwand der Polizei gewundert und uns gefragt, was das Ganze sollte. Sind "Hexen" immer noch staatsgefährdend?

Dieses Erlebnis hat uns keine Ruhe gelassen. Wir haben uns eingehender mit der Geschichte der Dortmunder Frauen/Hexen beschäftigt. Zuerst haben wir uns Geschichtsbücher angesehen und nach Hexenverfolgungen gesucht.

In dem STUDIENBUCH GESCHICHTE,
das von
Professor Dr. Reinhard Elze (Rom),
Professor Dr. Konrad Repgen (Bonn)
herausgegeben und von
Professor Dr. Horst Callies (Hannover),
Professor Dr. Hans Georg Gundel (Gießen),
Professor Dr. Heinz Hürten (Freiburg),
Professor Dr. Joachim Leuschner (Hannover),
Professor Dr. Ernst Pitz (Berlin),
Professor Dr. Ernst Walter Zeeden (Tübingen)
verfaßt worden ist, heißt es:

"Die Hexenverfolgungen ... bezeugten die schauerliche Macht des Zauberglaubens" und gingen "teils auf orientalische Vorstellungen zurück", die Hexenverfolgung "grassierte wie eine Epidemie".[202]

In GEBHARDT, HANDBUCH DER DEUTSCHEN GESCHICHTE haben wir gelesen:

"Der Hexenwahn breitete sich mit unheimlicher Gewalt über Deutschland und Europa aus." "Wie eine Epidemie (kam er) über die Bevölkerung." "Männer und Frauen, Greise und Kinder, Bauern und Leute von Adel, weltliche und geistliche Würdenträger, Bürgermeister, Kanzler, Domherren sind der Hexerei bezichtigt und umgebracht worden durch Feuer oder Schwert."[203]

In der DEUTSCHEN GESCHICHTE,
die herausgegeben wurde von
Rudolf Stadelmann,
Justus Hashagen,
Reinhold Lorenz,
Leo Just,
unter Mitarbeit von
Eberhard Naujoks,
Winfried Trusen,
Heinrich Schnee,
haben wir den denkwürdigen Satz gefunden:

"Aber es darf immerhin zu Gunsten der Deutschen angeführt werden, daß bei ihnen wenigstens das juristische und menschliche Verantwortungsbewußtsein nicht ganz zum Erliegen kam."[204]

Diese deutschen Professoren sind wohl der Meinung, daß die Hexenverfolgung so etwas Ähnliches wie eine ansteckende Krankheit gewesen sei, vor der kein Entrinnen war. Und dann waren es auch bei ihnen nicht Frauen und einige Männer, sondern "Männer und Frauen".

Bei dem DDR-Historiker Streisand fanden wir kein einziges Wort zur Hexenverfolgung[205]

Hierdurch fühlten wir uns erst recht aufgefordert, uns genauer zu informieren. Dabei waren wir vor allem an der Geschichte der Hexenverfolgung in DORTMUND interessiert.

Im Stadtarchiv, der Westfalica-Abteilung, der Handschriftensammlung, in der Stadt- und Landesbibliothek und im Institut für Zeitungsforschung fanden wir nach und nach hierzu wichtiges Material. Die drei Chroniken von Kerkhörde, Westhoff und Mulher mußten wir genau durchsehen und nach Ereignissen, in denen Frauen eine Rolle spielten, fahnden. Auch die "Beiträge" lieferten uns viele wichtige Informationen.

Schwierig wurde es vor allem, weil das alles aus männlicher Sicht von Angehörigen der Oberschicht geschrieben wurde. Frauen und "kleine" Leute kamen nur am Rande vor. Diese haben ihre Geschichte aber nicht aufgeschrieben, sondern mündlich weitergegeben.

Viele Autoren haben sich auf eine reine Beschreibung der Hexenverfolgung beschränkt. Sie haben die "Hexen" aus ihrem Gesamtzusammenhang herausgerissen. Das soziale, politische, psychologische Umfeld wurde nicht gesehen. Vor allem die Frage nach den Mördern interessiert sie nicht. Begreiflicherweise!

Aus diesem Grunde haben wir versucht, das Leben und Treiben in Dortmund, besonders das der Frauen, zu schildern.

Um zu wissen, warum die Frauen verfolgt und umgebracht wurden, müssen wir die Motive der Mörder kennen.

Uns kommt es nicht darauf an, SCHULDIGE zu suchen, sondern URSACHEN festzustellen. Wir sind keine Richterinnen.

Um zu verhindern, daß derartige Greuel noch einmal vorkommen, reicht es nicht aus, nur allein nach Schuldigen zu suchen. Wir müssen herausfinden, was Menschen zu Mördern macht. Erst dann sind wir in der Lage, derartige Verhältnisse zu verändern.

Folgende Begebenheit zeigt deutlich diese auch heute noch bestehende Unwissenheit vieler Menschen.
Vor Veröffentlichung dieses Buches klingelte bei mir, Katja Müller, das Telefon. Eine Frauenstimme sagte:
"Man hat wohl vergessen, einige Hexen zu verbrennen, die noch bei Ihnen herumlaufen!"
Ich dachte zuerst, eine Bekannte mache einen Scherz und lachte. Als ich jedoch merkte, daß dies ganz ernst gemeint war, blieb mir das Lachen im Halse stecken.

Wir danken den lieben Leuten, die mit uns diskutiert und uns geholfen haben. Besonders danken wir Anne Böcking und Klaus Dillmann für ihr Engagement bei der endgültigen Fertigstellung des Manuskripts. Frau Gunnemann (Handschriftenabteilung), Herrn Vitt (Westfalica-Sammlung), Mitarbeiter/innen des Stadtarchivs und des Instituts für Zeitungsforschung danken wir für ihre Hilfsbereitschaft.

Zum Schluß noch ein paar Bemerkungen für Deutschlehrer/innen.
Vielleicht nimmt der eine oder andere Anstoß an einer "unebenen" Formulierung oder "falschen" Schreibweise. Damals, zu der Zeit, die wir hier beschreiben, war es Usus, so "verkehrt" zu schreiben (Enne statt Änne, mal Korthe mal Kortze usw.).

Die Autorinnen

ANHANG

DER BRIEF DES GERLACH WULFF

Euch, H. Buurmestr (Bürgermeister), Hochgelerte, Ehrnachtbare, Erbare, Fursichtige, wolweise gebietende und großgunstige Hern, D.Ew.L. und Erb.N. (eventuelle Bedeutung: Ehrenwerte Leute und Ehrbare Notabeln) *brenge ich schammeter* (gedemütigter) *betagter Man underthenig supplicierendt vur. Wiewol der Ertzzauberer und Lugengeist Wessel Kip, welcher auch verlittener Zeit umb seiner Zauberey willen, vom leben zum todt nach allen rechten hingerichtet worden, neben andern Leuthen auch mich besacht, als hette ehr mir auff seinen Teuffelischen Zauberdantz gesehen, und hirmit understanden mich zu verschreien, und mein glimpf, ehre und gut geruchte abzuschneiden, So kan ich doch vur Godt almechtigen dem einigen Hertzkundiger, und meinem gewissen mit warheit bezeugen, das ich solchs bezichtigten Teufflischen lasters allerdings unschuldig, auch des tags meines lebens mit solchen Leuthen, so der Zauberey, oder sunst ander bösen lastern Zugethain, und derer verdechtig, vielweiniger mit obg. Kip nyemals keine gemeinschafft gehabt oder gepflegt, sonder allezeit vur solcher Zauberey und aller Teuffeley ein feindtsälig abscheuren gehabt, und mir im wandel meines lebens (ohn rhum zu reden) nit anders den wis einem gotseligen und erbarn Man wol ansthet, verhalten habe, das ich daher zuvuerts frey bin, dar nitweder Nachbaur noch kein Mensch, so iemals mit mir umbgangen, mit fuegen uber mir klagen, noch keines lasters mit warheit vurweisen wirdt. In massen auch Kip selbs im gefengniß vur dem dazu verordtneten Radtshern in gegenwherdigkeit des Pastoris Reinoldi frey vuerhalben bekandt, das zuvor, da ehr zu todt und straff gangen, nitweder mit mir, noch ich mit ihm uberal keine Conversation, freuindtschafft, geselschafft oder gemeinschafft: in geubter* (geübter) *Zauberey, beleidigunge und beschedigunge einigs Menschen oder Viehes gehabt, sonder das ehr nicht weithers oder mher von mir zu sagen wisse, dan das ehr man seinem bedunken nach, und wis ehr eß gmeinet, und dafur gehalten, mir auff seinem Tantz gesehen.*

Nhu wissen aber alle verstendige Menschen, das auff solch dantzen nichtz zu grunden oder zu bauwen, ihm auch gar kein glauben zu geben sey, und das keiner Obrigkeit mit fuegen geburen wolle, darauff zu verfaren, wo sunst keine bestendige indicia, anzeigungen und erweisungen vurhanden, sintemal solche Dentze und Zusamenkunfft lauter Teuffels gespinste, phantaseye und betrug sein. Der seinen Bundesgenossen und Gliedtmassen, so mit ihm einen anstandt gemacht, und sich ihm ergeben, im schlaf und traum viel dinge einbildet, und dermassen bethoert unnd verblendet, das sie selbs meinen, sie sein auff diesem und iem tantze und zech gewesen, das doch an sich nichtz ist. Ja auch offten zu irher sterkungh unschuldige personen representiert, und darstellet, wis ehr mit dem Propheten Samuel beweiset hait, auch mit vielen zeugnißen und Exempeln Rädte beirret worden, welchs dem Sathan auch nicht unmuglich ist, dweil ehr als ein Tausentkunstler sich nach St. Pauli worten, zum Engel des Liechts verstellen und verwandeln kan, derwegen auch solcher falscher whan als eitel gepruft, und lauter lugen und verblendungen des Teuffels, durch das Concilium Acquirense offentlich verdampt worden, welche worte auch dem Juri Canonico (Jus Canonicum = kanonisches Recht) *inverliebt. Canone Episcopi, caus. 26, quest. 5, da undter andern gesacht wirdt: Derhalben sollen die Priester in den Kirchen, so Innen befohlen, dem Volck Gottes mit allem ernst predigen, das sie wissen, das diese dinge alle falsch seyen, und wir Haltens davor, das nicht von dem Götlichen, sonder von dem bösen Geist solche phantasey und verblendungh der glaubigen gemueter beybracht worden* (bei dem hier ausgiebig zitierten Canon Episcopi handelt es sich um eine Anweisung an die Bischöfe, wie sie mit Personen verfahren sollen, die sich selbst der Zauberei bezichtigen; der Glaube an Zauberei und Hexenkunst wurde darin als unchristlich und als eine heidnische Vorstellung abgetan; Personen, die sich solcher Macht rühmten, seien mit Schimpf und Schande aus der Stadt zu jagen; von Töten oder gar Verbrennen ist hier nicht die Rede; dieser Canon Episcopi, der im 9. Jahrhundert in die Sammlung der Schriften des Bischofs von Worms eingegangen war, soll nach Ansicht der Gelehrten zur Zeit des Gerlach Wulff im 4. Jahrhundert von der Synode von Ankyra – von Gerlach Wulff hier offenbar fälschlich als Concilium Acquirense wiedergegeben – verabschiedet worden sein; vgl. dazu: Gustav Roskoff, Geschichte des Teufels; S. 271); *sintemal der Sathan selbs sich verwandlet in ein Engel des Liechts. Wan er etwan eines Weibs gemuet eingenommen, und sie durch den unglauben undter sein joch bracht hait, so nimpt er alsbald manicherley form und gestalt der personen an sich, und verfueret oder verkeret das gemut, so er gefangen helt, durch allerley umwege, treibt sein gespot und phantasey im schlaff, unnd zeigt ihm iets fröliche, dann trauwerige dinge, ietz bekandte dan unbekandte personen. Und dweil der Geist diss leidet, so meinet der unglaubige, das diss nit im gemuet, sonder am leibe geschehe. Dan wher wirdt nicht in den Traumen unnd nachtlichen gesichten, ausser sich selber gefuhrt, und sihet viel dinge schlaffendt, die er wachendt nye gesehen? Wher ist nhu so narriß und ungeschickt, das er meine, das diese dinge alle, so im Geist allein geschehen, auch leiblich sich zutragen? So doch Ezechiel der Prophet man im Geist und nicht im Leibe Gesichte sahe und hoerte, wie ehr selbs balde sagt: Ich wahr* (war) *im Geist. Und Paulus ist nicht so kune, das ehr sage ehr sey mit dem leibe entzuckt gewesen im Himmel. Derhalben sols iederman muglichen nyerlich verkundet werden, das wher solche und dergleichen dinge glaubt, und vur whar helt, den glauben verliert und wher den rechten glauben nicht hait, der ist nicht Gottes, sonder desses, in denen ehr glaubet, nemlich des Teuffels. Das seindt des angeregten Concilii wort. Diese meinunge findet man auch neben andern, in einer Missive oder Schreiben Hern Georgii Nigrini, in der andern* (zweiten) *und dritten fragen, am ende des Traktats Hern Georgii Godelmanni Doctoris von Zauberern, Hexen und Unholden* (Johann Georg Goedelmann, Tractatus de magis, veneficis et lamiis deque his recte cognoscendis et puniendis, Nürnberg 1584, deutsch übersetzt und herausgegeben 1592 von Georg Nigrinus unter dem Titel "Von Zauberern, Hexen und Unholden ..."), *und zu ende der ersten fragen wirdt gemeldet: Es sol kein Christen Mensche so tol sein der glaube whar seie, wan eine person wirdt beleumbdet und angeben, von einer oder vielen Hexen und Zauberinnen. Wan der Teuffel so wol durch viel hundert* (im Text ist dieses Wort gestrichen) *als durch einen leuget* (lügt), *wie in Achabs Historia zu sehen, da viel hundert auß anstifftungh des Lugengeists widder den einigen Michaam den warhafftigen Propheten stunden, er sei mit Innen am Tantze gewesen, oder bei irhen Zech und Versammlunge, und was dergleichen der Lugengeist hervor bringet.* (Es handelt sich um die Auseinandersetzung zwischen dem israelitischen König Ahab, der in Samaria den Baalskult eingeführt hat, und dem Propheten Elias, der mit dem Propheten Micha verwechselt wird.) *Und sol die Obrigkeit darzu sich wol vursehen, das sie nicht durch anstifftung des Lugengeists, so balde zuplatze* (zulange) *und sich an unschuldigen Personen vergreiffe, und dieselbigen auff des Teuffels und seiner Hexen beger angreiffe, gefenglich einziehe, oder so balde peinlich anklagen und verhören lassen. Wie auch solches auff den 44. artickel dero Halßgerichts ordnungh Caroli 5.* (Peinliche Gerichtsordnung Kaiser Karls V. aus dem Jahre 1532) *klarlich erscheinet, darinnen funff anzeigungen von Zaubern gesetzt worden, undter denen aber gar nichtz von den Teufflischen Zauberdentzen gemeldet wirdt, darauff zu procediern. Derhalben auch diesen Teuffels wercke wie auch solchen Teuffelskindern, die von irhen Vatter dem Teuffel nicht anders den lugen und unwarheit zu reden geleheret haben, nit nichts zu glauben.*

In massen auch sonderlich auff obg. Kips verleumbdunge und besagunge gar nichtz zu halten, sintemal ehr einig und allein, und als ein einletziger Lugengeist, so sich vom wharen Godt abgeschworen, und dem Teuffel mit Leib und Seele zu eigen ergeben und also der warheit zeugniße zu geben untuchtig, seine gifftige lugen und lesterungen ohn allen zwievel, auß Teufflichen und lauterm neidt und haß auff mir außgegossen, da doch keine von den andern Zauberinnen, so hirnach hingerichtet, sein verwirt angeben und lugen bestetigt, und mit ihm ubereingestimmett, sonder alle geleugnet und außtrucklich bekandt, das sie von mir gar nichtz wissen, und derwegen mich gegen irhen Beichtvatter Hern Bertholden (der dan eine ieglichen deßhalben auff mein erfurdern fleissigst ersucht und erfragt) entschuldigt und vur unschuldig gehalten. Wie auch zwievels ohn solchs vur den Hern Cämmerern wirdt geschehen sein. Darauß ja Kips nichtiges und lugenhafftiges angeben und meine unschult uberauß genugsam sich offenparet.

Welchs auch ebener massen darauß abzuerkennen, das so balde ich in erfahrungh kommen, das ehr mir besacht und verleumbdet, habe ich zur stunde zur rettunge meiner unschult und glimpfes durch obg. Pastorem Reinoldi in vurig Radtshern beysein, ihm, Kip angeben lassen, und mir gudtwillig erbotten, personlich bey ihm zu erscheinen und mir rechtlich und der gebur nach, gegen Innen zu purgieren, verandtwurten und verthetigen (verteidigen), *welchs ich och wurcklich gethain hette, wo mir solchs gestattet, und ehr, Kip nicht so balde wher justificiert worden. Dweil ehr aber gleich des folgenden tags darauff hingerichtet, und ich uber alle meine zuversicht offentlig vur allem volck am Niddergericht alhir außgelesen und verschreiet, und mir also alle hulffliche mittel zu verandtwurten vur daßmal benommen und abgeschnitten worden, Habe ich zu derer zeit notwendiglich auß dieser stadt weichen mussen. Nicht der ursachen halben, das ich mich des bezichtigten Teufflischen lasters schuldig wuste, sonder man allein auß frucht* (Furcht) *des kerkers und gefengnuß, so vielleicht darauff, wiewol injuste wher erfolgt worden, eher ich aber mit nichte mag verdechtig oder schuldig geachtet werden, sintemal solche flucht nicht vur, sonder nach obg. Kips besagung geschehen. Wie auch zu recht wol vursehen. Si fuga fit ante formatam inquisitionem vel institutam accusationem, tunc faciat indicium ad torturam, quoniam fuga vere arguit conscientiam delicti commissi. Secus si post transmissam inquisitionem vel accusationem institutam fiat, quia metu carceris et torturae, tunc quis fugere praesumitur. Late haec tradit Julius Clarus in sua Pract. Crim. quest. 21 Num. 18. Item Jacob. de bello visu in Pract. Crim. lib. 3. cap. 5. Num 11 dicit: Ut fuga aliquem reddat suspectum, non tamen facit plenam vel semiplenam probationem contra fugientem, modo iustam causam recedendi allegare possit.* (Wenn die Flucht vor der ausgesprochenen Vernehmung oder gar erhobenen Anklage stattfindet, dann soll sie einen Hinweis zur Folter bilden, da ja die Flucht erheblich für das Bewußtsein eines begangenen Verbrechens spricht. Wenn sie hingegen nach durchgeführter Vernehmung oder gar erhobener Anklage erfolgen sollte, dann wird angenommen, daß der Betreffende aus Furcht vor dem Kerker und vor der Folter flieht. Das wird in aller Breite dargestellt von Julius Clarus – einem Rechtsgelehrten aus Alessandria und späteren Berater des Königs Philipp II. von Spanien und Portugal – in dessen "Practica criminalis sive sententiarum criminalium libri V" (Kommentar zur Strafrechtspraxis bzw. fünf Bände über Strafurteile) in Frage 21 unter Nr. 18. In gleicher Weise sagt auch Jacobus de Bello Visu in seiner "Practica Criminalis" in Band 3 in Kapitel 5 unter Nr. 11: Zwar kann die Flucht jemanden verdächtig machen, ergibt jedoch noch keinen schlüssigen oder halbwegs schlüssigen Beweis gegen den Flüchtigen, wenn dieser nur imstande ist, einen guten Grund für sein Entweichen geltend zu machen.) *Nhu its* (etwas) *in der geschicht whar und iedermenniglichen* (jedermann) *bewust, das ich post informatam inquisitionem* (nach vorgestelltem Verhör), *auch da albereidt im offnen Gericht vermelts Kips bekentniß vom Teuffelischen Dantzen abgelesen, dieser stadt verweichen, Derhalben abermal hirauß zu recht wolgereimbt folget, das mein flucht kein anzeig einigs verdachts, vielweiniger zur gefengniße oder peinlicher tortur geben kan, in vernunfftiger betrachtung, das abermal zu recht versehen: quod injuste et juris ordine non servato carceratus, propter fugam etiam cum fractione carceris non habeatur pro confesso, sed licite aufugere possit, multo minus injuste carcerandus fugiens pro confesso habetur, uti eleganter haec tradit predictus Julius Clarus in d. quest. 21. Num. 26 et 27* (Wenn schon ein zu Unrecht und ohne Einhaltung der Rechtsordnung Eingekerkerter wegen seiner Flucht auch bei gewaltsamem Ausbruch aus dem Gefängnis nicht als jemand angesehen werden kann, der sich damit schuldig bekannt hat, sondern als jemand, der erlaubterweise entweichen kann, wird noch viel weniger jemand, der zu Unrecht inhaftiert werden soll, wegen seiner Flucht als geständig betrachtet, wie dies auf feine Weise bei dem bereits zitierten Julius Clarus in ebenderselben Frage 21 unter Nr. 26 f überliefert ist).

Und ob ich auch wol neben andern hiebevor von einem whansinnigen Weib zu Durstvelde, Else Krumme genant, diffamiert und anruchtig gemacht, so hait sie doch solche mir zugefuegte verleumbdungh nicht allein vur den Essendischen Räthen, damals zu Huckarde zugegen, sonder auch hirnach zu Essen in und außerhalb der tortur widderruffen und mich deßhalben gnuchsamm Roie und wandel gethain, auch außtrucklich bekandt, das sie von mir und den meinen anders nichtz zu sagen wisse, dan ehr, tugendt und frommigkeit, lauth des daruber auffgerichteden hirbey gelachten (diesem Schreiben beigefügten), *und durch den Erhenhafften Diderichen Keppelmundt, Richtern zu Essen versiegelten Scheins und beweises, also das alle redliche ehrliebende Menschen mich solcher falschen bezichtigungh gerne verlassen mussen.*

Und ob wol ungnante und unbescheidene Leuthe mir hinderrughs auß lautem haß und mißgunst ubel nachreden, so kan ich doch nicht davor: dweil dergleichen auch vielen andern frommen, redlichen Leuthen, innert und außerhalb Dortmundt (so uns alle bekundt) bißhero widderfaren ist, und noch geschieht, die aber umb solcher unbillicher und erdichteden nachrede willen nicht desto arger noch böser sein. Darumb sagt vermelter Jacob de bello visu lib. 3. Pract. Crim. cap. 5. Nu. 30 recht: Famam esse rem fragilem et perniciosam, et per se nihil probare, nisi adsit indicium. ibid. Nu. 32 (das Gerücht sei ein zerbrechliches Ding und verderblich, und es beweise aus sich heraus nichts, es sei denn, es trete ein Beweis hinzu. a.a.O. Nr. 32). *Daher auch Syrach cap. 19 spricht: Wher balde glaubt, der ist leichtfertig, und thuet sich, wan ehr sich also verfueren leßt, selbs schaden. Darumb glaube nicht alles wat du hoirest, dan man luget gerne von den Leuthen.* (Buch Jesus Sirach, eine nicht im Bibeltext aufgenommene alttestementarische Sammlung von Sittensprüchen mit einem Preislied auf Gott.)

Dweil den großgebietende Hern auß vurangeregtem klarlich erscheinet, das obg. Kips angeben und bezichtigungh falsch, unwarhafftig, lugenhafftig und allerdings Teuffelisch, ich aber derer durchauß unschuldig, und von ihm widder alle Christliche liebe, billigkeit und warheit verleumdet und verschreiet. Demnach gelanget an D..Ew.L. und Erb.N. mein dienstligst und underthenigst bit und beger, dieselbe wolle in betrachtunge dieses, und oberzelten (oben aufgezählter) *bestendigen grunde und ursachen, mir auff meine Burger, und sunst algemein recht, einen freyen ein und außgang dieser stadt gunstiglich vergunnen und zulassen. Wie ich auch nicht zweiveln, sonder in aller underthenigkeit hoffen wil, aldweil doch D.Ew.L. und Erb.N. vielgemelts Kips von Hansen Barks Hausfrauwen beschehene besagungh und bezichtigungh, albereidt vur nichtig und unwarhafftig erkandt, unnd derer unangesehen, sie widderumb eingelassen und gestattet, dieselbe werde mir dergleichen auch gunstiglich und miltiglich widderfaren lassen.*

Allezeit mit derer erbietungh, wo iemandt uber mein Person mit fuegen klagen, oder mit mir zu thun haben wolle, mich alsdan nach notturfft rechtlich gegen Innen zu verandtwurten. Auch da ich vurangeregten oder sunst einigs andern lasters, durch gnuchsam anzeigungh oder beweißigunge köndte uberweiset werden, das ich davor zu recht geburliche straffe leiden und außstehen wolle. In massen ich mich solchs, als allen rechten und billigkeit ehnlich, gegen D.Ew.L. und Erb.N. als Liebhabern der gerechtigkeit, die schuldigen zu straffen, und unschuldigen zu handthaben, zuversichtlich, thue getrösten, derer zuverlessige tröstliche andtwurt underthenigst hiruber erwartendt, gegeben Anno 95, 19. Januarii.

D.Ew.L. und Erb.N.
Undertheniger und gehorsamer Burger
Gerlach Wulff"

(Stadtarchiv Dortmund, Bestand 1, Nr. 10906)

AUS DER CHRONIK DES DETMAR MULHER

Eine Massenverfolgung wegen Zauberei spielte sich im Jahre 1593 ab. Detmar Mulher berichtet darüber etwa folgendermaßen:

Am 8. Mai wurde auf Ratsbefehl auf dem Richthause Henrich Putman, genannt Frohripe, von Mengelinghausen gebürtig, auf den Judenturm und Carda Mana auf den Turm hinter st. Catharinen gesetzt. Beides waren Nachbarn und Nachbarin, wohnhaft in der Stubengasse, Frohripe hatte Carda Mana als Zauberin angeklagt und deswegen Fuß und Mal halten wollen. Beide wurden am 14. Juni morgens zwischen 4 und 5 Uhr auf den Mühlenteich vor der Kuckelkepforten zur Probe auf das Wasser geworfen, Henrich Putman als Ankläger, Karda Mane als Beklagte. Henrich fiel im Wasser zu Boden, Karda schwamm dreimal, zweimal kreuzweise an den Daumen und großen Zehen gebunden, zum dritten Male losgebunden, gleichwohl blieb sie oben. Den 23. Juni, Nachmittag um 2 Uhr, ist Wessel Kippe wegen bezichtigter Zauberei vom Scharfrichter, zwerch gebunden, auf den Kuckelkemühlenteich zur Probe auf das Wasser geworfen; er hat dreimal geschwommen. Den 26. Juni ist Carda Mane im Diebskeller unter dem Rathause des Morgens früh tot gefunden und durch den Racher vor der Westenpforte auf der Rachergrube begraben. Den 14. Juli ist Wessel Kippe vor dem Westentore an der Gerichtsstätte von dem Scharfrichter enthauptet und daselbst begraben, er war Dortmunder Bürger, gebürtig aus Bochum. An demselben Abend wurden die von Kipp Benannten gefänglich wegen Zauberei eingezogen, die Korte Enne, des Boten Jobsten Potters Weib, wohnhaft bei st. Katharinen, Tribbel Enne, Henrich Tribbelmans Weib in der Pottgasse, Drude Krumme, Johan Krummen, Tagelöhners, vor der Westenpforte Weib, Enne Kurlemans und seligen Reinold Dieffhausens auf der Wisstraßen Weib; diese letztere wurde auf den Judenturm gesetzt. Am 26. Juli wurden von dem Scharfrichter auf den Kuckelkemühlenteich zur Zauberprobe geworfen: Drude Krumme, Enne Kurlemans und Tribbel Enne, diese haben alle drei geschwommen. Den 31. hat sich die Kurlemansche in dem Turm an dem Windmühlenberge, in dem sie saß, mit ihrem Schürzentuche, das sie sich in den Mund gestopft und ihrem Schnürriemen, den sie sich um den Hals gebunden, selbst erstickt, und ist auf der Rachergrube begraben.

Den 2. August ist auf den Kuckelkemühlenteich zur Zauberprobe von dem Scharfrichter auf das Wasser geworfen die Kortze Enne und die Witwe Reinolden Diefhauses, beide haben geschwommen.

Den 4. August ist Westen aus auf der Rachergrube die Kurtze Enne wegen ihrer Zauberei an einen Pfahl geheftet und zu Pulver verbrannt. Den 27. August ist des Abends spät M. Peter Harnsmachers Weib, Herrn Jobstens im Schwarzenbrüderkloster Schwester, wohnhaft an der Judengasse, wegen Bezichtigung der Zauberei auf den Turm hinter st. Catharinenkloster gefänglich eingesetzt, ist dann aber unter das Rathaus in den Keller gebracht. Den 28. August frühmorgens ist M. Johan Spickers, Schnitzlers, Weib, Catharina, als sie ihre Kühe für den Hirten austreiben wollte, durch den Frohnen wegen Zauberei angegriffen und in den Turm gebracht. Denselben Tag morgens um 10 Uhr ist die Witwe Reinold Diefhausens im Diebskeller plötzlich tot zur Erde niedergefallen, da schon die Richtglocke dreimal geläutet war und ein wohlachtbarer Rat gleich vom Rathause nach dem Richthause abging, die Diefhausesche, die Zauberin, zum Tode zu verurteilen. So ist deswegen der tote Leichnam auf einer Karre vor das Richthaus gebracht und dann auf der Rachergruben vor der Westenpforte begraben.

Den 1. September ist wegen Zauberei der Stadt verwiesen die früher Sophia, jetzt Catharina Schrage genannte, und die Mappenmachersche, genannt die Mollersche. Den 4. September ist Catharina Harnsmachers in das Gericht gebracht, daß sie zum Feuer sollte verurteilt werden; als sie aber alles, was sie bekannt, verleugnete, ist sie wieder in den Diebskeller gebracht und hat, während inzwischen ein wohlachtbarer Rat deshalben wieder zu Rate gesessen, sich selbst in derselben Stunde erstickt; deshalb ist der tote Leichnam wieder vor das Gericht gebracht und Westen auf der Rachergruben desselben Abends durch den Scharfrichter zu Pulver verbrannt.

Den 14. September ist des Abends wegen Zauberei gefänglich hingesetzt Thomas Leimendecker und Johan Hilgenschneiders Hausfrau, Else geheißen, in den Judenturm. Des Morgens ist auch die Lise Stoffers plötzlich gestorben, welche auch wegen Zauberei sollte hingesetzt worden sein; darum eilten ihr Sohn, Richart, und ihr Vetter, N. Gockel, und sonsten noch zwei mit dem toten Leichname nach dem Kirchhofe und bestatteten denselben in aller Eile zur Erden. Den 16. September um 4 Uhr ist Drude Krombergs, welche bis dahin wegen bezichtigter Zauberei verhaftet war, des Gefängnisses erlassen und aus der Stadt und Grafschaft Dortmund für alle Zeiten verwiesen und durch den Scharfrichter hinausgeleitet. Den 20. September ist M. Johan Spickers, Schnetzlers auf dem Westenhelwege, Weib, morgens um 8 Uhr auf den Kuckelkemühlenteich zur Wasserprobe der Zauberei von dem Scharfrichter geworfen worden und hat dreimal geschwommen. Den 24. September ist den Abend wegen Anklage der Zauberei Margrita Martens, Frau des Reinolt Martens, obersten Steinbrechers auf der Schürer Kulen, gefänglich eingesetzt. Den 6. Oktober ist Westen aus an dem Gerichte wegen bekannter Zauberei durch den Scharfrichter M. Herman die Hausfrau M. Johan Spiekers enthauptet und daselbst begraben, Tribbel Enne aber ist lebendig an einen Pfahl gebunden und zu Pulver verbrannt. Den 18. Oktober sind angemaßter Zauberei halber auf den Kuckelkemühlenteich zur Wasserprobe von dem Scharfrichter geworfen Thomas Leiendecker, Greite Martens und Else Heilgenschneiders, sie haben alle geschwommen. Den 5. November ist wegen bezichtigter Zauberei Tele Seiffe eingezogen. Den 6. November wurden wegen Zauberei mit dem Schwerte auf der gewöhnlichen Richtstätte vor dem Westentore Greithe Martens und Else Müllers, genannt Heiligenschnidersche, hingerichtet, am selben Tage ist Thomas Leiendecker seines Gefängnisses entledigt. Am 12. November ist unter Anklage der Zauberei Cathrina Peters von Wambel nach Dortmund geholt und hingesetzt. Am 24. November ist an der Gerichtsstätte vor der Westenpforte die Zaubersche Teele Scepe vom Scharfrichter lebendig zu Pulver verbrannt. Den 11. Dezember ist die genannte Cathrina Peters wegen Zauberei am Gerichte von dem Scharfrichter, Meister Herman, mit dem Schwerte hingerichtet.

(Wiedergabe aus der Chronik des Detmar Mulher nach: Karl Rübel, Hexenglaube, Hexenprozesse und Zauberwahn in Dortmund, in: Beiträge XXII, S. 105 ff.)

ANMERKUNGEN

1 Vgl. Karl Prümer, Bilder aus Alt-Dortmund, Dortmund 1925, Bd. 3, S. 58
2 Chronik des Dietrich Westhoff von 750-1550, in: Die Chroniken der deutschen Städte, Dortmund/Neuß vom 14.-16. Jahrhundert, Stuttgart 1969 (1. Auflage Göttingen 1887), S. 329
3 ebenda, S. 371
4 ebenda, S. 454 f.
5 Prümer, a.a.O., Bd. 2, S. 39
6 ebenda,.Bd. 1, S. 110
7 August Meininghaus, Badestuben und Stubengasse in Dortmund im 14., 15. und 16. Jahrhundert, in: Dortmunder Zeitung, 1929, Nr. 155
8 Prümer, a.a.O., Bd. 3, S. 56
9 ebenda, Bd. 1, S. 110
10 Westhoff, a.a.O., S. 439
11 Anton Ebert, Die Lebensmittelpolitik der freien Reichsstadt Dortmund, in: Beiträge zur Geschichte Dortmunds und der Grafschaft Mark (= Beiträge), Bd. 25, 1916, S. 1 bis 109
12 Karl-Heinz Sonnwald, Die Entwicklung des Krankenhauswesens in Dortmund, Münster 1981, S. 16
13 August Meininghaus, Der Dortmunder Königsschoß von 1499, in: Beiträge, Bd. 38, S. 79 ff.
14 P. Lenz, Die Entwicklung des Dortmunder Brauwesens, in: Beiträge, Bd. 33, S. 151
15 Prümer, a.a.O., Bd. 1, S. 41
16 Westhoff, a.a.O., S. 400
17 A. Fahne, Die Grafschaft und freie Reichsstadt Dortmund, 1. Bd., 1854, S. 225 und 206
18 Westhoff, a.a.O., S. 400
19 ebenda, S. 459
20 Anke Wolf-Graaf, Die verborgene Geschichte der Frauenarbeit, Weinheim 1983, S. 52
21 H. Krimm, Quellen zur Geschichte der Diakonie, Stuttgart 1960, Bd. 1, S. 128 f.
22 Karl Rübel, Die Armen- und Wohltätigkeitsanstalten, in: Beiträge, Bd. XX, S. 175
23 Dortmunder Urkundenbuch, S. 206
24 K. Prümer, a.a.O., Bd. 1, S. 26
25 Dortmunder Urkundenbuch
26 Westhoff, a.a.O., S. 415
27 Jules Michelet, Die Hexe, Berlin 1977, S. 6
28 Robert Muchembled, Kultur des Volkes – Kultur der Eliten, Stuttgart 1984, S. 68
29 Zeitschrift Rheinisch-Westfälische Volkskunde, 11. Jahrgang, S. 164
30 ebenda, 12. Jahrgang, Heft 3/4, S. 205
31 ebenda, S. 259
32 Paul Sartori, Westfälische Volkskunde, S. 73
33 Zeitschrift Rheinisch- Westfälische Volkskunde, 12. Jahrgang, Heft 3/4, S. 260
34 ebenda, 11. Jahrgang, S. 164
35 Wilma Sturm, Westfalen-Spiegel, April 1959, S. 27
36 Thomas Hauschild u.a., Hexen, Katalog zur Ausstellung, Hamburg 1979, S. 34
37 ebenda
38 Gerd und Marlene Haerkötter, Hexenfurtz und Teufelsdreck, S. 45
39 Albert Baum, Führer durch die Sammlungen des Städtischen Kunst- und Gewerbe-Museums zu Dortmund, Dortmund 1908, S. 53
40 Rolf Fritz, Gold aus der Zauberwurzel, in: Westfalen Spiegel, Mai 1965, S. 24

41 Haerkötter, a.a.O., S. 47
42 Anke Wolf-Graaf, a.a.O., S. 103 f.
43 ebenda, S. 107
44 Hans Boesch, Kinderleben in der deutschen Vergangenheit, Leipzig 1900, S. 14 f.
45 Anke Wolf-Graaf, a.a.O., S. 83 f.
46 Eduard Fuchs, Illustrierte Sittengeschichte, Bd. 1, S. 442
47 Meininghaus, in: Dortmunder Zeitung 1929, Nr. 155
48 Fuchs, a.a.O., S. 443
49 ebenda, S. 198
50 ebenda, S. 208
51 ebenda
52 ebenda, S. 214
53 ebenda, S. 208
54 Luise von Winterfeld, Geschichte der freien Reichs- und Hansestadt Dortmund, Dortmund 1981, S. 81 f.
55 ebenda, S. 116
56 Arthur Mämpel, Das Dortmunder Theater, 1. Teil: Mittelalter und Humanismus (1500-1600), Dortmund 1935, S. 17 ff.
57 Gustav Luntowski, Kleine Geschichte des Rates der Stadt Dortmund, Dortmund 1971, S. 22
58 Günter Knippenberg, Das Patriziergeschlecht der Berswordt in Dortmund, in: Beiträge, Bd. 52, 1955, S. 16
59 ebenda, S. 60
60 ebenda, S. 48 bzw. 54
61 ebenda, S. 21
62 ebenda
63 Chronik des Johann Kerkhörde von 1405-1465, in: Die Chroniken der deutschen Städte vom 14.-16. Jahrhundert, Dortmund/Neuß, Stuttgart 1969 (1. Auflage Göttingen 1887, S. 64 f.
64 Mämpel, Aus alten Truhen und Schmökern, S. 150, Stadtarchiv
65 Kerkhörde, a.a.O., S. 43
66 Winterfeld, a.a.O., S. 123 f.
67 Westhoff, a.a.O., S. 422
68 ebenda, S. 430
69 ebenda, S. 447
70 Kurze Chronik des Kaufmanns Detmar Mulher 1601-1611, in: Beiträge 68, S. 73
71 Th. Rensing, Das Dortmunder Dominikanerkloster, Münster 1936, S. 92
72 Luntowski, a.a.O., S. 10 ff.
73 Luise von Winterfeld, Die Dortmunder Wandschneider-Gesellschaft, in: Beiträge, Bd. 29/30, S. 45
74 ebenda, S. 63
75 Thomas von Chobham (13. Jahrhundert), zitiert nach: Jacques Le Goff, Wucherzins und Höllenqualen, Stuttgart 1988, S. 42
76 von Winterfeld, Wandschneider-Gesellschaft, a.a.o., S. 56
77 ebenda, S. 47
78 Mulher, in: Beiträge 68, S. 123 ff.
79 Emil Reicke, Magister und Scholaren, Düsseldorf/Köln 1976, S. 74
80 Prümer, a.a.O., Bd. 2, S. 4 f.
81 Reicke, a.a.O., S. 108
82 Volkmar Bielefeld, Klassenschule (I), Arbeitsmaterialien zur Geschichte von Erziehung und Schule, Dortmund 1981, S. 59 ff.
83 A. Döring, Johann Lambach und das Gymnasium zu Dortmund 1543-82, Berlin 1875, S. 99
84 Mämpel, Theater, a.a.O., S. 23
85 Döring, a.a.O., S. 94
86 ebenda, S. 92 ff.
87 ebenda, S. 96
88 ebenda, S. 96 f.
89 Kerkhörde, a.a.O., S. 41
90 ebenda, S. 62
91 Westhoff, a.a.O., S. 326
92 ebenda, S. 402
93 ebenda, S. 373
94 Beispiele aus: Mulher, in: Beiträge, Bd. 68
95 Westhoff, a.a.O., S. 428
96 Karl Rübel, Hexenaberglaube, Hexenprozesse und Zauberwahn in Dortmund, in: Beiträge XXII, S. 101
97 Muchembled, a.a.O., S. 92
98 Die Chroniken der deutschen Städte, Dortmund/Neuß, Göttingen 1887, S. 3
99 Wilhelm Fox, Ein Humanist als Dortmunder Geschichtsschreiber und Kartograph - Detmar Mulher (1567-1633), in: Beiträge 52, 1955, S. 132
100 Freiherr von Weichs, in: Beiträge 68, S. 17
101 ebenda, S. 28
102 zitiert nach: Carolyn Merchand, Der Tod der Natur, München 1987, S. 182
103 Morris Bermann, Wiederverzauberung der Welt, München 1983, S. 156
104 Peter Ketsch, Frauen im Mittelalter, Bd. 2, Düsseldorf 1983, S. 259 ff.
105 Heinz Rölleke, Märchen und Sagen im Ruhrgebiet, Würzburg 1984, S. 89
106 Mulher, in: Beiträge, Bd. 68, S. 180
107 Westhoff, a.a.O., S. 186
108 Kerkhörde, a.a.O., S. 48
109 Heinrich Bullinger, Der Christlich eestand, 1548, in: P. Münche, Ordnung, Fleiß und Sparsamkeit, S. 60
110 ebenda, S. 76
111 ebenda, S. 68 f.
112 ebenda, S. 55
113 Johannes Ludovicus Vives, 1523, zitiert nach: Ketsch, a.a.O., Bd. 2, S. 252
114 A. Wolf-Graaf, Frauenarbeit im Abseits, München 1981, S. 379
115 A. Wolf-Graaf, Die verborgene Geschichte, a.a.O., S. 154
116 Rübel. a.a.O., in: Beiträge XXII, S. 100
117 Rensing, a.a.O., S. 63 f.
118 Westhoff, a.a.O., S. 399
119 Rübel, a.a.O., S. 101
120 Westhoff, a.a.O., S. 399
121 Heimatspiegel, Nr. 29 vom 27.2.1957
122 Karl Rübel, Die Gerichtsverfassung in der Grafschaft und in der Reichsstadt Dortmund seit 1504, in: Beiträge XXI, S. 265
123 Bericht über einen Vortrag von Karl Rübel über Hexenprozesse und Aberglauben in Dortmund, in: Dortmunder Zeitung Nr. 330 vom 1.12.1885
124 Rübel, in: Beiträge XXII, S. 103
124a A. Wolf-Graaf, Frauenarbeit, a.a.O., S. 144
124b Mulher, in: Beiträge, Bd. 68, S. 140
125 Manfred Hammes, Hexenwahn und Hexenprozesse, Frankfurt a.M. 1972, S. 112
126 Gerhard Schormann, Hexenprozesse in Nordwestdeutschland, Hildesheim 1977, S. 121 f.
127 W.G. Soldan/H. Heppe, Geschichte der Hexenprozesse, Hanau 1911 (1. Auflage 1843), Bd. 2; S. 96 ff.
128 Karl Meier, Geschichte der Stadt Lemgo, S. 168; ähnlich: Friedrich von Spee, Cautio Criminalis, Neuherausgabe: München 1987, S. 207 ff.
129 Rübel, in: Beiträge XXII, S. 103
130 ebenda, S. 103 f.
131 ebenda, S. 104
132 Albrecht Brinkmann, Dortmunder Heimatgeschichte, 1950 (1. Auflage 1922)

133 Rübel, a.a.O., S. 105 ff.
133a Ernst Fritz, Anno dazumal, Dortmund 1924, S. 112 ff., S. 118
134 Brinkmann, a.a.O., S. 105
135 ebenda
136 Karl Rübel, Grafenamt und Grafschaft Dortmund, in: Beiträge XXI, S. 166
137 A. Fahne, Die Grafschaft und freie Reichsstadt Dortmund, Cöln 1859, Bd. 4, S. 313
138 Hörder Volksblatt vom 16.3.1932, Das Kreuz im Isern-Feld
139 ebenda vom 18.2.1928, Volkstümliches aus Hörde, Hexenglaube
140 ebenda vom 9.11.1932, Breiers Bätte, Aus dem Legendenleben einer Wellinghofer Hexe
141 ebenda vom 11.5.1935, "Mümmel-Elsken", Hördes letzte Hexe
141a Zur Verfolgung der Kölner Hebammen vgl.Irene Franken/ Ina Hoerner, Hexen. Die Verfolgung von Frauen in Köln, Köln 1987, S. 63 ff.
142 Ingeborg Steffen, Die Reichsstadt Dortmund im 30jährigen Krieg, in: Beiträge Bd. 41, S. 10
143 Gustav Luntowski, Die kommunale Selbstverwaltung, S. 41
144 Zusammengestellt nach: G. Mallinckrodt, Die Dortmunder Ratslinie seit dem Jahre 1500 bis 1802, in: Beiträge, Bd. 6, 1895, S. 24 ff.
144a ebenda, S. 29 f.
145 Wolfgang Behringer, Hexen und Hexenprozesse in Deutschland, München 1988, S. 195
146 Schormann, a.a.O., S. 158
147 Wolfgang Behringer, Hexenverfolgung in Bayern, München 1988, S. 212
148 ebenda, S. 213
149 Behringer, Hexen und Hexenprozesse, a.a.O., S. 246
150 Friedrich von Spee, Cautio Criminalis oder Rechtliches Bedenken wegen der Hexenprozesse, Nördlingen 1982 (1. Auflage 1631), S. 379
151 Behringer, a.a.O., S. 332
152 ebenda, S. 221
153 von Spee, a.a.O., S. 32
154 Schormann, a.a.O., S. 44
155 ebenda, S. 33 bzw. 24
156 Behringer, a.a.O, S. 201
156a Aus dem Leben und aus dem Tagebuch eines Lennejunkers, in: Wilhelm Uhlmann-Bixterheide (Hrsg.), Das sauerländische Bergland, Dortmund 1921, S. 379 ff.
157 Lippische Blätter für Heimatkunde, 1952, Nr. 7 und 8; dort der ganze Lebenslauf von Hermann Cothmann
158 von Spee, a.a.O., S. 22
159 Fr. Lodtmann, Die letzten Hexen Osnabrücks und ihre Richter, in: Mitteilungen des historischen Vereins zu Osnabrück, 18. Bd., 1875; S. 181
160 E.W. Zeeden, Das Zeitalter der Gegenreformation, Freiburg i.Br. 1967, S. 139
161 ebenda, S. 148
162 Bernhard Duhr, Geschichte der Jesuiten, Freiburg i.Br. 1907, Bd. 1, S. 575
163 Duhr, a.a.O., Bd. 2, S. 462
164 Duhr, a.a.O., Bd. 1, S. 739
165 Decker, in: Behringer, Hexen und Hexenprozesse, a.a.O., S. 202
166 Decker, in: Paderborner Westfälische Zeitschrift, 1978, S. 330 ff.
167 Behringer, Hexenverfolgung in Bayern, a.a.O., S. 234
168 Trever-Roper, Religion, Reformation und sozialer Umbruch, Frankfurt a.M. 1970, S. 147
169 L. Pastor, Geschichte der Päpste, Freiburg i. Br. 1899, Bd. 3, S. 184
170 Handwörterbuch Aberglauben, Sp. 343
171 ebenda, Sp. 333
172 ebenda, Sp. 336
173 ebenda, Sp. 251
174 Behringer, Hexen und Hexenprozesse, a.a.O., S. 269
175 Vestische Zeitschrift, Jahrg. 1927, Bd. 34, S. 80
176 Hexen, Gerichtsbarkeit im kurkölnischen Sauerland, Schmallenberg 1984, S. 250
177 ebenda, S. 84
178 Stadtarchiv Lemgo, Signatur S, Nachlaß Claußen, Nr. 10
179 Marilyn French, Jenseits der Macht, Reinbek bei Hamburg 1985, S. 420 ff.
180 ebenda, S. 443
181 ebenda, S. 430
182 Duhr, a.a.O., Bd. 1, S. 292
183 R. Althaus, "Verderbte Sünder" in der Mark, in: Hellweger Anzeiger, Heimat am Hellweg, Nr. 20, 16.5.1963
184 Behringer, Hexen und Hexenprozesse, a.a.O., S. 222
185 Stadtarchiv Dortmund, Findbuch A9
186 Hörder Volksblatt, 29.10.1928
187 Hellweger Anzeiger, 17.10.1846
188 ebenda
189 Westfälischer Kämpfer, 17./18.12.1932
190 Heinz Boberach, Meldungen aus dem Reich, Herrsching 1984, Bd. 14, S. 5448
191 Weimarer Ausgabe, Tischreden, Bd. 1, S. 288
192 ebenda, Tischreden, Bd. 2, S. 415
193 zitiert nach: Nicolaus Paulus, Hexenwahn und Hexenprozeß, Freiburg i.Br. 1910, S. 30
194 ebenda, S. 29
195 ebenda, S. 38
196 Anke Wolf-Graaf, Frauenarbeit, a.a.O., S. 143
197 ebenda
198 G. Heinsohn/O. Steiger, Die Vernichtung der weisen Frauen, Herbstein 1985, S. 89 ff.
199 Claudia Honegger, Die Hexen der Neuzeit, Frankfurt a.M. 1979, S. 101
200 Klüngelkerl, Dortmund, Juni 1977, S. 1
201 ebenda, Juni 1984, S. 15
202 Studienbuch Geschichte, Ernst Klett Verlag, Stuttgart 1974, S. 575
203 Gebhardt, Handbuch der Deutschen Geschichte, Bd. 2, S. 222 f.
204 Deutsche Geschichte, Konstanz 1974, S. 39
205 Streisand, Deutsche Geschichte von den Anfängen bis zur Gegenwart, Köln 1972

LITERATURVERZEICHNIS
Für Leute, die noch mehr wissen wollen

Chroniken des Johann Kerkhörde und des Dietrich Westhoff, (in: Die Chroniken der deutschen Städte, Bd. 20, Dortmund/ Neuß vom 14.-16. Jahrhundert, Stuttgart 1969, Neudruck der 1. Auflage von 1887)

Kerkhörde und Westhoff haben die Geschichte Dortmunds im 15. und in der ersten Hälfte des 16. Jahrhunderts aufgeschrieben. Dabei handelt es sich nicht um ein Geschichtsbuch im heutigen Sinne. Wer die Aufzeichnungen aber genau liest, erfährt sehr viel über den Alltag sowie über wichtige politische und religiöse Vorgänge in der Reichsstadt.

Karl Rübel,
Hexenaberglaube und Zauberwahn in Dortmund
(in: Beiträge zur Geschichte Dortmunds und der Grafschaft Mark, Bd. 22, Dortmund 1913)

Ohne diesen wichtigen Aufsatz wüßten wir so gut wie nichts über die Hexenmorde in Dortmund. Die Schilderungen Detmar Mulhers sind im Zweiten Weltkrieg verloren gegangen. Rübel hat sie ausgewertet. Da er stets sehr sorgfältig gearbeitet hat, kann man davon ausgehen, daß die Wiedergabe zuverlässig ist.

Kurze Chronik des Kaufmanns Detmar Mulher 1601-1611, bearbeitet von Engelhart Freiherr von Weichs,
(in: Beiträge zur Geschichte Dortmunds und der Grafschaft Mark, Bd. 68, Dortmund 1973)

Für die Kenntnis dieser Zeit ist die Chronik Detmar Mulhers außerordentlich wichtig. Sie beginnt zwar erst mit dem Jahre 1601, also acht Jahre nach der Verfolgungswelle. Dennoch dürfte sich in diesem Zeitraum nicht sehr viel verändert haben.

Ernst Fritz,
Anno dazumal (Dortmund 1924)

In diesem Buch werden einige Ereignisse aus der Geschichte der Hexenverfolgung in Dortmund an Hand der Berichte von Detmar Mulher in erzählerischer Form dargeboten. Mehrere Schilderungen sind dabei gut gelungen. Insgesamt bleibt die Darstellung aber mehr als problematisch. Als Verursacher der Hexenverfolgung werden "die Welschen", das Volk und die katholische Kirche hingestellt.

Heinrich Scholle,
Dortmund im Jahre 1610 (Dortmund 1987)

Wer Dortmund um 1600 näher kennenlernen möchte, tut gut daran, diesen Band genau zu studieren. Vor allem an Hand des Mulherschen Stadtplanes von 1610 hat Heinrich Scholle das Bild der Stadt so gut wie möglich rekonstruiert.

Leonhard Bauer/Herbert Matis,
Geburt der Neuzeit (München 1988)

In diesem Buch wird die Geschichte dieser Zeit geschildert, nicht so sehr die politische Geschichte, vielmehr die sozialen und ökonomischen Verhältnisse. Die Autoren haben die neuesten Forschungsergebnisse aufgearbeitet.

LITERATUR UND QUELLEN

Archivmaterial:

STADTARCHIV DORTMUND
Bestand 322
Bestand 304
Bestand 202, Lfd. Nr. XIV.10
Bestand 1, Lfd. Nr. 10807
Bestand 1, Lfd. Nr. 10906
Findbuch A9

STADTARCHIV LEMGO
Signatur S, Nachlaß Claußen, Nr. 10

Dortmunder Bücher aus der Zeit der Hexenverfolgungen:

Detmar BECKMAN,
Ein New Kunstreich Rechenbuch von schönen außerlesenen nützlichen Exempeln, zu allerley Kauffmans Handlungen, Dortmund 1622

Dethmar(us) MEHLMANN(US),
Wie ein jeder Haußvater seine Sachen anstellen ..., Dortmund 1609

PRACTICA Dudsch op dat Jar unsers Herren M.D.L.I.I. dorch den fryen kunstgelerden Hieremiam Brotbeylheln gepracticiert. Heren desses Jars negest Godt, Venus, Jupiter, Mars. Gedruckt tho Dortmund 1552

Arnoldus QUITINGIUS,
Ein Schönes, Geistliches und Tröstliches Spiel aus der Apostelgeschichte ..., Dortmund 1593

Arnoldus QUITINGIUS,
Kinderzucht, Dortmund 1551

Jocob SCHÖPPER,
Synonyma. Das ist mancherley gattungen Deutscher worter, so im Grund einerley bedeutung haben, Dortmund 1550

Beiträge in Dortmunder Zeitungen:

Dortmunder Zeitung vom 1.12.1885:
Hexenprozesse und Aberglaube in Dortmund

Hellweger Anzeiger Nr. 112 vom 14.5.1982:
Anleitung für fachgerechten Scheiterhaufen setzte normale Größe voraus

Hörder Volksblatt vom 18.2.1928:
Volkstümliches aus Hörde. Hexenglaube

Hörder Volksblatt vom 13.6.1929:
Die Macht der Besessenheit

Hörder Volksblatt vom 16.3.1932:
"Mümmel-Elsken", Hördes letzte Hexe

Hörder Volksblatt vom 9.11.1932:
Breiers Bätte. Aus dem Legendenleben einer Wellinghofer Hexe

Klüngelkerl, Juni 1977:
Wir holen uns die Nacht zurück

Klüngelkerl, Juni 1984:
Wir haben die Schnauze voll ...

Nord-West-Zeitung vom 27.2.1957 (Beilage):
Der Hexen Tod

Ruhr-Nachrichten Nr. 133 vom 9.6.1988:
Hexen in Dortmund und ihre Mörder

Westfälische Rundschau vom 17.10.1981 (Beilage):
Frauen fürs Feuer

Westfälische Rundschau Nr. 275 vom 25.11.1987:
Studie über dunkles Kapitel der Stadtgeschichte, Verdacht auf Zauberei - erste Dortmunder Hexe wurde 1581 hingerichtet

Westfälische Rundschau Nr. 83 vom 9.4.1988:
Geschichtswerkstatt setzte alte Überlieferung in Puppenspiel um. Am Herdfeuer erzählte die Oma von der Hexe "Breiers Bette"

Westfälische Rundschau Nr. 133 vom 9.6.1988:
Mit Gesang und Gedichten auf Spuren der "Hexen"

Sonstige Literatur (einschließlich Neuauflagen von zeitgenössischer Literatur zu den Hexenprozessen):

R. ALTHAUS,
"Verderbte Sünder" in der Mark, Hellweger Anzeiger. Heimat am Hellweg Nr. 20, 16.5.1963

Leif Esper ANDERSEN,
Hexenfieber, München 1982

Kurt BASCHWITZ,
Hexen und Hexenprozesse, München 1960

Leonhard BAUER/Herbert Matis,
Geburt der Neuzeit, München 1988

Albert BAUM,
Führer durch die Sammlungen des Städtischen Kunst- und Gewerbe-Museums zu Dortmund, Dortmund 1908

Gabriele BECKER/Silvia Bovenschen/Helmut Brackert u.a.,
Aus der Zeit der Verzweiflung. Zur Genese und Aktualität des Hexenbildes, Frankfurt a.M. 1980

Wolfgang BEHRINGER,
Hexenverfolgung in Bayern, München 1988

Wolfgang BEHRINGER,
Hexen und Hexenprozesse in Deutschland, München 1988

Morris BERMANN,
Wiederverzauberung der Welt, München 1983

Volkmar BIELEFELD,
Klassenschule (I). Arbeitsmaterialien zur Geschichte von Erziehung und Schule, Dortmund 1981

Wilhelm BITTER (Hrsg.),
Massenwahn in Geschichte und Gegenwart. Ein Tagungsbericht, Stuttgart 1964

Heinz BOBERACH,
Meldungen aus dem Reich, Bd. 14, Herrsching 1984

Hans BOESCH,
Kinderleben, Leipzig 1900

Fernand BRAUDEL
Der Alltag, München 1985

Albrecht BRINKMANN,
Dortmunder Heimatgeschichte, Dortmund 1950

Alfred BRUNS,
Hexen. Gerichtsbarkeit im kurkölnischen Sauerland, Schmallenberg 1984

Mary DALY,
Gyn/ökologie. Eine Meta-Ethik des radikalen Feminismus, München 1981

Rainer DECKER,
Die Hexenverfolgung im Hochstift Paderborn, Paderborner Westfälische Zeitschrift, 1978

Eugen DIEDERICHS,
Deutsches Leben der Vergangenheit in Bildern, 2 Bde., Jena 1908

Johann DIEFENBACH,
Der Hexenwahn in Deutschland, Leipzig 1985

Hanns Ferdinand DÖBLER,
Hexenwahn. Die Geschichte einer Verfolgung, München 1979

Annemarie DROSS,
Die erste Walpurgisnacht. Hexenverfolgung in Deutschland, Frankfurt a.M. 1978

Hans Peter DUERR,
Traumzeit. Über die Grenzen zwischen Wirklichkeit und Zivilisation, Frankfurt a.M. 1978

Bernhard DUHR,
Geschichte der Jesuiten, Bd. 1 bis 3, Freiburg 1907

Richard van DÜLMEN,
Hexenwelten. Magie und Imagination, Frankfurt a.M. 1987

Richard van DÜLMEN,
Entstehung des frühzeitlichen Europa, 1550-1648, Frankfurt/M. 1982

Richard van DÜLMEN/Norbert Schindler,
Volkskultur. Zur Wiederherstellung des vergessenen Alltags (16. - 20. Jahrhundert), Frankfurt a.M. 1984

Barbara EHRENREICH/Deidre English,
Hexen, Hebammen und Krankenschwestern, München 1975

R. ELZE/R. Repgen (Hrsg.),
Studienbuch Geschichte, Stuttgart 1974

A. FAHNE,
Die Grafschaft und freie Reichsstadt Dortmund, Bd. 1, Cöln 1854, Bd. 3, Köln 1855, Bd. 4, Cöln 1859

Wilhelm FOX,
Ein Humanist als Dortmunder Geschichtsschreiber und Kartograph - Detmar Mulher (1567-1633), Beiträge zur Geschichte Dortmunds und der Grafschaft Mark (in weiteren Titeln und im Text bezeichnet als: Beiträge), Bd. 52, 1955

Irene FRANKEN/Ina Hoerner,
Hexen. Die Verfolgung von Frauen in Köln, Köln 1987

Marilyn FRENCH,
Jenseits der Macht, Reinbek bei Hamburg 1985

Ernst FRITZ,
Anno dazumal, Dortmund 1924

Rolf FRITZ,
Dortmunder Bilder aus vier Jahrhunderten, Dortmund 1963

Eduard FUCHS/Alfred Kind,
Die Weiberherrschaft in der Geschichte der Menschheit. Ergänzungsband, München 1914

Karin GAUBE/Alexander von Pechmann,
Magie, Matriarchat und Marienkult, Hamburg 1986

Bruno GEBHARDT (Hrsg.),
Handbuch der deutschen Geschichte, Bd. 2, Stuttgart

Max GEISBERG,
Meister der Graphik, Leipzig 1909

Friedrich GERLACH,
Die Patrizierfamilie Cothmann in Lemgo, Lippische Blätter für Heimatkunde, Nr. 7 und 8, 1952

GESCHICHTSWERKSTATT DORTMUND,
Dortmunder Lesebuch, Dortmund 1984

Carlo GINZBURG,
Die Benandanti, Frankfurt a.M. 1980

J.R. GRIGULEVIC,
Ketzer - Hexen - Inquisitoren, 2 Bde., Berlin 1980

Gerd und Marlene HAERKÖTTER,
Hexenfurz und Teufelsdreck, Frankfurt a.M. 1986

Manfred HAMMES,
Hexenwahn und Hexenprozesse, Frankfurt a.M. 1977

HANDWÖRTERBUCH des deutschen Aberglaubens,
Berlin/Leipzig 1929/30 (Bd. 1), 1930/31 (Bd. 3), 1936/37 (Bd. 8)

Peter HAINING,
Hexen. Wahn und Wirklichkeit in Mittelalter und Gegenwart, Oldenburg 1977

Thomas HAUSCHILD/Heidi Staschen/Regina Troschke (Hrsg.)
Hexen. Katalog zur Ausstellung, Hamburg 1979

Thomas HAUSCHILD,
Die alten und die neuen Hexen. Die Geschichte der Frauen auf der Grenze, München 1987

Gunnar HEINSOHN/Otto Steiger,
Die Vernichtung der weisen Frauen, Herbstein 1985

Gunnar HEINSOHN/Rolf Knieper/Otto Steiger,
Menschenproduktion. Allgemeine Bevölkerungslehre der Neuzeit, Frankfurt a.M. 1979

HEXENJUSTIZ des Landeskriminalgerichts,
Lippische Blätter für Heimatkunde, Nr. 3, 1972

HEXENWAHN und Hexenverfolgung,
Zeugnisse aus der Stadtbibliothek und dem Stadtarchiv Nürnberg 1987

Joanna HODGE,
Hexen und die Entstehung der modernen Rationalität, Frauengeschichte Beiträge 5, München 1981

Claudia HONEGGER,
Die Hexen der Neuzeit, Frankfurt a.M. 1979

Ludwig HUMBORG,
Die Hexenprozesse in der Stadt Münster, Münster 1914

Marielouise JANSSEN-JURREIT,
Sexismus, München 1976

Chronik des Johann KERKHÖRDE von 1405-1465,
in: Die Chroniken der deutschen Städte vom 14.-16. Jahrhundert, Dortmund/Neuß, Stuttgart 1969 (1. Aufl. 1887)

Peter KETSCH,
Frauen im Mittelalter, 2 Bde., Düsseldorf 1984

Gerd KIMMERLE,
Hexendämmerung, Tübingen 1980

Günter KNIPPENBERG,
Das Patriziergeschlecht der Berswordt in Dortmund, Beiträge, Bd. 52, 1955

KRAMER's Pocketwoordenboeken,
Nederlands Woordenboek, samengesteld door de lexicografische staf van Kramer's Woordenboeken, Amsterdam/Brüssel 1983

Gisbert KRANZ,
Mendener Recht und Gericht u.a. Hexenprozesse 1592-1631, Menden 1929

Jacques LE GOFF,
Wucherzins und Höllenqualen, Stuttgart 1988

Jacques LE GOFF,
Kaufleute und Bankiers im Mittelalter, Frankfurt 1989

Charles G. LELAND,
Aradia. Die Lehre der Hexen, München 1979

Paul LENZ,
Die Entwicklung des Dortmunder Brauwesens, Beiträge, Bd. 33, 1926

Klemens LÖFFLER,
Die ältesten Dortmunder Schulgesetze, Beiträge, Bd. 13, 1905

Fr. LODTMANN,
Die letzten Hexen Osnabrücks und ihre Richter, Mitteilungen des historischen Vereins zu Osnabrück, Bd. 18, 1875

Gustav LUNTOWSKI,
Kleine Geschichte des Rates der Stadt Dortmund, Dortmund 1971

Gustav LUNTOWSKI/Norbert Reimann (Hrsg.),
Dortmund. 1100 Jahre Stadtgeschichte, Festschrift, Dortmund 1982

G. MALLINCKRODT,
Die Dortmunder Ratslinie seit dem Jahre 1500 bis 1802, Beiträge, Bd. 6, 1895

Arthur MÄMPEL,
Das Dortmunder Theater. 1. Teil: Mittelalter und Humanismus (1500-1600), Dortmund 1935

Arthur MÄMPEL,
Das Dortmunder Theater von seinen Anfängen bis zur Gegenwart, Beiträge, Bd. 47, 1948

Arthur MÄMPEL,
Aus alten Truhen und Schmökern, Stadtarchiv

Karl MEIER,
Hexen, Henker und Tyrannen. Die letzte und blutigste Hexenverfolgung in Lemgo 1665-1681, Lemgo 1973

Karl MEIER,
Aus der Lippischen Hexenzeit, Lippische Blätter für Heimatkunde, Nr. 4, 1952

Karl MEIER-Lemgo,
Geschichte der Stadt Lemgo, Lemgo o.J.

August MEININGHAUS,
Der Dortmunder Königsschoß von 1499, Beiträge, Bd. 38, 1930

August MEININGHAUS,
Aus Stadt und Grafschaft Dortmund, Dortmund 1917

Carolyn MERCHANT,
Der Tod der Natur, München 1987

Jules MICHELET,
Die Hexe, Berlin 1977

Robert MUCHEMBLED,
Kultur des Volks - Kultur der Eliten, Stuttgart 1984

Kurze Chronik des Kaufmanns Detmar MULHER 1601-1611, bearbeitet von Engelhart Freiherr von Weichs, Beiträge, Bd. 68, 1973

Wilhelm MUMMENHOFF,
Zur Geschichte der Hexenverfolgungen in der Stadt Recklinghausen und ihrer Umgebung während des 16. Jahrhunderts, Vestische Zeitschrift, Bd. 34, 1927

Paul MÜNCH (Hrsg.),
Ordnung, Fleiß und Sparsamkeit, München 1984

Thomas NIPPERDEY,
Max Weber, das Protestantentum und die Deutschen, in: Karl Dietrich Bracher u.a., Von Geschichte umgeben, S. 181 ff.

Johanna OTTO,
Untersuchungen über die Bevölkerung Dortmunds im 13. und 14. Jahrhundert, Beiträge, Bd. 33, 1926

L. PASTOR,
Geschichte der Päpste, Bd. 3, Freiburg i.Br. 1899

Friedrich PAULSEN,
Geschichte des gelehrten Unterrichts, Leipzig 1919

Nicolaus PAULUS,
Hexenwahn und Hexenprozeß, Freiburg i.Br. 1910

Die PEINLICHE GERICHTSORDNUNG Karls V. von 1532 (Carolina), Hrsg.: Gustav Radbruch, Stuttgart 1960

Karl PRÜMER,
Bilder aus Alt-Dortmund, 3 Bde., Dortmund 1925

Emil REICKE,
Magister und Scholaren, Düsseldorf/Köln 1976

RELLINGHAUSEN und seine Geschichte,
Heft 4, o.O. o.J.

Theodor RENSING,
Dominikanerkloster, Münster 1936

Heinz RÖLLEKE,
Märchen und Sagen im Ruhrgebiet, Würzburg 1984

Gustav ROSKOFF,
Geschichte des Teufels. Eine kulturhistorische Satanologie von den Anfängen bis ins 18. Jahrhundert, Nördlingen 1987 (Neudruck der Auflage von 1869)

Hermann ROTHERT,
Das Buch der Dortmunder Juncheren-Gesellschaft, Beiträge, Bd. 11, 1902

Karl RÜBEL,
Die Armen- und Wohltätigkeitsanstalten der freien Reichsstadt Dortmund, Beiträge, Bd. 20, 1911

Karl RÜBEL,
Die Gerichtsverfassung in der Grafschaft und in der Reichsstadt Dortmund seit 1504, Beiträge, Bd. 21, 1912

Karl RÜBEL,
Grafenamt und Grafschaft in Dortmund, Beiträge, Bd. 21, 1912

Karl RÜBEL,
Hexenaberglaube, Hexenprozesse und Zauberwahn in Dortmund, Beiträge, Bd. 22, 1913

Paul SARTORI,
Westfälische Volkskunde, Frankfurt a.M. 1980

Georg SCHWAIGER,
Teufelsglaube und Hexenprozesse, München 1987

Eva SCHIRMER,
Mystik und Minne. Frauen im Mittelalter, Berlin 1984

Eberhard SCHMIDT,
Einführung in die Geschichte der deutschen Strafrechtspflege, Göttingen 1965

Heinrich SCHOLLE,
Dortmund im Jahre 1610, Dortmund 1987

Gerhard SCHORMANN,
Hexenprozesse in Nordwestdeutschland, Hildesheim 1977

Alwin SCHULTZ,
Deutsches Leben im XIV. und XV. Jahrhundert, 2 Bde., Wien 1892

Shulamith SHAHAR,
Die Frau im Mittelalter, Königstein 1981

Elly SINGER,
Untersuchungen über die Bevölkerung im 15. Jahrhundert (1401-1510), Beiträge, Bd. 42, 1936

W.G. SOLDAN/H. Heppe,
Geschichte der Hexenprozesse, 2 Bde., Hanau o.J. (erste Auflage 1843)

Karl-Heinz SONNWALD,
Die Entwicklung des Krankenhauswesens der Stadt Dortmund, Münster 1981

Friedrich von SPEE,
Cautio Criminalis oder Rechtliches Bedenken wegen der Hexenprozesse, Nördlingen 1982 (erste Auflage von 1631)

Jakob SPRENGER/Heinrich Institoris,
Der Hexenhammer. Malleus maleficarum, München 1982 (erste Auflage 1487)

Rudolf STADELMANN u.a.,
Deutsche Geschichte vom Zeitalter der Reformation bis zum Tode Friedrichs des Großen, Konstanz o.J.

Ingeborg STEFFEN,
Die Reichsstadt Dortmund im 30jährigen Kriege, Beiträge, Bd. 41, 1934

Joachim STREISAND,
Deutsche Geschichte von den Anfängen bis zur Gegenwart, Köln 1972

Christian THOMASIUS,
Vom Laster der Zauberei. Über die Hexenprozesse, München 1986 (erste Auflage 1704)

H.R. TREVER-ROPER,
Religion, Reformation und sozialer Umbruch, Frankfurt a.M. 1970

Wilhelm UHLMANN-BIXTERHEIDE (Hrsg.),
Das sauerländische Bergland, Dortmund 1921

Dagmar UNVERHAU,
Kieler Hexen und Zauberer, Kiel o.J.

Wilfried VOLLMER,
Kirchspiel Dinker von der Reformation bis zum Dreißigjährigen Krieg, Dinker 1986

Chronik des Dietrich WESTHOFF von 750-1550,
Die Chroniken der deutschen Städte, Dortmund/Neuß vom 14.-16. Jahrhundert, Stuttgart 1969

Gisela WILBERTZ,
Hexenprozesse und Zauberglaube im Hochstift Osnabrück, Osnabrücker Mitteilungen, Bd. 84, Osnabrück 1978

Luise von WINTERFELD,
Brothaus, Stadtwage und Wandhaus, Beiträge, Bd. 33, 1926

Luise von WINTERFELD,
Die Dortmunder Wandschneider-Gesellschaft, Beiträge, Bd. 29/30, 1922

Luise von WINTERFELD,
Der Durchbruch der Reformation in Dortmund, Beiträge, Bd. 34, 1927

Luise von WINTERFELD,
Geschichte der freien Reichs- und Hansestadt Dortmund, Dortmund 1981

Erika WISSELINCK,
Hexen. Analyse einer Verdrängung, München 1986

Anke WOLF-GRAAF,
Frauenarbeit im Abseits, München 1981

Anke WOLF-GRAAF,
Die verborgene Geschichte der Frauenarbeit, Weinheim 1983

ZEITSCHRIFT des Vereins für die Geschichte von Soest und der Börde, Aus einem alten Kriminalprotokollbuch, Heft 22, 1906

ZEITSCHRIFT des Vereins für die Geschichte von Soest und der Börde, Ein Soester Hexenprotokoll 1590, Bd. 28, 1910/1911

E.W. ZEEDEN,
Das Zeitalter der Gegenreformation, Freiburg i.Br. 1967

BILDNACHWEIS

Die Bilder auf den in Klammern angegebenen Seiten sind aus folgenden Büchern:

Robert ARNOLD (Hrsg.)
Dortmunder Almanach, Dortmund 1971 (S. 26)

Morris BERMANN,
Wiederverzauberung der Welt, München 1983 (S. 68)

Walter BOSING
Hironymus BOSCH, Köln 1987 (S. 71)

Fernand BRAUDEL
Der Alltag, München 1985 (S. 14 Mitte)

Albrecht BRINKMANN
Dortmunder Heimatgeschichte, Dortmund 1950 (S. 76)

Alfred BRUNS
Hexen. Gerichtsbarkeit im kurkölnischen Sauerland, Schmallenberg 1984 (S. 100, S. 122, S. 126)

Eugen DIEDERICHS
Deutsches Leben der Vergangenheit in Bildern. 1. Bd., Jena 1908 (S. 22, S. 33, S. 35 oben, S. 38, S. 40, S. 43, S. 57, S. 67, S. 78, S. 79, S. 81, S. 85, S. 133, S. 134, S. 135)

Eugen DIEDERICHS
Deutsches Leben der Vergangenheit in Bildern. 2. Bd. (S. 80)

Johann DIEFENBACH
Der Hexenwahn in Deutschland, Leipzig 1985 (S. 105)

Die Heimat
7. Jahrg. 1925 (S. 42)

Hans Peter DUERR
Traumzeit. Über die Grenzen zwischen Wirklichkeit und Zivilisation, Frankfurt a.M. 1978 (S. 108, S. 109)

Richard van DÜLMEN
Hexenwelten. Magie und Imagination, Frankfurt a.M. 1987 (S. 120, S. 121)

Eduard FUCHS/Alfred Kind
Die Weiberherrschaft in der Geschichte der Menschheit. Ergänzungband, München 1914 (S. 37)

Irene FRANKEN/Ina Hoerner
Hexen. Die Verfolgung von Frauen in Köln, Köln 1987 (S. 18 unten, S. 77 oben)

Rolf FRITZ
Dortmunder Bilder aus vier Jahrhunderten, Dortmund 1963 (S. 103)

Max GEISBERG
Meister der Graphik, Leipzig 1909 (S. 73 oben, S. 135)

GESCHICHTSWERKSTATT DORTMUND
Dortmunder Lesebuch, Dortmund 1984 (S. 73 unten)

Peter HAINING
Hexen. Wahn und Wirklichkeit in Mittelalter und Gegenwart, Oldenburg 1977 (S. 101, S. 106, S. 124, S. 126)

Bodo HARENBERG
Chronik des Ruhrgebiets, Dortmund 1987 (S. 49)

Herder, der Große
Freiburg 1954 (S. 124)

Heimatatlas für Dortmund
Dortmund 1961 (S. 36)

HOFSTAETTER-REICHMANN-SCHNEIDER
Ein Jahrtausend deutscher Kultur im Bilde, Leipzig 1929 (S. 23 rechts, S. 32)

Peter KETSCH
Frauen im Mittelalter, Bd. 1, Düsseldorf 1984 (S. 14 unten, S. 36 oben)

Günter KNIPPENBERG
Das Patriziergeschlecht der Berswordt in Dortmund, Beiträge, Bd. 52, 1955 (S. 41 oben, Beilage dazu in Beiträge Bd. 63)

Jacques LE GOFF
Wucherzins und Höllenqualen, Stuttgart 1988 (S. 52)

Paul MÜNCH
Ordnung, Fleiß und Sparsamkeit, München 1984 (S. 77)

Karl PRÜMER
Bilder aus Alt-Dortmund, 3 Bde., Dortmund 1925 (S. 48 links)

Emil REICKE
Magister und Scholaren, Düsseldorf/Köln 1976 (S. 61)

Heinrich SCHOLLE
Dortmund im Jahre 1610, Dortmund 1987 (S. 14 oben, S. 15, S. 16, S. 17, S. 27, S. 46, S. 48 oben, S. 51 oben, S. 62, S. 92 unten, S. 94, S. 95, S. 97, S. 98, S. 128)

Alwin SCHULTZ
Deutsches Leben im XIV. und XV. Jahrhundert, 2. Halbband, Wien (S. 23 links, S. 24, S. 25, S. 39 unten, S. 40)

Annette SEILER
Ausstellung Torhaus Rombergpark Dortmund 28.8. - 18.9. 1988 (S. 138)

Westfalen Spiegel
April 1963 (S. 51 unten)

Westfalen Spiegel
Dez. 1964 (S. 37 unten)

Westfalen Spiegel
Febr. 1965 (S. 73 links)

Westfalen Spiegel
Mai 1965 (S. 30, S. 31)

Anke WOLF-GRAAF
Die verborgene Geschichte der Frauenarbeit, Weinheim 1983 (S. 21, S. 28, S. 65, S. 84, S. 89, S. 91, S. 110, S. 111)

Geschichtswerkstatt Dortmund (Hrsg.)

DORTMUNDER LESEBUCH

Vom Leben und Kämpfen damals und heute

Tapir-Verlag
ISBN 3-923223-01-3

26,80 DM

ISBN 3-923223-03-X 14,80 DM

ISBN 3-923223-10-2 12,80 DM

Buchstäblich "über Nacht" wurde Dortmund zur Hochburg der Graffiti-Maler im Ruhrgebiet. Der Fotograf Hubert Moormann ist über zwei Jahre lang den Spuren der writer gefolgt. Viele pieces, wie die Jugendlichen ihre Bilder nennen, sind schon lange dem Reinlichkeitssinn der Stadtverwaltung zum Opfer gefallen. In den Bildern dieses Buches hat Hubert Moormann sie aufbewahrt. Das Buch "DA KUKSE WA" gibt mit farbigen Bildern und begleitenden Texten einen bisher unbekannten Einblick in die Vielfalt und Motive der so oft beschimpften "Schmierer". Sie mögen diese Stadt und deshalb sprühen sie: "Uns ist die Stadt noch zu grün, es gibt noch zuwenig Hochhäuser. Wir machen das nicht, weil es zuviel graue Betonwände gibt, sondern einfach nur so... Richtig, wir lieben nämlich die Großstadt."

ISBN 3-923223-08-0

20,- DM

Bernhard Dickhut / Martin F. Risse

BRECH

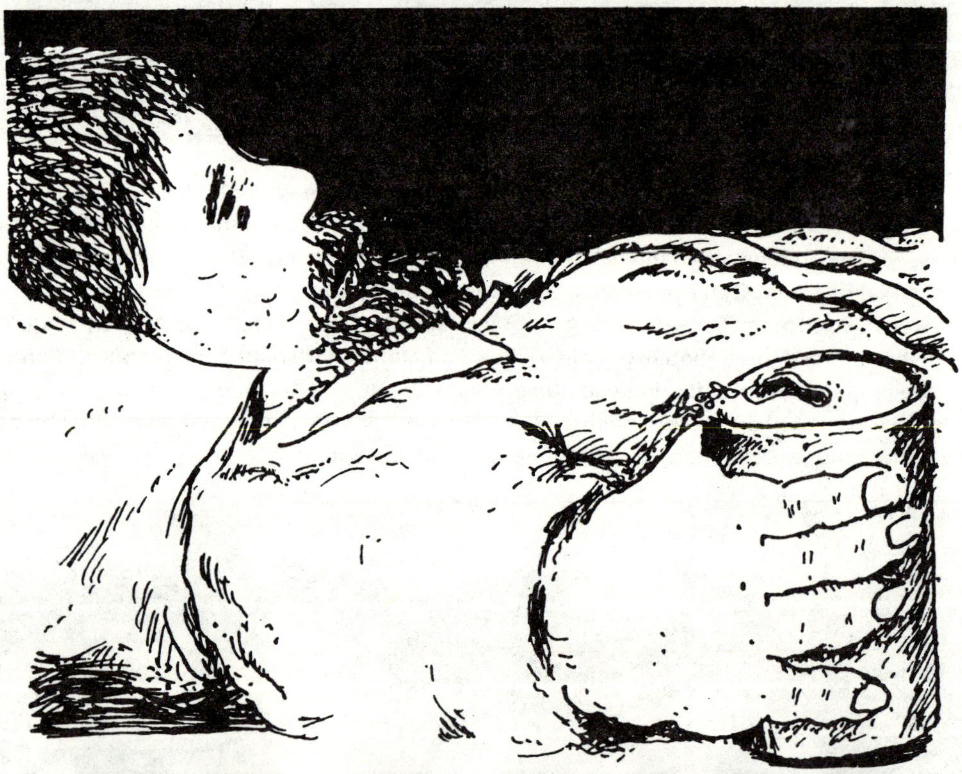

MANN

Eine westfälische Kriminalgeschichte

TAPIR Verlag

ISBN 3-923223-11-0 18,00 DM